행동하는 사랑

행동하는 사랑

가난한 이들을 선택하는
가난한 교회가 되기 위하여

한 상 봉 지음

리북

가난한 이들을 선택하는 가난한 교회

1962년 쿠바로 간 도로시 데이의 10월 10일자 일기에는 이렇게 적혀 있더군요. "궁에서 디에고 리베라의 벽화를 보았다. 마르크스를 닮은 하느님이 농부들을 가르치는 장면. 코르테스는 무시무시한 모습으로 그려졌다. 리베라는 오직 적들만 보았다." 코르테스는 쿠바를 점령하고, 아스텍 제국을 멸망시킨 뒤 멕시코를 스페인 왕의 영토로 만든 포악한 인물입니다. 그가 새로운 원정대의 도독으로 임명되었을 때 "형제와 전우들이여, 참된 믿음으로 거룩한 십자가 표지를 따르자. 이 표지 밑에서 우리는 정복할 것이므로." 라고 선언한 깃발을 앞세우고 무장한 부하들을 모았다지요. 멕시코 여류 화가 프리다 칼로의 남편이기도 했던 리베라가 그린 하느님은 어쩌면 코르테스를 닮았는지도 모릅니다. 원수와 싸우다보니, 원수처럼 되었던 것이겠지요.

세상에 하느님 나라를 세우겠다던 많은 몸짓들이 역사적으로는 하느님과 전혀 상관없는 참혹한 결과를 빚기도 했습니다. 스페인과 포르투갈의 식민지 정복이 그랬고, 십자군 전쟁이 그러했지요. '영적 투쟁'이라는 이름으로 그리스도교 식민지를 개척하는 것을 교회의 사명으로 여기는 사람들도 여전히 많습니다. 이런 분들은 '계량화'를 좋아합니다. 주민 대비 신자수가 몇 퍼센트인지에 관심이 많은 사람들입니다. 신자유주의가 자본의 무한성장을 추구한다면, 교회 역시 성공주의에 골몰하고 번영신학에 심취합니다. 교회를 관료사회로 만들어 사제들은 공무원처럼 행동하고, 세리처럼 은총의 대가로 신자들에게 돈을 요구합니다. "세상은 넓고 할 일은 많다."고 어느 퇴락한 기업인이 이야기했듯이 세상을 정복의 대상으로 삼습니다. 그러나 이들이 전하는 하느님은 사실 '우상'입니다.

하느님은 자비하시니, 예수님은 겸손하시니, 전혀 다른 방법으로 인간과 세상을 맞이하십니다. 한 번도 멍에를 메지 않았던 나귀의 등을 빌어 예루살렘에 입성하던 예수님을 생각하면, 천군만마를 마다하고 고독하게 십자가를 등에 지던 그분을 생각하면, 이제 그 심정을 조금은 이해할 듯도 합니다. 제자들은 저마다 '그날'에 오른편에 앉게 해달라고 청하는데, "나는 섬김을 받으러 온 것이 아니라 섬기러 왔다."며, 제자들의 발을 씻기고 "너희도 가서 그렇게 하라."고 지긋이 일러주시는 분입니다.

그런데 예수님을 따르자는 그리스도인들이 세운 교회의 구조를 보면, 교회가 그려놓은 하느님 모습도 알만 합니다. '군주'의 모습이지요. 헤로데에 맞서 싸우다 보니 헤로데처럼 강퍅해지고, 제국에 맞서 싸우다 보니 질서에 집착합니다. 자본에 맞서 싸운다면서 상업화되는 교회 역시 우리 시대의 슬픔입니다. 오죽하면 도로시 데이가 "교회는 나에게 평생 스캔들이었다."고 말했을까요. 안에 간직한 보물은 '가난한 이들을 위한 복음'인데, 보여주는 모습은 늘 '부유한 신사'의 모습이었으니까요. 사제 직분이란 상류사회에 진입하기 위한 디딤돌이 아닌데 교회 안에서는 권력처럼 여겨집니다. 그래도 하느님 나라를 희망하는 우리는 교회라는 '배'를 타고 가야 합니다. 배 없이 고통의 바다를 건널 수는 없으니까요. 그래서 도로시 데이는 "예수님께서 십자가에서 내려오지 않으신 것처럼, 나 역시 교회라는 십자가를 떼어내지 않겠다."고 마음먹은 것이겠지요.

2014년에 프란치스코 교종께서 우리나라를 다녀가시고, 그동안 한국교회 안에서, 주교님들도 몇 가지 교회개혁을 위한 제안을 하셨지만 분명한 걸음은 아직 없었습니다. 조금 더 기다려야 할 모양입니다. 한국교회는 여전히 교종께서 부탁하신 '가난한 이들을 위한 가난한 교회'라는 요청을 '불쌍한 사람을 조금 더 많이 돕는 것'으로 여기고 있는지도 모릅니다. 하느님의 자비를 전통적인 의미의 '자선'으로만 이해하는 것이지요. 교종께서 마음에 담아두신 세월호 가족들을 위해서 지난 한 해 동안 뜻있는 사제들과 신자들이 광화문에서 아무리 미사를 봉헌해도, 현장에 와서 미사를 집전해 주신 주교님은 거의 없었습니다. 거리에 나가서 상처받고 멍든 교회, 당장에 슬픔에 빠진 이들을 위로하는 야전병원인 교회를 교종께서 주문하셔도 그다지 소용이 없는 듯합니다.

하느님의 자비는 당장에 고통 받는 이들을 돕고, 배제와 차별, 불평등으로 얼룩진 사회에 정의를 이루라고 요청하고 있습니다. 교회란 그런 세상에서 '구원의 성사'가 되어야 하지만, 정작 교회는 움직이지 않습니다. 교종께서 번영하는 한국교회에서 가난한 이들이 밀려나지 않도록 주의하라고 당부하셨지만, 여전히 수익사업에 골몰하는 사제들도 많이 있습니다. 조만간 한국교회에서 '경영신학'이 나올지도 모릅니다. 기업의 CEO가 대통령이 되는 나라에서, 주교도 CEO처럼 행동할지 모릅니다. 사목은 사라지고 '관리'만 남은 교회는 가톨릭교회에 재앙과 같습니다. 그래도 코르테스와 같이 무자비한 주교님이 안 계신 게 얼마나 다행인지 모릅니다. 하느님은 마르크스도 아니고 코르테스도 아닙니다. 하느님은 하느님입니다. 구체적으로 가련한 일상을 품어주는 사랑이십니다.

그대의 기침소리
허공을 떠돌다
근심으로 찾아든다.

사랑이다.

조희선이 지은 「기침소리」라는 시입니다. 교회의 마음입니다. 복음의 전갈입니다. 뜻밖의 사랑입니다. 그 사랑 한 번 이뤄보자고 나선 길이 사목입니다. 그 길에서 만난 사람들이 그리스도인입니

다. 행여 그림자라도 밟을까 조심하며 걷는 순례에서 저희가 실족
하지 않도록 '길 떠나는 마리아'에게 간청을 드립니다. 온유한 사랑
의 혁명을 이루기 위해 동행이 되어 주십사 청합니다.

〈가톨릭뉴스 지금여기〉와 〈연민〉에 실렸던 글을 다듬어서 단행
본으로 내어 놓습니다. 어떤 이에게는 불편하고 어떤 이에게는
위로가 될 것입니다. 이 시간 저는 생생하게 행동하는 교회를 생각
합니다. 살아 있다는 것은 아직 참회하고 다시 사랑할 시간이 남아
있다는 것입니다. 아시시 프란치스코가 산 다미아노 성당을 복원
했듯이, 한국교회가 다시 가난한 이들 가운데서 행복한 저녁을
위해 마중 나가는 순간을 기대합니다.

2015년 가을 초입에
한 상 봉 드림

1. 햇발처럼, 교회개혁

교회는 어머니입니다.
어머니는 품어 안는 힘입니다.
교회는 처녀입니다.
처녀는 늘 싱그럽게 하늘을 바라봅니다.
그래서 아름답습니다.
아름다움이 세상을 구원합니다.

가톨릭은 교황의 종교인가

"너는 베드로다. 내가 이 반석 위에 내 교회를 세울 터인즉 …
나는 너에게 하늘나라의 열쇠를 주겠다."(마태 16,18-19) 복음서에 쓰여
진 이 놀라운 구절은 성 베드로 대성전의 천장에 라틴어로 새겨져
있다. 그래서 가톨릭교회에서는 베드로를 '초대 교황'이라 불렀다.
교황이란 '로마의 주교'를 지칭하는 말인데, 바오로와 다르게 베드
로는 디아스포라 '유대인'을 대상으로 선교에 나섰던 인물로, 로마
인들의 주교였던 적이 없다. 또한 바오로는 로마의 시민권이 있었
으나, 베드로는 갈릴래아 어부 출신의 유대인이었다. 그는 다만
로마에서 죽었다고 알려져 있을 뿐이다. 이런 점에서 로마 주교인
교황이 왜 '어부의 반지'를 손가락에 끼는지 납득하기 어렵다. 복음
서의 기록대로 베드로를 가톨릭교회의 최고지도자로 삼는다고 해
도 왜 굳이 로마의 주교가 '교황'인지 설명해 주지 않는다.

제국이 교회를 삼켰다, 교황 군주제

이것은 가톨릭교회가 순교자의 핏방울 위에 세워진 종교이며,

베드로의 순교지를 그의 고향보다 중요하게 다루어야 한다는 논리에서만 의미가 생긴다. 그래서 제국의 황제였던 콘스탄티누스가 성 베드로 대성전을 베드로의 순교지로 지목된 바티칸 언덕에 세웠다. 당시 이곳은 이미 로마인들이 공동묘지로 사용하고 있었는데, 수백 개의 무덤을 파헤치고 시신을 훼손하면서 잡석을 채워 대성당의 기초로 삼았다. 그래서 『교황연대기』를 쓴 존 줄리어스 노리치는 베드로 대성전을 일종의 '베드로 전승 기념비'라고 불렀다. 유대인 베드로가 제국인 로마를 정복했다는 '말'이다.

그러나 사실상 제국인 로마가 가톨릭교회를 삼켜 버렸기 때문에 로마의 주교가 교황이 되었다고 보는 게 옳다. 로마는 마침 제국의 수도였다. 콘스탄티누스 황제는 313년 밀라노 칙령을 발표해 로마 제국에서 신앙의 자유를 허용했으며, 십자가형을 폐지하고, 321년에는 일요일을 법정 휴일로 만들었다. 그리고 8세기경에 발견된 「콘스탄티누스 기증서」라는 문서가 교황의 서방교회 지배권을 확립하는 데 결정적 증거로 작용했다. 이때까지 '교황Papas'이라는 호칭은 교회 원로들에게 일반적으로 사용되다가, 이후 로마 주교만 독점적으로 사용했다.

「콘스탄티누스 기증서」는 로마의 주교 실베스테르 1세가 콘스탄티누스 황제의 나병을 고쳐 주고 감사의 표시로 로마와 다른 속주들, 이탈리아의 여러 도시 등 서로마제국의 통치를 영원히 위임받았다는 내용의 문서이다. 1440년 이탈리아 인문주의자 로렌초 발라에 의해 이 문서는 로마 교황청 내부에서 위조한 것으로 밝혀졌지만, 오랫동안 로마교회의 수위권을 주장하는 근거로 활용되었다. 그러나 역사적으로 가톨릭교회의 중요한 교리들은 대부분 로마가 아니라 콘스탄티노폴리스에서 선포되었다. 콘스탄티누스 황제는 이미 로마를 떠나 보스포루스 해협의 콘스탄티노폴리스(지금의 터키 이스탄불)에서 313년 즉위식을 했고, 제국도 '비잔티움'으로 불리기 시작했다. 그리고 로마의 성 베드로 대성전뿐 아니라 예루살렘에 성묘성당을 짓고, 새 수도에는 성 소피아 성당의 건립을 명했다.

사실상 가톨릭교회는 본질적으로 지중해 동부 연안의 종교였다. 이집트와 시리아, 그리스, 바오로 사도가 선교했던 지금의 터키 땅이 그리스도인들의 주 무대였다. 당시 알렉산드리아는 로마제국 제2의 도시였고, 안티오키아가 제3의 도시였다. 그리고 콘스탄티누스 황제 이후 콘스탄티노폴리스가 제1의 도시였다. 특히 안티오키아는 '그리스도인Christian'이란 말이 처음 사용된 곳이다. 당시 그리스도교의 제1의 언어는 그리스어였다. 4세기까지 미사전례도 그리스어로 통용되었다. 알다시피 고대 교회 주교들은 빼어난 지식인들이었고, 당시 로마의 주교들도 대부분 그리스인이었다. 그리고 '가톨릭Catholic'이란 말도 110년경 원형경기장에서 사자 밥이 된 안티오키아의 성 이냐시오가 처음으로 종교적 의미로 사용하였다.

그러나 역사는 가톨릭교회에서도 여전히 권력싸움이었고, 최종적으로 서방에서 승전보를 올린 로마교회가 교황권을 확립했다. 비잔티움 제국이 일찍 멸망하면서 동로마교회도 힘을 잃고, 서로마교회만 살아남아 가톨릭교회의 주권을 독차지했다. 로마시대에 제국이 황제의 소유였듯이, 교황은 교회를 소유함으로써 세상마저 소유하려고 황제들과 패권을 다투었다. 제국에서 황제가 하느님으로 숭배된 것처럼, 교회에서 교황은 하느님처럼 숭배되었다. 로마가 황제의 나라였다면, 가톨릭교회는 교황의 종교였다. 그리고 세속권력이 부침을 거듭하는 동안 유럽에서 교황권 만이 천상과 지상, 교회를 통치하는 독점적인 지위를 얻었다. 1978년 요한 바오로

1세 교종이 교황의 삼층관을 없애기까지 '상징적 차원'에서는 교황
권에 버금가는 권력은 없었다.

목수와 어부들의 종교, 형제와 친구들의 나라

그러나 가톨릭교회에서 주님으로 섬기는 분이 '목수'였으며, 초
대 교황이 '어부'였다는 점은 지금 생각해도 신선하다. 그들이 '아
버지'라고 불렀던 하느님이 이집트 노예들을 해방시킨 분이고, "가
난한 이들에게 기쁜소식을 전한"이가 예수였고, 교회의 반석이라
는 베드로가 어부라고 할 때, 그들이 종교를 만들지 않고 당파를
구성했다면 아마도 '노동당'이라는 이름이 적당했을 것이다. 그래
서 시몬 베유는 적절하게도 그리스도교를 '노예들의 종교'라고 불
렀다.

그러나 가톨릭교회는 지난 2000년 동안 '교황 군주제'를 고집해
왔다. 세계교회의 모든 주교들의 임명권은 교황에게 집중되었고,
교황은 일인지하 만인지상—人之下 萬人之上의 위치에서 흔들린 적이
없었다. 예수 그리스도 밖에는 교황을 능가할 사람이 없다는 말이
다. 이러한 구조는 복음서가 가르친 '섬기는 자의 공동체'와 상관없
는 일탈이었다. 그래서 제2차 바티칸공의회 이후에 군주제적 교황
중심주의에서 벗어나려는 시도가 거듭되었다. 요한 바오로 1세 교
종은 그동안 사용해 온 군주제적 호칭과 관습을 폐지하는 데 주력
했다. 교황관을 없애고 대관식을 즉위미사로 바꾸었다. 교황 성하,
추기경 각하, 주교 전하라는 말도 이제는 쓰지 않는다.

프란치스코 교종이 지난해 8월 방한 때 적절히 말했듯이, 교황에
게 다른 주교들은 '형제'요, 모든 신자들은 교황의 '친구'가 되었다.
그리고 교황을 비롯한 모든 그리스도인들은 하느님의 '자녀'였다.

프란치스코 교종은 누누이 강조한다. "복음은 가난한 이들에 대한 우리의 태도에 달렸다." 교회는 마땅히 '가난한 이들을 위한 가난한 교회'가 되어야 했다. 교종은 '교황의 종교'를 노예와 목수와 어부들의 종교로 되돌려 놓으려 한다. 그리고 예루살렘에 입성하던 예수가 어린 나귀를 타고 군중들과 같은 눈높이에서 이야기를 나누었듯이, 낮은 자리로 향한다. 이런 점에서 프란치스코 교종은 '가톨릭교회의 오래된 미래'의 청사진을 다시 보여 주고 있다. 여전히 꿈쩍도 않는 교회를 향해 돌을 날리고 있다.

그러나 아쉽게도 조선의 개혁군주 정조가 조선을 바꾸지 못한 것처럼, 교황의 몇 마디가 교회를 바꾸지는 못한다는 사실을 우리는 너무나 잘 알고 있다. 한국교회의 사제들이 아무리 강정에서, 밀양에서, 평택에서, 대한문에서, 광화문에서 '가난한 이들을 위한 선택'과 생명평화를 목 놓아 외친다 해도 교회는 바뀌지 않는다. 대부분의 한국교회 신자들은 사제들의 이런 행동이 뜬금없다는 표정이다. 교종의 권고문 「복음의 기쁨」을 읽어 주어도 춤추지 않는다.

교황과 사제들이 세상과 교회를 바꾸는 시대는 지나갔다. '위로부터의 개혁'은 실패할 공산이 너무도 크다. 대다수 평신도들의 신앙 감각에 대한 이해가 없이, 그 신앙 감각을 자극하지 않고서 교회는 바뀌지 않는다. 이것은 아주 어려운 작업이고, 깊이 숙고하고 본당생활의 바닥에서 올라오는 변화가 동반되어야 한다. 우리 시대의 절박한 요청에 응답하는 것은 마땅히 필요하다. 그러나 그만큼 중요한 것은 다른 생각을 갖고 있는 사람들, 복음적 열정이 식은 하느님 백성들을 다시 일깨워 소집하는 일이다. 그리고 그 소집의 주체는 주교와 사제들의 지지와 영적 동의를 얻은 평신도 리더십이다. 그 리더십에 대한 관심이 없는 종교운동은 희망이 없다.

순종의 대상은 교황이 아니라 복음

교회개혁에 대한 섬세하고 고단한 작업에 자신이 없을 때 발생하는 현상이 몇 가지 있다. 첫 번째가 '나홀로 투쟁'이다. 잘난 나만 선두에 서서 교회개혁과 사회정의를 외치는 것이다. 두 번째는 교황의 권위 뒤로 숨어서 소리치는 것이다. 세 번째는 이참에 돈벌이나 하자는 것이다. 내가 믿는 진리를 타인에게 설득할 능력과 자신도 마음도 없는 이들은 혼자서 고독하게 현장에 가서 살림을 차린다. 이들에게 중요한 것은 '가난한 사람들과 더불어 사는 것'이다. 이런 삶은 복음에 비추어 너무나 중요한 일이지만, 특히 사제들에게는 마음만 먹으면 어렵지 않은 선택이다. 이들에게 현장에 오지 않는 이들은 아직 복음을 이해하지 못한 '이등 신자'로 취급받기 쉽다. 생각이 다른 이들을 설득하기는 힘들어도 경멸하기는 쉽다. 예수시대에 광야에서 '저들만의 공동체'를 이루었던 에세네파 사람들이 했던 일이다.

말끝마다 교황의 어록을 뒤적이는 태도 역시 교회 내 진보세력의 아주 쉬운 선택이다. 교황은 가톨릭교회의 최고 권력이므로, 그 권위에 기대어 자기가 하고 싶은 말을 한다. 그래서 그 말에 대한 책임 역시 교황에게 미룬다. 안전한 방법이다. 전략적으로 프란치스코 교종의 말을 인용할 수 있다. 실제로 현 교황은 어느 누구보다 복음적이며 진취적이다. 그러나 이러한 태도는 '교황의 종교'를 강화시킬 위험이 있다. 지금 교황이 진보적인 태도를 취한다 해서, 신자들에게 교황에 대한 '순종'을 강조하는 비민주적 태도가 민주주의를 결국 압살한다. 다음 교황이 보수적인 사람이 된다면, 이내 '교황에 대한 순종'에서 '저항'으로 옮아가는 일관성 없는 사람은 믿을 수 없다.

2015년 8월 2일 경남 산청 성심원에서 재속 프란치스코 회원들이 모인 자리에서 강우일 주교가 강론에서 정의롭고 형제적인 사회를 강력히 촉구하며 그리스도인들의 연대를 호소했지만, 프란치스코 교종에 대해서는 한마디도 언급하지 않았다. 교종이 해방신학을 언급하지 않으면서 가난한 이들을 옹호했던 것처럼, 강우일 주교는 교황을 언급하지 않고도 복음의 기쁨을 설파했다. 중요한 것은 교황이 아니라 '복음'이기 때문이다. 우리에게 절실한 것은 교황에 대한 순종이 아니라 복음에 대한 충실성이다. 주교든 사제든 수도자든 급진적 신앙인이든 자신의 복음적 진보성을 '교황'에게서 보증 받으려는 태도는 위험하다.

개혁교황도 상품화, 영적 세속화 아닌가?

최근 흥미로운 시도가 청주교구에서 발표되었다. 청주교구에서는 가을에 열리는 청년대회에서 '사회교리 골든벨' 경연대회를 하겠다는 소식이다. 이날 청년대회의 주제는 '지역사회와 함께하는 젊은이'이며, 주제 성구는 "가서 너도 그렇게 하여라"(루카 10,37)다. 그동안 한국교회는 사회교리에 대한 신자들의 몰이해를 한탄하기만 했다. 교구 정의평화위원회에서 사회교리 학교를 하지만 몇몇 신자들만 참석할 뿐이다. 사실상 이런 신자들은 사회교리를 배우지 않아도 될 만한 사람들이다. 오히려 사회교리 자체에 영 관심이 없는 신자들에게도 사회교리가 상식이 될 수 있도록 캠페인을 벌여야 한다. 정말 교구장과 본당 사제들이 프란치스코 교황의 믿음에 동의한다면 신자들이 텔레비전의 요리 경연만큼 경쟁적으로 사회교리를 배우도록 만드는 방법을 구체적으로 당장 실행해야 한다.

그러나 프란치스코 교종이 사회적 참상에 아파하고, 경제독재를 비판하며, 가난한 이들에 대한 교회의 관심을 환기시키려고 노력할 때, 한국교회에서 한 일은 그저 모금운동 뿐이었다. 한국교회에서 만인의 존경을 받아온 이태석 신부와 김수환 추기경의 이름으로 행한 것이 무엇인가? 그저 모금운동 밖에 없다. 이태석 신부와 김수환 추기경은 한국교회의 '브랜드'에 지나지 않았다. 그 정신은 사라지고 돈만 남아서 교회 안에서 여전히 시끄러운 잡음을 남기고 있다. 일부 교구에서는 지방자치단체와 합동으로 성지를 매개로 '교황 브랜드'를 개발하고 있다. 순교자를 가장 욕 되게 하는 짓이 '돈벌이를 위한 성역화 사업'이듯이, 교황을 가장 욕 되게 하는 짓은 교황을 종교적 '관광'상품으로 전락시키는 것이다. 한국교회는 프란치스코 교종이 '영적 세속화'라고 지적한 일만 골라서 하는 특출난 재주가 있는 것 같아 안쓰럽다.

교회개혁의 새벽은 이미 시작되었으나, 아직 멀었다. 교회개혁을 바라는 이부터 자신을 개혁해야 한다. 프란치스코 교종의 개혁조차도 '가난한 이들을 볼모로 한 기획 상품'으로 만드는 사람들을 경계해야 한다. 사회적 진보세력의 꿈이 다들 국회의원이 되는 것이 아니었듯이, 교황을 존경하는 이들의 꿈이 '사업'이 아니라, 겸손한 투신이기를 바란다. 자신과 생각이 다른 사람들의 마음도 헤아리고 살피는 자비 안에 있기를 바란다. 시시비비를 가리는 일보다 더 소중한 과업이 '그럼에도 사랑하는 것'임을 확인하기 바란다. 개혁의 대상은 수시로 바뀔 수 있다. 오늘 교회개혁을 부르짖는 나 자신이 내일은 개혁대상이 될 수도 있다. 내 안에 어둠이 아직도 사라지지 않았기 때문이다. 교회개혁의 새벽은 교회 안에도 찾아오고, 나 자신의 심장을 향해서도 파고들고 있다. 아프다.

출퇴근 하는 교황, 교구청 떠나는 주교

주교들에게 보내는 공개 서한 – 1

2014년 여름, 프란치스코 교종의 4박 5일 방한 기간 동안 저희 신자들은 물론 국민들 모두 깊은 감동을 느꼈습니다. 그분의 언행과 표정까지도 침을 삼키며 바라보고, 무릎을 치고, 깊은 위로 가운데 있었습니다. 제 주변에는 교종이 다녀가신 뒤에 찾아온 공허감을 주체하지 못하는 분들도 많습니다. 그만큼 저희에게 스승이 없었고, '파파 프란치스코'와 같이 '다른 삶이 가능하다.'는 희망을 주었던 분이 없었기 때문일 것입니다. 우리는 이제 그분에게서 기대했던 것을 주교님들의 모습에서 다시 발견하고 싶습니다. 그분은 바티칸으로 돌아가셨지만, 그분은 여러 주교님들과 더불어 우리 가운데 여전히 남아 있음을 확인하고 싶은 것입니다.

교종은 역시 '프란치스코'였습니다. 방한 첫날 한국천주교중앙협의회에서 한국 주교단을 만났을 때, 방명록에 남긴 깨알 같이 작은 사인은 그 나머지 여백을 다른 주교님들이 '교종과 함께 동반한다.'는 의미로 마저 채워주기를 갈망했기 때문이라고 저는 생각합니다. 아시시의 프란치스코 성인은 홀로 수행하지 않고 늘 '작은 형제들'과 함께 있었고, 프란치스코 교종 역시 안온한 교황궁에 외롭게 머물지 않고 콘클라베 당시에 묵었던 게스트하우스 성 마르타의 집에서 다른 주교들과 함께 머물고 있습니다. 우리는 프란치스코 교종을 통해 '출퇴근하는 교황'을 처음 만나게 된 것입니다.

출퇴근하는 교황, 출퇴근하는 주교

이참에 우리 한국교회 주교들도 교구청 안에 마련된 주교관이 아니라 주민들의 거주 지역에 숙소를 마련하고, 다른 사제들과 더불어 생활하시면 어떨까 조심스럽게 제안하고 싶습니다. 주교관에 머물게 되면 수줍은 신자들은 물론 용감한 사제들도 주교를 만나기가 그리 쉽지 않습니다. 프란치스코 교종은 부에노스아이레스 대주교 시절에 어떤 사제라도 자신에게 전화할 수 있도록 전화번호를 알려주고, 늘 아침마다 형제인 사제들과 직접 통화를 했다고 합니다. 평소에 주교가 '소통'을 아무리 강조하더라도 스스로 사제들과도 소통하지 않는다면 그 진정성을 누가 믿겠습니까?

숙소를 교구청 바깥에 마련하고 출퇴근한다면 얼마나 많은 이들의 얼굴을 보게 될 것이며, 그 사람들을 만나면서 얼마나 많은 선행의 기회가 주어지겠습니까? 교구청에서 늘 만날 만한 사람들만 만나면서, 때로 고위 정부 각료들이나 정치인들 예방을 받고, 측근 사제들과 대화하는 데 머문다면, 정작 들어야 할 것을 듣지 못하고, 보아야 할 것을 보지 못하게 될 것입니다. 김수환 추기경은 자신이 더 자주 소록도에 방문하지 못한 사실을 부끄럽게 생각한다고 고백한 적이 있습니다. 이따금 빈민촌에 방문했지만 한 번도 그곳에서 누추한 잠자리를 마련하지 못하고 황급히 자리를 떠났던 미욱함에 용서를 청한 적도 있습니다.

어쩌다 현장체험 하듯이 가난한 이들의 삶의 자리를 들여다보는 것만으로는 부족합니다. 하느님께서 하느님이심을 접으시고 사람이 되시어 우리 가운데 당신의 천막을 치셨던 것처럼, 주교님들 역시 그 지역에서 가장 가난한 동네에 자신의 거처를 마련해야 옳을 것입니다. 그러면 업무를 마치고 퇴근하고서 골목길을 산책하는 '아름다운 저녁'을 맞이할 수 있을 것입니다. 프란치스코 교종은 주교님들을 만난 자리에서 "저는 가난한 이들이 복음의 핵심에 있다고 말해 왔습니다."라고 운을 떼었습니다. 가난한 사람들 사이에서 그 사람들의 표정을 읽지 못하고서야 복음을 이해하기 어렵습니다. 복음의 핵심이 무엇인지 알기는 하겠지만, 그것은 단순히 신학적 명제일 뿐, 주교님 자신의 삶으로 옮겨 오지 못하는 복음이 될 것입니다. 길에서 우연히 만난 그들이 바로 하느님 백성입니다.

대중의 눈높이로 내려앉은 교황

프란치스코 교종이 충북 음성 꽃동네에 가셨을 때 어이없는 해프닝이 벌어진 사실이 있습니다. 교종이 수도자들과 만나기로 한 사랑의 연수원에는 이미 4,000여 명의 수도자들이 모여 있었는데, 그 넓은 공간에 선풍기 두 대만 달랑 설치되어 있었기 때문에 교종을 기다리던 수도자들은 무척 덥고 답답했던 모양입니다. 그리고 단상에 마련된 '교황의 문장'이 새겨진 크고 화려한 교황의 의자는 새로 주문 제작했는지 비닐에 싸인 채 교종이 오기까지 내내 단상을 점유하고 있었습니다. 교종이 오시는 시간이 임박해서 비닐은 벗겨졌지만, 교종 도착 한 시간 전에 먼저 도착한 교황청 의전팀은 그 의자를 치우고 대신에 평범하고 작은 의자를 갖다 놓았습니다. 교종은 권위적이고 화려한 의자를 원하지 않는다는 것입니다.

꽃동네에서 장애아들의 재롱을 지켜보시는 동안 내내 서 계셨던 교종입니다. 교종을 보고 이내 무릎을 꿇는 꽃동네 수도자들더러 황급히 일어나라고 하신 분이십니다. 다른 주교와 수도자와 자매형제들을 같은 눈높이에서 만나고 싶어 하는 교종입니다. 직분으로는 교황이지만, 신앙으로는 다른 이들과 다름없는 형제라는 게 프란치스코 교종의 생각입니다. 시복 미사를 위한 제대도 교종의 뜻에 따라서 신자들의 눈높이에 맞추어 낮게 설치되었습니다. 그러니, 꽃동네 '교황 의자' 해프닝은 교종이 방한 내내 보여 주었던 메시지를 제대로 읽을 줄 모르는 사람들의 실수라고 봐야 하겠습니다.

세월호 특별법 제정을 촉구하며 한 달 넘게 단식한 단원고 유민이 아빠 김영오 씨를 시복미사 전에 만날 때도 프란치스코 교종은 차에서 내려 김영오 씨와 같은 눈높이에서 손을 잡아 주었습니다. '슬픔에 빠진 한 형제의 마음으로' 그분의 호소를 직접 듣고, 편지를 건네받으며 위로의 말씀을 하셨습니다. 교종은 자기 가방을 직접 들고 다녔으며, 우리 사회에서 특권층의 상징처럼 되어 버린 고급 승용차를 거절하고 작은 자동차를 탔고, 헬기 대신에 KTX 열차를 이용하여 대전으로 내려 가셨습니다. 그런 분이시니, 청와대에 방문해 높은 단상에 올라서서 의장대의 사열을 받는 시간이 얼마나 곤혹스러웠을지 짐작이 가고도 남습니다.

마음속에선 여전히 '전하'이고 '각하'인 사람들

그래서 드리는 말씀입니다. 주교 직분은 특권을 누리는 자리가 아니라, 가장 낮게 봉사해야 하는 자리입니다. 교종은 자신을 '종들의 종'이라고 표현하셨는데, 주교는 바로 그 종에게서 주교로 임명되셨으니 '종들의 종의 종'이 아닙니까? 예전에는 교황을 성하聖下.

His Holiness라 부르고, 주교를 각하闎下라 불렀습니다. 그러나 이 모든 것은 종교가 곧 '정치권력'이기도 했던 시절의 옛날이야기일 뿐입니다. 제2차 바티칸공의회 이후부터 폐기되기 시작한 가톨릭교회의 봉건적 유습은 아직도 사방에 잔존하지만, 요한 바오로 1세 교종은 이미 교황 대관식을 폐지하고 '즉위 미사'로 조촐하게 교황직에 올랐으며, 자신을 '짐朕'이라고 부르던 유습을 '나'로 바꾸었습니다.

프란치스코 교종은 대주교 시절부터 누가 '대주교 각하閎下, Your Excellency'라고 부르거나, '추기경 전하殿下, Eminence'라고 부르면 즉시, '호르헤 신부'로 불러 달라고 청했다고 합니다. 대주교요 추기경에게 '신부'라니요. 그만큼 프란치스코 교종은 늘 겸손하게 자신을 낮추고, 늘 가난한 이들에게 눈높이를 맞추며 살아오신 분입니다. 그런데 그 호칭은 사라졌어도, 여전히 마음속에선 자신이 '전하'나 '각하'인 것처럼 여기는 주교님이 없다는 보장이 없습니다.

프란치스코 교종은 「복음의 기쁨」에서 주교를 '목자'라 했고, 그 목자는 양을 앞서거나 뒤서거니 하며, 때로는 양들 한가운데 거닐기 때문에 양의 냄새가 물씬 나는 사람이라고 말한 바 있습니다. 우리 한국교회의 주교들에게서도 양의 냄새를 맡고 싶습니다. 그런 목자는 이미 목자라기보다 양 가운데서 양에게 봉사하는 양일지도 모릅니다. 예수께서 당신 자신을 보잘것없는 사람들과 동일시하셨고, 베네딕토 16세 교종이 "이웃에게 눈을 감으면 하느님도 볼 수 없습니다."라고 하신 것처럼, 세상 가운데, 사람들 가운데 편견 없이 주저 없이 동행하는 주교를 기대해 봅니다.

아직 '쏘울'이 없으신가요?

주교님들께 보내는 공개편지—2

오늘은 아침부터 비가 촉촉하게 내리네요. 덕분에 일산에서 서
울 시내 나오는 '자유로'가 막혀서 출근이 늦었습니다. 매일 아침
자유로를 타고 분단의 아픔과 자유를 향한 갈망을 동시에 읊조리며
출퇴근하는 것도 복이지 싶습니다. 도로의 명칭과 사물의 이름에,
심지어 상품명에까지 예민하게 반응하는 것은 '어떤 가치'를 찾아
나서는 이들에게는 당연한 일인 듯합니다.

문득 제가 즐겨 피우던 담배 생각이 났습니다. '인디고'라는 담배
입니다. 당시에 저는 '인디고 유니콘'이라는 인터넷 카페를 운영하
고 있던 차라서 그 이름이 선명하게 다가오고, 이 담배가 판매
중지될 때까지 줄곧 '인디고'만 피웠던 것 같습니다. 당시 '인디고
유니콘'이란 카페에는 이렇게 프로필을 적어 두었습니다.

세상과 자신의 혁명을 꾀하는 모든 노력을 담아 소통하고 싶습니
다. 인디고는 지혜를 상징하는 제3의 눈이며, 높은 하늘과 깊은
바다의 짙푸른 남색이 가리키는 영성을 뜻합니다. 유니콘은 온 세
상을 아우르는 치유의 힘을 가진 전설 속의 짐승이며, 날개를 달고

28

하늘을 날으며, 그 뿔로 상처받은 영혼을 치유하고 평화를 가져다줍니다. 인디고 유니콘은 지혜를 통하여 의식을 성장시키고, 세상을 평화롭게 치유하기 위하여 서로가 소유한 바를 마음으로 나누는 공간입니다. 우리에게 필요한 것은 시와 혁명입니다. 우리 자신과 세상의 동시적 변형을 꾀하는 것입니다. 그 길에서 아름다움이 우리를 구원하고 세상을 해방시키리라 믿습니다.

KT&G는 '인디고'를 출시하면서 "자유에 대한 열망과 강한 독립성을 갖고 있는 20대"를 타깃으로 만들었다고 합니다. 담배 포장에는 '키사'라는 상상 속의 붕새가 비상하는 이미지를 담고 있습니다. 그리고 담뱃갑이 자외선에 노출되면 감광효과를 일으켜 쪽빛 붕새의 이미지 뒤에 접혀 있던 다른 날개가 돋아나거나 태양이 뜨거나 회오리가 나타납니다. '자유'를 향한 역동적인 메시지를 담고 있는 담배 콘셉트입니다. 그러니, 제가 '인디고'를 마다할 수 없었던 것입니다. 이 담배 생산이 중단된 뒤에 담배를 끊어 볼까 생각했지만 미욱한 일상이 아직도 저를 '금연 희망자'로만 남게 했습니다.

고급 승용차가 좋다면 굶주려 죽어가는 어린이 생각하라

주교님, 몸에 좋지도 않은 담배 이야기를 너무 길게 해서 죄송합니다. 그렇지만 이 말씀을 드리는 것은 프란치스코 교종께서 왜 하필이면 방한 기간에 사용할 의전 차량으로 '쏘울'을 선택했는지 생각해 보려는 것입니다. 교종께서는 사전에 '작은 차'를 주문하셨고, 소형 차량 가운데 '영혼soul'이라는 의미를 지닌 '쏘울'을 선택하셨습니다. 이러한 태도는 종교지도자로서 너무나 당연한 선택이라고 생각합니다. 구도자는 누구나 자잘한 일상 가운데서도 의미 있는 행동을 선택적으로 행하기 때문입니다. 그래서 최근 SNS에서 프란치스코 교종을 두고 '쏘울 탄 위대한 영혼Great soul in soul'이라는 말이 나오는 것입니다. 성인은 작은 데서도 다른 선택을 한다는 뜻이라고 생각합니다.

교종의 이러한 행보는 물론 새삼스러운 것이 아니었습니다. 부에노스아이레스에서 호르헤 마리오 베르골료 추기경은 거리에서 사람들과 어울리지 않는다면 교회가 부패한다고 믿었습니다. 때문에 자주 시내에 있는 콘스티투시온 광장에서 거리미사를 봉헌했습니다. 여기서 청소부들과 인신매매 희생자들을 위해 미사를 했는데, 미사 참석자들은 광장 한편에 있는 정류장에서 가방을 들고 버스에서 내리는 추기경을 자주 볼 수 있었습니다. 교종은 추기경 시절에 늘 버스를 타거나 전철을 이용했기 때문입니다. 대중교통을 이용하면서 베르골료 추기경은 평범한 시민들을 만나고 풍경을 감상했습니다.

프란치스코 교종은 '교황'으로 선출된 뒤에 로마를 떠나 방문한 첫 순방지인 람페두사에 갈 때에도 현지인이 20년 가까이 타고 다녔던 피아트사의 오프로드 자동차인 '캄파뇰라'를 빌려 타고 갔습니다. 바티칸 안에서도 교황청이 제공하는 고급 승용차를 마다하고 준중형 자동차인 포드 '포커스'를 손수 몰고 다녔습니다. 작년 9월에는 어느 이탈리아 신부가 교종에게 20년이 넘은 '르노4' 중고차를 선물했습니다. 이 차량은 교종이 아르헨티나에서 사용하던 차량과 같은 종류입니다.

교종은 2013년 7월 6일 전 세계 가톨릭교회의 젊은 사제와 수련수사, 수녀들이 모인 자리에서 고급 승용차를 사지 말라고 권고한 적도 있습니다. 교종은 "자동차는 많은 일을 하는 데 있어 필요하다."고 하면서도 "하지만 최신식 자동차를 몰고 다니는 사제나 수녀를 보면 마음이 아프다. 그래선 안 된다."고 말했습니다. 이어 교종은 "내 말을 듣고, 아마 여러분은 '그럼 자전거를 타고 다녀야 합니까'라고 생각할 수도 있다."고 농담을 던지기도 했는데, "부디 좀 더 소박한 차를 선택하기를 바란다."고 당부했습니다. 덧붙여 교종은 "만일 화려한 자동차가 좋다면 얼마나 많은 어린이들이 굶주려 죽어가고 있는지 생각해 보라."고 했습니다.

편안한 생활양식을 돌아보라

교종은 방한 첫날 한국교회 주교단이 모인 자리에서 한국교회의 중산층화를 꼬집으며, "부유한 공동체들, 부유한 사람들을 위한 부유한 교회들"을 질책했습니다. "그들은 가난한 이들을 배제하지는 않았습니다만, 그들이 누리는 생활양식 때문에 가난한 이들이 그들 공동체에 들어가기를 꺼리게끔 하였고 가난한 이들은 그런 공동체에서 편안하게 느끼지 못했습니다."라고 지적했습니다. 혹시 한국교회의 많은 주교들과 사제들도 그들이 누리는 편안한 생활양식 때문에 가난한 사람들을 주눅 들게 만들고 있는 것은 아닌지 돌아보아야 합니다.

한국 주교들이 상용하고 있는 승용차를 알아보니, 대부분이 '체어맨'과 'TG그랜저', '오피러스'와 'NF소나타'더군요. '제네시스'도 있습니다. 일부 네티즌들은 "주교님들은 아직 '쏘울soul, 영혼'이 없으신가요?"라고 농담을 던지기도 합니다. 대부분이 고령이신 주교님들께서 장거리 운행을 자주 하셔야 하는 형편이라면, 물론 좀 더 편안한 차량이 필요할 것이라고 생각합니다. 그러나 대개 교구 안에서 이따금 단거리 운행을 하고 계시다면 굳이 고급 승용차가 필요할지 다시 생각해 보아도 좋을 것입니다.

교종의 방한 기간 중에 가톨릭신자들 뿐 아니라 온 국민이 교종의 남다른 소박함에 놀라고 기뻐했습니다. 특별히 세월호 유족들처럼 슬픔에 젖어 있는 분들을 위로해 주셔서 더욱 고맙게 여기고 있습니다. 신문방송에서는 프란치스코 교종을 '나이 많은 아이돌'이라고 추켜세웠습니다. 교종의 인기 비결은 다른 데 있는 게 아닙니다. 소박하고 진정성 있는 태도 때문입니다. 가난하고 소외된 이들을 우선적으로 배려하는 마음 때문입니다. 어린 아이와 맺은 약속조차도 소홀히 여기지 않고 지키는 분명함 때문입니다.

프란치스코 교종의 인기만큼 교황 방한으로 가톨릭 교세가 크게 늘어날 것을 전망하는 이들도 있었고, 번영신학에 식상한 개신교 신자들이 대거 가톨릭으로 개종할 것이라고 보는 이들도 있었습니다. 그러나 당시 가톨릭교회가 주목받게 된 것은 순전히 프란치스코 교종 개인 때문이지 한국교회가 매력적이기 때문이 아니란 사실을 확인해야 합니다. 실제로 한국교회는 프란치스코 교종이 거듭 호소하는 '가난한 이들을 위한 가난한 교회'에서 너무 멀리 가 있습니다. 어쩌면 중산층화된 한국교회에서 교종은 홀로 외롭게 '가난한 이들을 위한 복음'을 외치는 예언자가 되셨던 것인지도 모릅니다.

저는 한국교회 주교님들이 프란치스코 교종의 든든한 버팀목이 되어 주시길 간청합니다. 그분이 겸손하여 가난한 이들의 손을 잡으면 우리 주교님들도 한국 사회의 그늘진 곳에서 숨죽이며 흐느끼는 슬픔에 민감해지시기를 원합니다. 교종께서 의전차량에서 내려 유민이 아빠의 편지를 주머니에 소중히 간직하실 때, 우리 주교님들도 승용차에서 내려 지금 고통 받고 있는 사람들에게로 달려가기를 청합니다. 주교님들이 먼저 청빈하고 소박한 삶으로 모범을 보이시면, 사제 공동체가 화답하고, 신자들이 교회에 대한 새로운 희망을 품게 될 것입니다.

사업가로 내몰리는 사제들

주교님들께 보내는 공개편지–3

가톨릭교회의 복지사업과 수익사업에 관련해 발생한 스캔들을 주교님들도 다 알고 계시리라 믿습니다. 그 곤혹스런 상황을 어떻게 견디고 계시는지 궁금합니다. 프란치스코 교종께서 우리 시대의 우상을 '돈'이라고 분명히 단언하셨고, 종교의 이름으로 포장된 수익사업을 염려하고 계신 줄 알고 있습니다. 마찬가지로 교구장 주교님들도 교구에서 이런 불미스러운 사건이 일어나지 않도록 하고 단속하고 계시리라 믿습니다.

인천교구에서 운영하는 국제성모병원은 2015년 2월부터 의료급여 부당청구 혐의로 경찰 수사를 받아 왔으며, 보건의료노조는 이런 사태를 두고 프란치스코 교종의 호소가 무색해지는 "돈벌이 경영, 독재 경영, 인권유린 경영"이라고 비판하고 있습니다. 또한 종교시설을 세우는 과정에서 후원금을 부당사용하고, 노인양로시설 입소보증금을 횡령하는 등 65억 원의 회계부정을 저지른 혐의로 서울시는 2015년 6월 10일 장애인복지시설인 '기쁜우리월드'의 대표이사를 맡고 있는 박성구 신부를 해임하였습니다. 법인이사회 역시 곧이어 박 신부의 해임을 의결한 바 있습니다.

재단법인 기쁜우리월드는 1993년 설립되어 1997년부터 서울 강서구에서 장애인복지시설인 '기쁜우리복지관'을 운영해 왔으며, 그밖에 체육센터와 노인종합복지관 등 국내 복지사업과 케냐, 우간다, 말라위에서 해외 원조사업을 벌여 왔습니다. 이 가운데 기쁜우리복지관과 금천노인종합복지관은 서울가톨릭사회복지회 소속 시설입니다. 이 시설들을 사실상 관리해온 '작은예수회'는 박성구 신부가 설립했는데, 서울시의 행정 조치에 반발하고 있는 상황입니다. 한편 천주교 서울대교구 소속 사제인 박성구 신부는 2014년 8월 22일 교구 사제 인사에서 '휴직, 곧 정직제재의 교정벌'을 받으면서, 동시에 교구로부터 '작은예수회' 대표, 사회복지법인 '기쁜우리월드' 대표이사 및 그 밖의 모든 임무에서 해임되었습니다. 게다가 성무집행정지 처분으로 미사와 성사 등 '모든 성품권에 의한 행위'가 금지된 상태입니다. 복지시설이 사회적으로 문제가 된 것은 박성구 신부만의 문제는 아닙니다. 이미 '꽃동네' 문제가 훨씬 더 큰 스캔들로 입에 오르내리고, 그 문제 역시 깨끗이 해결된 것이 아닙니다.

교회 안에 스며든 우상 숭배

저는 이 모든 문제의 핵심에 '돈'이 있다고 생각합니다. 프란치스코 교종께서 '우리 시대의 우상'으로 지목한 물신物神이 교회 안에도 깊숙이 스며들어 있다는 점에서 꽃동네뿐 아니라 한국교회 전체의 반성이 필요하다고 생각합니다. 먼저 꽃동네는 정신요양원과 장애인시설 등을 운영하면서 지난 수십 년간 85만 명이 넘는 후원자를 통해 상당한 후원금을 모으고, 정부에서 매년 막대한 지원금을 받아 왔습니다. 그러나 그 사용내역이 투명하지 않아서 항상 논란이 되어 왔습니다.

4,000명이나 수용하고 있는 꽃동네와 같은 대형시설은 수용자의 인권을 보호하고, 장애인들의 자립생활을 추구하는 시대정신에도 어긋납니다. 그래서 1999년에 개정된 '사회복지법'에서는 복지시설의 최대 수용 인원을 300명으로 제한하고 있습니다. 그러나 꽃동네만은 예외라는 게 문제입니다. 더군다나 현재 여의도 면적의 4배가 넘는 14제곱킬로미터(430만 평)로 추정되는 꽃동네 부지는 다 무엇입니까? 꽃동네 유한회사까지 설립한 오웅진 신부는 우리 사회의 그늘진 곳에 살고 있는 가련한 인생을 두고 어디까지 '복지' 장사꾼으로 행세할 요량인지 모르겠습니다. 용도도 없이 보유하고 있는 꽃동네 대단지를 보면서 부동산 투기꾼을 떠올리지 않을 사람이 어디 있겠습니까? 지역주민들의 원성을 사고, 다른 사회복지기관에 누를 끼치면서도 '자신감 있게' 활보하는 오웅진 신부가 한국교회의 상징이라면 하늘 아래 낯부끄러운 일입니다.

프란치스코 교종은 방한 첫날 한국교회 주교단 앞에서 행한 연설에서 "가난한 사람들에게 관심을 쏟으며, 특히 난민들과 이민들, 사회의 변두리에서 사는 사람들과 연대를 실행하여, 한국교회의 예언자적 증거가 끊임없이 명백하게 드러나도록" 노력하는 '희망의 지킴이'가 되어 줄 것을 당부하셨습니다. 또한 이러한 관심이 "구체적인 자선 활동을 통해서만이 아니라 사회, 직업, 교육 수준의 개선을 위한 지속적인 활동을 통해서도 드러나야 한다."고 말씀하셨습니다. 교종께서는 가난한 사람들을 돕는 일을 "사업적인 차원으로만 축소"시키는 것에 반대합니다. 오히려 "한 인간으로 성장할 권리"를 강조합니다. 이런 점에서 꽃동네와 같은 대형시설은 근본적으로 운영방식을 철저히 재고해야 합니다.

꽃동네에 대한 문제제기는 어제 오늘의 일이 아닙니다. 다만 꽃동네와 얽혀 있는 다양한 정치적 종교적 커넥션이 문제입니다. 과거 청주교구장이었으며, 전임 서울대교구장이었던 정진석 추기경께서는 당신의 모친 묘소를 꽃동네에 안치할 만큼 오웅진 신부와 친밀한 관계를 유지해 왔습니다. 또한 꽃동네로 유입된 후원금과 정부지원금에 대한 사용 내역이 불투명한 만큼 어떤 방식으로든 오웅진 신부와 관련된 많은 인사들을 통해 청주교구와 본당까지 부정이 연계되어 있다는 소문이 무성합니다만, 사실이 아니길 바랍니다. 중요한 것은 신앙과 가난한 이들을 담보로 장사하려는 기풍이 교회 안에 쌓인 적폐라는 점입니다. 박성구 신부 역시 규모의 차이는 있지만, 오웅진 신부와 다르지 않습니다. 가난한 이들을 볼모로 입신양명하려는 사제들의 태도는 '사목'을 '사업'으로 이해하고 있다는 점에서 비판받아 마땅합니다.

교회는 사업 모델이 아니다

한편 교회가 가난한 이들을 '사업의 대상'으로 전락시키는 현상은 중산층을 '사업의 대상'으로 삼는 태도와 맞닿아 있습니다. 이는 교회를 사업모델로 보는 기업 CEO의 태도이며, 프란치스코 교종이 바라는 교회상과 전혀 일치하지 않습니다. 프란치스코 교종은 "가난한 사람들과 함께 하는 연대는 복음의 중심에 있다."면서 "가난한 이들을 위한 가난한 이들의 교회, 가난한 이들을 위한 가난한 교회"라는 사도 시대의 이상을 한국교회가 걸어가야 할 귀감으로 삼으라고 권고합니다. 이런 점에서 교종은 중산층의 교회가 가진 위험성을 여러 차례 경고하셨습니다. 가난한 이들이 수치심을 느끼게 하는 교회, 부자들을 위한 부유한 교회가 되는 것을 조심하라고 이르셨습니다.

이것을 교종은 "번영에 대한 유혹"이라고 하셨는데, 한국교회는 "번영하는 교회이고, 선교하는 훌륭한 교회이고, 커다란 교회이기 때문"에 더욱 위험하다는 것입니다. 이런 중산층 교회는 "교회의 예언자적 구조에서 가난한 이들을 제거하려는 유혹"에 빠지기 쉽기 때문입니다. 부유한 사람들을 위한 '웰빙 교회'를 추구하는 유혹은 사실상 이미 한국교회 안에 충분한 전조를 보이고 있습니다. 서울대교구의 경우에 강북보다는 강남에서 가톨릭신자 비율이 높고, 주일미사에 대한 충성도도 높은 편으로 나타나고 있습니다. 교회가 중산층화 되다 보니, 자연스레 중산층의 사고방식이 교회 안에서도 대세인 것처럼 보입니다. 일률적으로 재단할 수 없겠지만 중산층의 가치관은 대체로 '가정의 평화'를 중시하고 '재산축적에 대한 희망'이 충만해 있습니다.

　이 마당에 서울대교구는 '주식회사 평화드림'을 직접 설립해 사제를 파견하고 있습니다. 평화드림은 홍보 웹진을 통해 "교회가 신자들의 헌금만으로 재정을 충당하는 것만이 선일까?" 질문을 던지며 '기업 영성'이라는 신조어까지 만들었습니다. "교회가 돈벌이를 하는 게 정당한지" 비판하는 사람들에게 수익사업을 '영성'으로 포장해 답변하고 있는 것입니다. 교구에서는 학교법인을 통한 수익사업이 법적으로 정당하다고 말하고 있지만, 저는 지금 '합법과 불법'을 따지고 있는 게 아닙니다. 돈에 한 번 맛들이면 사목자들의 눈에도 돈 밖에 안 보인다는 것입니다. 교회 장상이, 사제가 돈벌이에 혈안이 되어 있는 모습은 그리 아름답게 보이지 않습니다. 그런데도 평화드림의 책임자들에게 교회가 요구하는 덕목은 '사업적 능력'입니다. 솔직히 '사업적 수완'이라고 말해야 옳을 능력을 사제들에게 요구하는 교회가 정상적인지 묻고 싶습니다.

　예를 들어 지난 2009년에 개원한 서울대교구 가톨릭학교법인에

속한 서울성모병원은 하루 입원료가 400만원이나 되는 초특급 병실을 선보였습니다. 21층에 마련된 '럭셔리 병실'은 279제곱미터(84평)이며, 대회의실과 소회의실을 모두 갖춘 초특급 병실로 가족실과 집무실은 물론 욕조와 조리 시설까지 갖추고 지하로 연결되는 전용 엘리베이터까지 설치된 병실입니다. 이런 병실이 왜 교회병원에 필요한지 모르겠습니다. 인천교구 소속 가톨릭학원은 최근에 국제 성모병원을 건립하면서 관동대까지 인수하여 '메디컬테마 캠퍼스'로 특성화하겠다고 밝혔습니다. 이 학교에서는 의료, 보건을 비롯해 스포츠와 레저, 호텔 관광을 테마로 하겠다는 것인데, 교회의 선교사명과 이 대학이 어떤 관계가 있는지 알 수 없습니다. 그리고 얼마나 더 많은 사제들이 교회의 수익성 창출을 위해 동원되어야 하는지 염려됩니다.

일선 본당도 마찬가지여서 신도시 아파트 단지의 어떤 성당은 값비싼 예술작품을 설치한 '명품 성당'을 지향하는 경우도 많습니다. 성당 건축을 지역신자들의 눈높이에 맞추어야 한다고 말한다면 정말 할 말이 없습니다. 인천교구도 '주식회사 바다의 별'을 만들어 서울대교구를 모방하는 것을 보고 어안이 벙벙할 따름입니다. '평화드림'이 유통, 장례, 푸드, 건축, 레저까지 사업 분야를 넓혀가는 동안, '바다의 별'은 가구, 인쇄, 공사, 보험, 가전, OA사업부를 통해 자동차보험 가입은 물론 팩스용지까지 본당에 납품하고 있습니다.

한편에서는 성지개발이나 복지시설 유치의 명분으로 부동산 투기에 나서고, 한편에서는 병원과 고급 요양원, 납골당 사업 등을 통해 수익사업에 열을 올리고 있는 한국교회의 실정을 돌아보며, 프란치스코 교종의 바람이 한국교회에서 얼마나 헛된 것인지 실감하는 것은 슬픈 일입니다. 이런 교회에서 필요한 신자들은 "언제든

문을 열고 들어올 수 있는 가난한 이들"이 아니라, 구매력이 높은 중산층이 아니겠습니까? 이른바 신자들을 바라보는 사제들이 '영양가 있는 신자'와 그렇지 못한 신자를 자신도 모르게 분별하게 될까봐 걱정됩니다.

소독약 보다 수술이 필요한 교회

그래서 교종께서는 주교들에게 가슴 아픈 이야기를 하신 모양입니다. 교종은 "한국교회가 번영하였으나 또한 매우 세속화되고 물질주의적인 사회의 한가운데에서 살고 일하기 때문"에 "사목자들은 복음서에서 예수님께서 가르치신 기준보다도 기업 사회에서 비롯된 능률적인 운영, 기획, 조직의 모델들을 받아들일 뿐 아니라, 성공과 권력이라는 세속적 기준을 따르는 생활양식과 사고방식까지도 받아들이려는 유혹을 받고 있다."고 지적하셨습니다. 그러니 교종께서 "성령을 질식시키고, 회개를 무사안일로 대체하고, 마침내 모든 선교 열정을 소멸시켜 버리는 그러한 정신적 사목적 세속성에서 하늘이 우리를 구원해 주시기를 빕니다."라고 기도할 수밖에 없었던 것이지요. 어떻게 바티칸에서 오신 교종께서 한국 교회 현실을 이다지도 정확히 꿰뚫어 보신 것인지 놀랍습니다. 그리고 안타깝습니다.

어떤 분이 자신의 블로그에 이런 말을 적어 놓았더군요. "프란치스코 교종의 방한은 곰팡이 낀 한국천주교회에 소독약을 뿌린 것과 같다." 덧붙여 "수술이 아닌 소독약 정도로는 교회를 변화시킬 수 없을 것"이라고 한탄했습니다. 소독약은 자칫 내성만 키울 뿐이라고 염려하는 것입니다. 미국에서 도로시 데이와 더불어 '가톨릭일꾼'운동을 창립한 피터 모린은 에세이에서 "그리스도는 환전상들을 성전 밖으로 내몰았다. 그러나 오늘날 그 누구도 감히 고리대금업자들을 성전 밖으로 내쫓지 않는다. 어느 누구도 고리대금업자들을 성전 밖으로 내쫓지 못하는 이유는 그 고리대금업자들이 성전을 저당 잡았기 때문이다."라고 말했습니다.

프란치스코 교종이 가장 우려하던 '영적 세속화'의 현실이 고스란히 한국교회에 실현된다면, 그 동안 교종과 한국교회가 줄곧 호소해 왔던 '새로운 복음화'는 빈말이 될 것입니다. 그래서 다시 프란치스코 교종이 주교님들에게 하신 말씀을 다시 나누고자 합니다. "악마가 가라지를 심지 못하도록 주의를 기울이십시오."

가난한 이를 위한 가난한 교회

주교님들께 보내는 공개편지—4

페르시아의 위대한 시인이자 이야기꾼인 사아디Moshref Al-Sa Al-Shirazi, 1213~1291가 지은 우화집에 이런 이야기가 있습니다. 어느 젊은 나그네가 배에서 내렸는데 마을사람들은 그의 슬기롭고 경건하고 겸손한 태도를 보고 마을 수도원으로 데려 갔습니다. 수도원 식구들은 젊은이를 따뜻하게 환영해 주었습니다. 어느 날 수도원장이 젊은이에게 말했죠. "자네, 이 수도원에서 쓰레기를 좀 치워 주겠나?" 그날 젊은이의 종적이 사라졌습니다. 아무도 그를 보지 못했습니다. 모두들 이상하게 생각했지만 아마도 청소하는 일이 적성에 맞지 않았던 모양이라 여기고 넘어 갔습니다.

이튿날 수도승 하나가 거리에 나갔다가 우연히 그를 발견하고 불러 세웠습니다. "원장님이 시키신 일을 그렇게 물리치다니? 자네 참 어리석은 짓을 했네. 자네가 오르려는 사다리가 남을 섬기는 일을 통해서만 오를 수 있는 사다리인 줄 몰랐던가?" 이 말을 듣고 젊은이는 울음을 터뜨렸습니다. "형제여, 제가 무엇을 할 수 있었겠습니까? 쓰레기를 치우라는 말씀에 사방을 구석구석 살폈지만 어디에서도 쓰레기를 발견할 수 없었습니다. 그러다가, 원장님이 치우라고 하신 쓰레기가 바로 저라는 생각이 들었어요. 그래서 저를 치워 그곳을 깨끗한 장소로 만들려 했던 겁니다."

주교님, 교회 안에서도 이런 겸손함이 있기를 기대해도 좋을까요? 스스로 성찰하고 자신의 부족함을 일깨우는 데 부지런한 사제들을 기대해도 좋을까요? 자신을 때로 '교회의 쓰레기가 아닐까' 의심하는 주교를 기대해도 좋을까요? 이처럼 교회를 하느님께 봉헌할만한 곳으로 만들기 위해 자신을 버릴만한 용기와 진정성을 소유한 성직자를 기대해도 좋을까요?

저는 〈가톨릭뉴스 지금여기〉라는 교회언론을 시작할 때 언론이 쓰레기를 치울 수는 없어도 무엇이 쓰레기인지 식별할 눈을 지니고 마을 수도원장처럼 "쓰레기를 치워라."고 청할 수는 있겠다 싶었습니다. 이를 위해 저희들 역시 이 젊은이처럼 반성의 능력을 지녀야 하겠지요. 충분히 비판받을 마음을 먹고 비판하는 게 필요한 시대입니다.

성직자 관료사회와 상업주의

이 편지를 쓰면서 줄곧 머릿속을 맴돌았던 것은 우리 교회가 점점 공무원 사회가 되어가고 있는 것은 아닌지, 하는 의구심입니다. 독일의 유명한 신학자 카를 라너는 성직자들을 '종교 공무원'이라고 말했다고 하는데 아마도 사제들에게 영성을 기대하기는 이미 글러먹었고 최소한 신자들의 세금(헌금)으로 먹고사는 만큼만이라도 성실하게 종복 노릇을 하라고 기대하였던 것은 아닐까 생각합니다. 그러나 저는 프란치스코 교종처럼 여전히 꿈을 접을 수 없습니다. 교회 안에서 중요한 소임을 맡고 있는 주교며 추기경이며 교황이라는 직함을 얻더라도 다만 자기 백성들에게 더욱 잘 봉사하기 위한 것이지 출세 타령이나 하자는 게 아니라고 생각합니다.

자신을 '로마의 주교'라고 겸손하게 불렀던 프란치스코 교종은 방한 기간 중에 한국교회 주교단을 만난 자리에서 다른 동료 주교들을 '형제'라고 불렀습니다. 그리고 꽃동네에서 만난 평신도 단체 지도자들에게는 '친구'라고 불렀습니다. 이것은 교계제도에 대한 근본적인 인식의 변화를 보여줍니다. 형제와 친구들 사이에서는 이해관계가 끼어들 여지가 별로 없습니다. 거래와 흥정이 없는 관계가 형제이며 친구입니다. 고단하고 파란만장한 생애에서 만나 하느님 안에서 한 형제가 되고 우정을 나눈다는 것은 참으로 놀라운 경험입니다. 여기서는 서로가 서로에게 선물이 됩니다.

그런데 현실 속의 교회는 흥정과 거래의 상업주의가 깊숙이 배어 있다는 것을 모두 알고 있습니다. 교회는 신자들의 입맛에 맞는 교설을 전하고 신자들은 구미가 당기는 종교 상품만 소비합니다. 주교는 사장처럼 사제들에게 업무지시를 내리고 사제들은 중간관리자처럼 행동하며 주교와 신자들 사이에서 방황합니다. '성과지표'를 들고 있는 주교 앞에서 사제들은 때로 복음적 열정마저 감추어야 하는 슬픈 현실입니다. 그들은 '가난'을 즐겨 이야기할 수는 있지만 '가난한 사람들'을 위해 행동하지 못합니다. 부유한 신자들이 좋아하지 않을 것이고 교회를 분열시킨다는 비난을 받기 쉬운 까닭입니다.

이런 상황에서도 프란치스코 교종은 「복음의 기쁨」에서 분명히 말합니다. "교회의 관습과 행동 양식, 시간과 일정, 언어와 모든 교회 구조가 자기 보전보다는 오늘날 세계의 복음화를 위한 적절한 경로가 될 수 있기를 바란다." 더 나아가 "제가 다른 이들에게 요구하는 것을 저도 실천해야 하므로 교황직 쇄신에 대해서도 생각한다."고까지 하셨습니다.

출세주의 조장하는 '사제 줄세우기'

이 정도 결기라면 무엇이든 할 수 있겠다 싶지만, 교회개혁은 교종 혼자서 할 수 있는 일이 아니라는 게 문제입니다. 주교들이 먼저 따라 주어야 하고 사제들이 주교를 따라 주어야 합니다. 그러나 선뜻 기득권을 포기하고 개혁에 나설 주교들도 많지 않거니와 사제들도 엉거주춤하고 있는 상황이라고 봐야 옳을 것입니다. 이미 교회는 상업화 못지않게 충분히 관료화되었기 때문입니다. 교종 말마따나 복음적 열정이 식었기 때문입니다. 그런 성직자들에게 남은 것은 이해타산뿐입니다.

그래서 프란치스코 교종은 "야심 있는 이들, 주교직을 노리는 이들을 조심하라."고 교황청대사들에게 당부한 바 있습니다. 주교가 되고 싶어 안달이 난 이들의 출세지상주의를 경고하고 있는 것입니다. 교종이 바라는 주교는 "신자들 가까이 있는 사목자, 온유하고 인내심 있으며 자비로운 아버지요 형제"라고 말합니다. 교종은 '군주'로 군림하지 않고, 영적이며 "실제적인 가난"을 사는 주교를 바라는 것이지요.

이런 게 주교직이라면 앞 다투어 주교가 되려는 이들이 많지 않을 텐데 주교직 자체가 지닌 교회법상 특혜와 권한이 막대하다보니 사제들은 '주교'가 되려 하고 주교들은 '추기경'이 되려 하는 것이겠지요. 오죽하면 프란치스코 교종이 추기경 시절에 부에노스아이레스의 유대-라틴아메리카 신학교 학장인 랍비 아브라함 스코르카와 나눈 대담에서 "지금도 교회는 음모와 책략에 뒤엉켜 있다."고 말했겠습니까. 출세주의에 빠진 자들이 주교직에 오르고, 그런 교구장이 '통치'하는 교구는 관료사회로 변질됩니다.

이런 관료적 교구에서 나타나는 대표적 악습이 '줄세우기'입니다. 어느 주교, 어느 유력한 사제 뒤에 줄을 잘 서느냐에 따라서 출세를 보장받기도 하고 변방으로 내몰리기도 합니다. 한국교회에서 정의구현사제단 활동을 열심히 하는 사제일수록 변두리 본당만을 전전해야 하는 상황은 '줄을 잘못 선' 대표적인 경우라고 하겠습니다. 최근에야 이런 관행이 많이 사라졌다고는 하지만, 교구장에게 인사권이 집중되어 있는 상황에서 교구장 주교와 주변 인물에게 이목이 집중되는 것은 어쩔 수 없는 노릇입니다. 그러니 결국 주교가 맑으면 주교의 주변부터 시작해서 교구 전체가 맑아지고 주교의 안목이 흐려지면 교구 전체가 탁해집니다.

정훈 지침서인 '성경', 전투교본인 '사회교리'

가장 좋은 것은 자발적으로 변방으로 나가려는 사제들이 많아지는 것입니다. 프란치스코 교종이 굳이 기회가 있을 때마다 하신 말씀이 "밖으로 나가라."는 것이었습니다. 복음이 유다의 변방 갈릴래아 나자렛에서, 가련한 처녀에게서 시작된 것처럼 변방에 있어야 복음이 주변부 인생들에게 복음이 된다는 말씀이 가슴을 뛰게 만드는 교구야말로 가장 복음적인 교회입니다. 교구장이 이런 사제들을 격려하고 스스로 변방에 나아가 사제들을 동반하는 교구 말입니다.

그런데 사실 변방이란 굳이 공단이나 빈민지역만을 뜻하는 것은 아닙니다. 사실 모든 본당이 변방입니다. 한국 사회에서 문제없는 지역이 없고 전방과 후방이 따로 없습니다. 교종이 우리 시대의 우상으로 지목했던 경제 권력은 어디서나 힘을 발휘하고 있으며 이 배제와 차별, 불평등에 대항하는 싸움은 어디서나 벌어집니다. 본당은 이 영적 싸움을 위한 교두보입니다. 영적 싸움에 지친 이들이 고단한 영혼을 다독이고 다시 몸을 추슬러 나아가 싸우는 '하느님의 집'이며 '영원한 성채'입니다. 이 집에서 성모 마리아가 품을 내어주시고 '복음화의 별'을 신자들에게 나눠 주십니다. 본당은 문을 걸어 잠그고 신자들끼리 모여서 오순도순 정담을 나누는 사교장이 아니라 영적 전투를 준비하는 상황실이며 야전병원이며 사랑의 학교입니다.

가톨릭교회는 정훈 지침서인 '성경'도 있고 전투교본인 '사회교리'도 있습니다. 그런데 문제는 항상 내부에 있다는 말이 맞습니다. 이미 진영 안에 들어와 있는 상업주의와 관료주의가 문제입니다. 프란치스코 교종이 지적한 가장 큰 병폐는 '영적 세속화'겠지요. 하느님 이름으로, 신앙 이름으로 제 잇속을 챙기는 성직자들과 유력한 평신도 그리고 교묘하게 '정교분리'라는 원칙을 들먹이면서 사실상 복음과 상관없는 정치적 태도를 노골적으로 드러내는 사람들이 걸림돌입니다. 교종이 마피아들을 파문한 것처럼 교회는 교회 안에 침투한 비복음적 요소들을 도려내야 합니다. 그러나 뾰족한 방법은 없습니다.

생활 속에서 그리스도를 찾자

그러니, 다시 교구장 주교들의 입장이 중요해집니다. 주교들의 분명한 사목적 태도가 요청됩니다. 복음과 사회교리에 대한 충분한 설명 그리고 이에 따른 명확한 사목지침을 정해야 합니다. 강론 때마다 교구장 주교가 추상적으로 '가난한 이들을 위한 관심'을 운운한다고 가난한 이들에게 '기쁜 소식'이 전달되지는 않습니다. 기껏해야 사회복지 예산을 조금 더 상향조정하거나 기금마련을 위한 캠페인을 벌이는 등 '돈'으로 때우려는 이미지를 통한 기업홍

46

보의 논리를 가져올 뿐입니다. 사목정책 자체가 구체적이고 실질적으로 혁신되어야 합니다. 본당 단위까지 일관성 있게 관철되는 '가난한 이들을 위한 가난한 교회'를 위한 청사진이 제시되어야 합니다. 아직 아니라면, 지금부터 준비하면 됩니다.

가장 구체적인 사례를 제2차 바티칸공의회가 낳은 원주교구의 초대 교구장 지학순 주교에게서 찾아 볼 수 있습니다. 지학순 주교의 사목정책을 부산교구 정의평화위원회 위원장인 이동화 신부는 "지학순 주교의 대사회적 측면의 방향성이 '정의구현'이었다면, 교회 안에서 가장 근본적인 방향은 '가난한 이들을 위한 교회'였다."고 설명한 바 있습니다.

이를 위해 지학순 주교는 「생활 속에서 그리스도를 찾자」라는 1973년 사목지침을 통해 가난한 이들을 조직하고 학습시켜 협동조합 활동을 전개하고 이를 위해 각 본당 사제와 본당 단체 지도자들이 본당과 공소에 등록되어 있는 가난한 교우들의 실태를 조사하도록 했습니다. 또한 신앙과 실천이 통합되도록 하기 위해서 「성서간추림」을 신자들에게 교육하기로 결정했습니다. 당시 분도출판사에서 출간한 『현실에 도전하는 성서』 초판본은 대부분 원주교구에 보급되어 신자들은 이 책자를 소지하고 읽고 외우도록 격려되었습니다. 이 책은 성경과 사회교리와 교부들의 가르침을 사회문제와 관련해서 엮은 것입니다.

지학순 주교는 사제들에게는 사회과학과 사회교리를 학습케 하고, 각 본당과 공소에서 평신도 지도자를 양성했으며, 이 평신도들이 지역문제를 신앙 안에서 해결하도록 방법을 찾았습니다. 그 결과 교회는 신자뿐 아니라 그 지역사회 자체에 복음이 되게 한 것입니다. 생활협동조합운동이 원주에서 뿌리내리고 이 힘으로 원주를 한국민주화운동의 메카가 되도록 했던 것입니다. '교회만을 위한 교회'는 제2차 바티칸공의회의 정신과 다릅니다. 지역을 위한 교회, 사회 안에서 함께 고난받으며 희망을 나누는 교회가 되는 길을 찾았습니다.

공교롭게도 프란치스코 교종이 방한했던 2014년은 지학순 주교가 양심선언으로 구속된 지 40년이 되는 해였습니다. 그래서 주교님들께 다시금 간청합니다. '가난한 이들을 위한 가난한 교회'에 대한 프란치스코 교종의 꿈을 더불어 꾸어 보실 의향이 없으신지요? 그렇다면 1973년에 지 주교가 발표하셨던 그 사목교서를 먼저 읽어보시기 바랍니다. 40년이 지났지만 여전히 의미 있는 문헌이고, 요즘처럼 물신화와 세속화가 교회마저 삼켜 버린 듯한 시절에는 더욱 요긴한 문헌이 될 것입니다. 이른바 한국에서는 '오래된 미래'가 될 문헌입니다.

김수환 추기경마저도 '가난한 이들을 위한 교회'는 마음에 담아 두셨지만, '가난한 교회'는 엄두를 내지 못하셨습니다. 그래도 김수환 추기경은 지학순 주교를 기꺼이 동반하셨습니다. 우리 주교님들도 그리 하시면 어떨까, 안타까운 심정으로 글을 올립니다. 교계 제도가 완강한 지금, 여전히 주교님들이 희망의 한끝을 쥐고 계시기 때문입니다.

봉사하는 교회, 봉사하는 주교

이브 콩가르를 다시 읽는다 1

교황과 추기경, 주교, 재속사제, 수도자, 평신도로 고착된 가톨릭교회의 위계질서는 교황권과 황제권의 지루한 권력투쟁을 거치면서 더욱 강화되고 고질적인 병폐로 자리 잡았다. 제2차 바티칸공의회 이후에 조금 나아졌다고는 하나, 이천 년 가까이 지속된 성직주의의 폐습을 송두리째 거두어 내기에는 지난 50년이 너무 짧은 걸까. 지난 반세기 동안 교황과 주교, 사제들의 권력은 '봉사직'이라는 개념이 꾸준히 발전해 왔지만, 교회 위계질서의 바닥에 위치한 신자들조차 자신들의 호칭을 여전히 '평平신도'로 놔 두고 있을 만큼 문제의식이 별로 없는 것이 현실이다.

교황, 하느님의 종들의 종

성직이 권력에 갈음하던 시대에 제2차 바티칸공의회를 열었던 요한 23세 교종은 대관식 강론에서 "교황이 국가수반이자 외교관, 학자이자 조직가이기를 기대하는 사람들은 실망하게 될 것"이라면서 자신은 그저 "착한 목자가 되고 싶다."고 말했다. 자신은 종교적 신민을 통치하는 최고위급 관료가 아니라는 선언이다. 이런 점에서 공의회가 선포한 성직자의 '봉사 직분'에 대해 새로운 견해를 내놓았던 프랑스 도미니코회의 이브 콩가르Y. Congard 추기경의 업적은 대단하다.

프란치스코 교종은 즉위 직후부터 줄곧 "나는 가난한 이들을 위한 가난한 교회를 원한다."고 선언해 왔다. 그리고 최근에는 교황청 기구 가운데 일부를 승격시켜 '정의평화성省'과 '평신도가정성'의 신설을 추진하고 있다. 교회 밖으로는 세상의 가난한 이들을 섬기는 일과 교회 안으로는 평신도의 위상을 새롭게 세우는 것이 얼마나 시급한 일인지 절감했기 때문이다. 이참에 다시 읽어 보아야 할 책이 한 권 있다. 공의회가 한국교회에서 사실상 실종되었던 지난 30년처럼, 1974년에 가톨릭출판사에서 출간되었으니 벌써 40년이나 지난 책이다. 절판된 지 오래된 이브 콩가르의『봉사하는 교회, 가난한 교회가 되기 위하여』라는 책이다.

이브 콩가르가 1973년에 이 책을 출간했으니, 한국교회에서 곧바로 직수입해서 번역한 셈이다. 여기서 당시 한국교회가 공의회 정신을 얼마나 스펀지처럼 흡수하고 있었는지 가늠할 수 있다. 1974년은 지학순 주교가 민청학련 사건과 관련해 구속된 해이면서, 이른바 천주교정의구현전국사제단의 젊은 신부들이 유신정권에 맞서 싸우던 때다. 이 책에서 이브 콩가르는 머리말에서 "모든 권력이나 권위의 행사는 봉사하는 데 있으며, 교황은 자기 자신을 즐겨 'Servus Servorum Dei 하느님의 종들의 종'라고 부른다."는 말로 시작한다.

이 책의 마지막 부분에 채록된 말 가운데 바오로 6세 교종의 대관식 강론은 교황을 비롯한 성직의 핵심을 잘 요약하고 있다.

진정 내가 이 전투의 교회(지상의 교회)에서 교계적 단계의 최고 권력에 오르게 되었다는 사실과 동시에 하느님의 종의 가장 낮은 지위에 임명 되었다는 사실을 통감합니다. 이런 이유로 권위와 책임, 영예와 겸손, 권리와 의무, 권력과 사랑은 기묘하게도 일치하고 있습니다. 그리스 도의 대리자로 선출된 나는 그리스도의 교훈을 잊지 않고 있습니다. "당신들 중에서 제일 높은 사람은 제일 낮은 사람처럼 처신해야 하고, 지배하는 사람은 섬기는 사람처럼 처신해야 합니다."(루카 22,26 참조)

_ 바오로 6세 교종, 1963년 6월 30일

그리스도인은 주님의 종이고 심부름꾼

만약에 사도들과 성직자들이 존경과 권위를 누린다면, 이것은 그들 자신이 위대해서가 아니라 예수와 그분의 이름 때문이라는 게 이브 콩가르의 생각이다. 만일 어린아이가 예수께 받아들여진 다면, 그 어린아이도 똑같은 영예를 지닌다고 말한다. 그리스도의 권위 역시 가장 낮은 데로 임하는 길을 통해 인류의 구원을 위해 헌신했기 때문에 얻은 것이며, 이 모든 권한은 하느님에게서 온 것이라는 설명이다. 이런 점에서 서로 상좌上座를 차지하려는 제자 들을 예수는 꾸짖는다. 예수가 전하는 으뜸자리는 '심부름꾼'의 자 리다. 사람들을 위해 노고를 아끼지 않는 '노예'의 길이다. 이를 그리스도교 신앙 안에서는 봉사diakonia 직분이라고 부른다.

너희도 알다시피 다른 민족들의 통치자라는 자들은 백성 위에 군림 하고, 고관들은 백성에게 세도를 부린다. 그러나 너희는 그래서는 안 된다. 너희 가운데에서 높은 사람이 되려는 이는 너희를 섬기는 사람이 되어야 한다. 또한 너희 가운데에서 첫째가 되려는 이는 모든 이의 종이 되어야 한다. 사실 사람의 아들은 섬김을 받으러 온 것이 아니라 섬기러 왔고, 또 많은 이들의 몸값으로 자기 목숨을 바치러 왔다.(마르 10,42-45; 마태 20,25-28)

당시 어느 종교나 문화에서 노예나 종을 뜻하는 '도울로스doulos'라는 말을 종교적으로 사용한 예가 없다. 오직 그리스도교 신앙 안에서만 그리스도인들과 사제들은 스스로 '종'이라 불렀다. 이들은 그리스도에게 완전히 사로잡힌 종이며, 예수처럼 다른 모든 형제들의 종이 될 것을 서약하고 봉사함으로써 주님과 온전히 결합된다고 믿었다. 사실 그리스도인은 예수의 가르침을 받는 생도일 뿐 아니라, 그 스승을 모방하고, 스승의 생활에 참여하는 사람들이다. 하물며 예수조차 이사야 예언서에 나오는 '주님의 종'이 받은 사명을 당신의 사명으로 여기셨다. 그래서 예수는 주인이 되고 대접을 받는 게 아니라, 세상을 위해 목숨을 내놓을 정도로 노예처럼 봉사했다.

이를 두고, 이브 콩가르는 "제자들의 생활은 남김없이 그리스도의 것이었다."면서, 하느님께서 "오히려 당신 자신을 비우시어 종의 모습을 취하시고 사람들과 같이 되셨"(필리 2,7)던 것처럼, 낮은 데로 내려가는 길을 걸으신 그리스도를 따름으로써만 영적으로 상승할 수 있다고 말한다. 이런 점에서 봉사 직분을 수행하는 자는 "지배하는 인간이 아니라 복종하는 사람"이다. 바오로 사도는 이런 봉사 직분을 아주 분명한 어투로 말한 바 있다.

우리가 선포하는 것은 우리 자신이 아닙니다. 우리는 예수 그리스도를 주님으로 선포하고, 우리 자신은 예수님을 위한 여러분의 종으로 선포합니다.(2코린 4,5)
나는 아무에게도 매이지 않은 자유인이지만, 되도록 많은 사람을 얻으려고 스스로 모든 사람의 종이 되었습니다.(1코린 9,19)

베드로 사도의 편지에서는 아예 '지도자들의 의무'를 공지하고 있다. 교회 공동체의 원로들에게 이르기를 신자들을 지배하려 들지 말고 오히려 그들의 모범이 되라고 권고한다. 여기서 '모범'이란 어떤 모범일까? 남을 섬기는 '종이 된 자의 모범'이다. 자기 십자가를 지고 죽기까지 사랑하기를 멈추지 않는 삶이다. 자기 직분을 통해 이익을 탐하지 않는 삶이다.

> 여러분 가운데에 있는 하느님의 양떼를 잘 치십시오. 그들을 돌보되, 억지로 하지 말고 하느님께서 원하시는 대로 자진해서 하십시오. 부정한 이익을 탐내서 하지 말고 열성으로 하십시오. 여러분에게 맡겨진 이들을 위에서 지배하려고 하지 말고, 양떼의 모범이 되십시오. 그러면 으뜸 목자께서 나타나실 때, 여러분은 시들지 않는 영광의 화관을 받을 것입니다.(1베드 5,2-4)

봉사만으로 충분히 행복한 교회

한국교회의 현실을 돌아보자면, 교구장 주교의 막대한 권한도 문제려니와, 그 교구장 주교 아래 줄을 서 있는 측근들의 호가호위狐假虎威하는 문제는 더 심각한다. 야망이 있는 사제들은 저마다 이해관계에 따라서 교구장의 마름 역할을 자임하고 나서고, 결국 눈에 보이는 성과를 내야 하기 때문에 교구에서 연신 성지 개발 등 사업을 벌인다. 심지어 교구 재정 확보를 위한다는 명목으로 수익 사업에 열을 올리기도 한다. 요즘은 "돈 앞에 장사 없다."는 말이 교회에도 먹히는 세상이다. 그만큼 신자유주의적 사고방식이 교회 안에도 깊숙이 침투했다. '목자'보다 '사업가'가 제격인 사제들의 난립을 통제하지 못하는 교구는 '부도 수표'를 손에 쥐고 있는 셈이다.

이참에 주목해야 할 고위성직자가 두 명이 있다. 김수환 추기경과 두봉 주교다. 김수환 추기경은 자신을 언제나 "보잘것없는 심부름꾼" 정도로 생각했다고 한다. 사람들을 만나면 항상 아무 것도 모르는 사람처럼 "어떻게 하면 좋겠냐, 이 이야기 좀 해 달라."고 남의 의견을 듣는 것을 좋아하는 주교였다. 충분히 듣고 분명하게 결정하셨던 분이다. 누가 뭐라 하면 "주교를 가르치려 든다."며 역정부터 내는 주교는 자격미달이다. 김 추기경이 말년에 보수적으로 변했다는 평가도 나오지만, 예전에 두봉 주교에게 여쭈어 보았더니 "나이 때문이 아니겠나?" 되물었다.

안동교구 초대교구장이었던 두봉 주교는 교구장 정년을 15년이나 앞두고 교구장직에서 물러났다. 이에 못 미치지만 베네딕토 16세 교종이 종신제의 관습을 깬 것도 마찬가지 이유였다. 직무수행 능력에는 한계가 있다는 것이겠다. 두봉 주교는 "사람이 나이가 들면 새로운 것을 받아들이기 힘들다."면서, "1970~80년대에 김수환 추기경이 40대였고, 윤공희 주교와 나길모 주교도 40대였다. 지금은 주교들 나이가 평균 65세는 되는 것 같다. 거의 70세가 다 되어가니 젊은 사람들 생각과 좀 다를 수밖에 없다. 몸이 말을 듣지 않으면 생각도 별로 깨이지 않는 법이다."라고 말했다. 아주 현실적인 혜안이다. 게다가 나이가 들면 본인이 직접 문제의 원인과 해법을 찾기보다 측근들의 이야기에 더 솔깃해진다. 이것이 다른 사제들과의 소통을 막고, 결국 일부 측근 사제들의 의견만 반영된 독단적 결정이 이뤄진다. 지배만 남고 봉사는 종적을 감춘다.

두봉 주교는 1969년 안동교구장이 되면서, 주교품을 받을 때 누구나 정하는 문장紋章과 사목표어도 내세우지 않았다. 두봉 주교는 "서양에서 문장은 귀족이나 갖는 것이지 서민인 내가 무슨 문장을 가져."라며 사양했다. 그는 다만 "기쁘고 고맙고 떳떳하게"라는 생각을 품고 사목을 했다고 전했다. 그리고 1990년에 교구장직을 일찍 사임하고 나서, 안동교구 사제들이 뜻을 모아 교구의 사명표어를 만들었다. "우리는 이 터에서 열린 마음으로 소박하게 살고 생명을 소중히 여기며 서로 나누고 섬김으로써 기쁨이 넘치는 하느님 나라를 일군다." 아름다운 전통이다. 교구장이 바뀔 때마다 교구의 사목지침이 요동을 치는 게 아니라, 평사제들의 뜻을 모아서 사목지표를 정하는 기풍은 아직 안동교구밖에 없다.

주교가 없는 듯이, 사제가 없는 듯이, 시나브로 사목이 이뤄질 수 있다면 얼마나 좋을까. 사제가 평신도보다 열 배로 봉사하고, 주교는 백 배로 봉사하는 기풍. 오직 사심 없는 봉사만으로 충분히 행복한 교구가 필요하다.

공동체 없이 주교 없다
이브 콩가르를 다시 읽는다 2

프란치스코 교종을 떠올리면 반갑고도 씁쓸한 복합적 감정에 휩싸인다. 가톨릭교회는 전통적으로 수직적 위계질서를 강조해 왔고, 사실상 지금도 그렇다. '개혁' 교황의 등장은 가톨릭교회에 참신한 바람을 불러 온 것이 사실이다. 요한 23세 교종에서 시작된 개혁의 바람이 바오로 6세와 요한 바오로 1세를 거쳐, 숨 막히는 잃어버린 30년을 거치고 나서, 다시 교회 안에 불고 있기 때문이다.

주교 등 성직자를 중심으로 일사불란하게 결집하라고 촉구해 왔던 요한 바오로 2세와 베네딕토 16세 교종이 강요했던 수직주의에 가장 실제로 저항해 왔던 것은 라틴아메리카의 기초공동체였으며, '아래로부터 탄생하는 교회'를 부르짖던 레오나르도 보프가 교황청의 심문을 받아야 했던 것처럼 '수평주의'는 '사실상' 억압되었다. 이 억압을 풀고 교황이 먼저 신자들에게 축복을 청하는 시대가 왔다. 아르헨티나 부에노스아이레스 대교구장 출신인 프란치스코 교종 때문이다.

그러나 이러한 개혁조차도 결국 누가 교황이 되느냐에 달려 있다는 것이 가톨릭교회의 슬픔이다. 한 사람의 성향과 노선과 사목정책이 전체 교회의 향방을 결정짓는다는 것은 참으로 위험하고도 안타까운 일이다. 지역교회에서는 교구장 주교가 만인지상萬人之上이다. 주교직이 '봉사 직무'라고는 하지만, 사실상 '최고 권력'에 다름 아니기 때문이다. 주교와 공동체가 결합되는 방식에 문제가 있기 때문이다. 현재 가톨릭교회는 교구민들의 의사와 상관없이 얼마든지 뜬금없는 사제가 교구장으로 임명될 수 있기 때문이다. 그리고 일단 교구장에 '착좌'하면 그분의 말씀이 곧 법이 된다, 중세기의 영주처럼.

주교 혼자 결정할 수 없다

이브 콩가르는 『봉사하는 교회 가난한 교회가 되기 위하여』(가톨릭출판사, 1974) 2장에서 교회 권위의 역사적 발전을 다루면서, 고대교회부터 교부 히폴리투스와 오리게네스가 말한 것처럼 주교主敎를 '군주君主'로 불러 왔다고 밝혔다. 그러나 여기서 '군주'로서의 주교는 지금과 다른 의미를 지니고 있었다. 초기교회는 '회중會衆, congregation'이라는 뜻의 신앙공동체, 즉 에클레시아ecclesia였다. 따라서 교부 치프리아노는 "교회는 주교와 일치한 백성, 그 목자와 결합되어 있는 무리다. 이 때문에 주교는 교회 안에 있으며, 교회는 주교 안에 있다."고 말했다.

교회는 사랑과 일치, 기도와 회개에 의한 영적 어머니이며, 예수 그리스도께서 제자들 가운데 여전히 머무신다는 사실에서 비롯된 형제들의 집회였다. 그래서 가톨릭전례에서 '우리'와 분리된 '나'는 존재하지 않았다. 이 공동체의 어른이 주교이며, 이 주교는 교회 구성원들과 일치하고 있다는 점에서만 교회를 대표한다. 그래서 주교와 다른 성직자를 선출하는 데 평신도들이 참여할 수 있었다.
이들은 사목정책을 정하는 회의에 필요한 정보를 제공하고, 교회
관습법 제정에 참여했으며, 자발적으로 이 법에 따라서 생활했다.
그래서 치프리아노는 이렇게 말할 수 있었다.

> 나는 주교직에 오른 당초부터, 여러분들(사제와 부제)과 상의하지 않
> 고, 또한 하느님 백성(평신도)의 승인을 얻는 일 없이, 나 혼자의 생각
> 으로 결정하는 일이 없도록 하려고 결심했다.

여기서 주교는 성령이 주시는 영적인 선물을 풍부히 부여받은
'영적 사람'으로 간주되었다. 그래서 신자들은 하느님 백성을 인도
하는 것이 주교들의 당연한 직무라고 여겼다. 이런 점에서 주교는
성화된 공동체의 '군주'처럼 권위를 갖고 있었으나, 항상 공동체와
밀접하고 '실제적인' 관계를 맺고 있었다.

진정한 권위는 배려에서 나온다

이런 생각들은 로마제국의 콘스탄티누스 황제가 313년 밀라노
칙령을 통해 그리스도교를 인정한 뒤에 다소 완화되고 포기된 것처
럼 보였다. 그리스도교가 '제국교회'가 되면서, 성직자는 특권을
부여받았고, 주교는 '일루스트리illustri, 뛰어난 자'로서 원로원 의원의 대
우를 받았다. 주교들은 특별히 '가난한 자들의 옹호자'였지만, 한편
으로는 도시의 장관과 의회를 지도하고, 도시방어에도 참여하고,
황제의 권위에 의존하는 '공직'이 되었다. 이를테면 주교와 성직자
들이 로마제국의 상급 공무원이 된 셈이다. 교회법은 국법과 동일
시되었고, 성직자는 법적인 신분을 얻으면서 점차 세속화되었다.

그러나 12세기까지 주교들 가운데 많은 사람들이 수도자였거나, 수도원에서 교육을 받은 자들이었기 때문에 '영적 권위'에 대한 영감을 아예 놓치지는 않았다. 우리가 알고 있는 주교들 가운데 바실리오, 요한 크리소스톰, 아우구스티노, 세비야의 이시도로, 그레고리오 등이 모두 은수자거나 수도자였다. 당시 주교들은 수도자든 아니든 '영적인 사람'이었다. 그래서 이들은 주교의 권위보다 의무를 더 강조했다.

주교는 끊임없이 성경을 연구하고, 기도하며, 단식하고, 찾아오는 사람들을 환대하고, 모든 사람들의 말에 귀를 기울이며 도와주고, 가난한 이들에게 자선을 베풀었다. 주교관 옆에 통상 '구빈원'이 있었던 것은 낯선 풍경이 아니었다. 이런 점에서 프란치스코 교종이 바티칸에 노숙인들을 위한 시설을 설치한 것은 당연한 교부들의 전통을 계승한 것이다. 그런데 한국교회의 주교관 옆에는 무엇이 있을까? 교회 전통에 따르자면 주교관 옆에는 가장 가난한 이들이 머물 공간이 있어야 한다. 이처럼 '하느님의 자비'는 교회, 또는 교회를 드러내는 주교의 처신을 통해 세상에 드러난다. 사실상 주교는 그리스도교 신앙이 강조하는 정의와 공평, 환대의 모든 복음적 이상을 드러내는 존재였다.

교회는 '사랑의 완전성'을 지향하는 인간 공동체였다. 교황이 '하느님의 종들의 종Servus servorum Dei', '나는 모든 사제들의 종Conctorum sacerdotum servussum'이라 말할 때, 이는 권위의 행사를 넘어서 하느님 백성의 복지에 대한 배려를 뜻했다. 이들은 아버지다운 권위뿐 아니라 어머니다운 배려를 귀하게 여겼고, 이런 의미에서 진정한 권위는 도덕적이라고 생각했다.

당신들을 위한 주교, 당신들과 더불어 그리스도인

여전히 교회는 법적인 조직이기보다 기도하고 단식하고 보속하고 은혜를 구하며 영적인 싸움에 나서는 이들의 공동체였다. 그래서 5세기의 레오 1세 교종은 "모든 사람을 지배하는 사람은 모든 사람에 의해 선출되지 않으면 안 된다."고 했으며, 첼레스티노 1세 교종은 "신자의 의사에 반해서 결코 주교가 결정되어서는 안 된다."고 말했다. 공동체가 먼저이고, 주교는 나중이었다. 그래서 "공동체 없이 주교 없다."는 말이 상식이었다. 주교가 권위 이전에 공동체에 의한 공동체를 위한 봉사직분임을 확인시키는 말이다.

사제들의 처신 등을 공개적으로 밝히면서, 교회생활 전체를 투명하게 만들었던 히포의 주교 아우구스티노는 신자들에게 이런 말을 되풀이 했다.

> 나는 당신들을 위해서 주교이며, 당신들과 더불어 그리스도인입니다.
> 나는 당신들과 더불어 죄인입니다.
> 나는 당신들과 함께 복음의 제자이며, 복음을 듣는 사람입니다.
> 내가 주교라고 한다면, 그것은 당신들을 위해서입니다.

안전가옥에서 해방된 주교

지금 여기에서 당장에 현실성 없는 '주교선출제'를 제안할 생각은 없다. 다만 교구장 주교들이 신자들의 목소리에 민감하게 반응해 주길 바랄 뿐이다. 신자 없이 성직자 없고, 공동체 없이 주교가 없기 때문이다. 제2차 바티칸공의회에 강력한 영향력을 미쳤던 독일 쾰른 교구장 프링스 추기경은 1963년 사순절 교서에서 이렇게 말했다.

교회에서 권위를 가진다는 것은 지배하는 것이 아니라 신자들의 유익을 위해 봉사하는 일입니다. 구세주께서는 자신에 대해서 말씀하셨습니다. "사람의 아들도 섬김을 받으러 온 것이 아니라 섬기러 왔고, 또 많은 이들의 몸값으로 자기 목숨을 바치러 왔다."(마태 20,28) 마찬가지로 사제와 주교의 임무는 지배하는 것이 아니라 봉사하는 일입니다. 교황도 자신을 '하느님의 종들의 종'이라고 부르고 있습니다.

따라서 주교들이 '구중궁궐'에 숨어 지내면 안 된다. 여기서 구중궁궐이란 외부인이 침범할 수 없도록 겹겹이 방어벽을 치고 있는 '안전가옥'이라는 뜻이다. 곳곳에 CCTV와 담장으로 둘러쳐진 안전가옥이 필요한 사람은 '지킬 것이 많은 사람'이다. 주교가 가난한 이들에 대한 특별한 사랑으로 범벅이 된 하느님의 '종'이나 노예, 머슴이라면 지킬 것이라곤 목숨밖에 없을 텐데 주교관 문턱이 높기만 하다.

하물며 예수님은 "벗을 위하여 목숨을 바치는 것보다 더 큰 사랑은 없다."고 하셨고, 실제로 그렇게 돌아가셨음을 기억한다면, 주교야말로 거칠 것도 두려울 것도 없는 '영적인 사람'이어야 한다. 프란치스코 교종이 방한 때 방탄차를 타지 않은 것처럼 무방비로 세상에 자신을 내어 놓는 것이 교회전통을 계승하는 주교의 태도다. 더군다나 교종의 무방비가 곧 신자들과 격없이 만나고자 함이었다면, 한국교회 주교들이 배워야 할 바는 더욱 크다. 거창한 종교행사가 아니더라도 일상 안에서 수시로 신자들의 눈높이에 맞추어 앉는 주교가 그리운 시절이다. 이제 "주교님, 전화 드려도 될까요?" 말하고 싶다.

어머니이신 교회가 나를 박해한다

프란치스코 교종이 2015년 6월 22일 이탈리아 토리노에 있는 발도파 교회를 방문해서 용서를 청한 사건을 지켜보면서 만감이 교차했다. 지금은 개신교회가 되었지만, 발도는 종교개혁 이전인 12세기 후반에 청빈운동과 교회개혁을 주장하다가 파문당했던 가톨릭 신자였기 때문이다. 벌써 20여 년이 지난 일이지만, 가톨릭노동사목전국협의회 간사로 일할 때 기억이 새삼스럽다. 이 단체는 교회 비공인 평신도 노동운동단체였고, 당시 노동운동에 비판적이던 한국교회 주교들은 이 활동이 계급운동에 너무 깊이 개입하고 있다면서 소외시키고 있었다.

손님과 불청객

20여 년 전 뜨거운 여름날 겪었던 이야기 한 토막. 1987년 6월 민주항쟁 이후 민주노조가 대대적으로 만들어지던 때였다. 지하철 공사 노동조합의 노동자들이 서울 명동성당 들머리에 천막을 치고 농성을 한 적이 있었다. 그때 노동자들은 명동성당에서 찬밥 신세였다. 결국 성당 들머리가 소란스럽다는 이유로 본당 사목위원들이 천막을 부수고 명동성당에서 이들을 쫓아냈다. 이들이 옮겨간 농성 장소는 조계사였다. 며칠 뒤 〈한겨레신문〉에 조계사 농성장 천막 바닥에 스님들과 노동자들이 함께 마주 앉아서 파안대소하며 수박을 쪼개 먹는 사진이 실렸다. 당시 노동사목전국협의회 본부에서 간사로 일하던 나는 무척 당황스럽고 창피했다. 그리고 이 상황을 어떻게 읽어야 할지 고심했다.

명동성당에서 쫓겨난 노동자들이 조계사에서 환대받는 현실을 예수께서 보신다면 뭐라 말씀하실까? 스님들이 어리석기 때문에 무도한 자들을 환대한 것일까, 아니면 명동성당 측이 가난한 이들에게 먼저 복음을 전하겠다고 선포하셨던 예수의 뜻을 거스른 것일까? 나는 「손님과 불청객」이라는 제목으로 짧은 글을 썼다. 명동에서 반갑지 않은 불청객이 조계사에서 손님으로 둔갑한 곡절을 따져 묻는 내용이었다. 당시 노동자들의 처지를 두고서, 복음서와 역대 교황의 사회교리를 가져다 대조해 보았다. 아무래도 교회가 취한 태도는 옳지 않았다. 예수는 당연히 현장에서 떠밀려난 그들을 손님으로 받아들였을 것이다. 이게 교회전통에서 말하는 '환대'의 정신이다. 낯선 이를 우리 식탁에 앉히고 식구처럼 따뜻한 음식을 대접하는 것이 환대다.

함께 일하던 선배가 이 글을 전국 각 본당에 팩스로 날렸다. 물론 명동성당에도. 퇴근해서 집에 와 있는데, 사무실에서 전화가 왔다. 명동성당의 모 신부가 나를 찾는다는 것이다. 연락을 드렸더니, 그 신부는 분을 삭이지 못하고 계셨다. 수승화강水昇火降이라는데, 화를 키우고 계셨던 그 신부의 첫 마디는 "당신 천주교 신자 맞아?"였다. 내가 그 신부의 부하직원도 아닌데 처음부터 끝까지 반말로 일관했다. 명동성당과 천주교를 욕 먹인다는 거였다. 내

입장을 말씀 드리려고 하자, 말을 끊으며 한마디 했다. "난 네 말을 듣고 싶어서 전화한 게 아냐. 다음부턴 글 쓸 때 신부 허락 받고 써!" 그리고 전화가 끊어졌다. 참으로 무례하기 짝이 없는 사제였다.

가톨릭노동청년회JOC 출신의 다른 노동사목 선배들도 이 당시 교회 안에서 설움을 많이 당했던 모양이다. 피정을 할 때면 소회를 털어놓는 자리에서 늘 눈물을 찍어 냈다. "나를 박해한 것은 어머니이신 교회였다."라는 것이다. 신앙심이 깊은 선배일수록 다가오는 슬픔은 더욱 컸다. 약 800년 전 발도파 사람들도 그렇지 않았을까, 생각한다. 프란치스코 교종은 발도파 교회의 목사인 에우제니오 베르나르디니를 만나 포용하면서, 당시 발도파 사람들을 교회가 단죄한 것은 "비그리스도교적이고 비인간적 태도와 행위였다."고 반성하며 "예수 그리스도의 이름으로 용서해 달라."고 청했다. 교종은 "신앙의 이름으로 저지른 폭력과 갈등을 보면 슬퍼할 수밖에 없다."고 고백했다. 서로 다른 신앙고백 때문에 박해받은 이에게 이보다 더한 위로가 있을까 싶다.

교회개혁, 예언적 행동과 사제적 동의로

한국교회의 경우에 최근에 의정부교구에서 교구장 주교가 직접 진보 성향의 평신도와 수도자 한 사람을 지명해서 200여 명이 참석하는 사제연수에서 '성직자 권위주의'에 대한 강의를 청한 것은 특별한 사례다. 아마 프란치스코 교종의 영향이 있었던 모양이다. 교종은 평소 교회개혁에 대한 관심을 깊이 표명하며 '교황직 쇄신'부터 시작하겠다고 말한 바 있다. 그리고 교회는 안전지대에 머물러 있는 존재가 아니라, "전투가 끝난 뒤의 야전병원"이라고 말했다. 그리고 무엇보다 자신은 "관료나 정부의 공무원처럼 행동하는 성직자를 원하지 않는다."고 말하며 교회개혁을 주장하는 이들을 의식한 듯이 "새로운 길을 찾아가는 날카로운 안목을 갖고 있는 양떼들도 동반할 수 있어야 한다."고 말했다. 교종은 "단지 문을 열어 놓고 환영하고 받아들이는 교회에 그치지 않고, 새로운 길을 발견하는 교회가 되도록 노력하자."고 권했다.

이 점에서 네메슈헤지이 신부가 『하느님을 찾아서』(분도출판사, 1975)에서 프랑스 신학자 로랑탱의 저서를 인용해 다섯 가지 유형으로 가톨릭신자를 분류한 것은 의미가 깊다. 이들은 제2차 바티칸공의회 이전으로 교회를 복귀시키려는 '보수적 그리스도인Conservative Christian', 제2차 바티칸공의회를 긍정적으로 평가하고 교회당국의 승인을 얻어 교회를 쇄신시키려는 '진보적 그리스도인Progressive Christian', 복음대로 살고 가난한 이들을 위한 교회를 이루기 위해 헌신하면서 제도교회의 관행에 항의하는 '급진적 그리스도인Radical Christian', 교회의 제도와 활동에 실망해 교회를 떠났지만 여전히 가톨릭신앙을 고백하고 있는 '개인적 그리스도인Individual Christian', 기성교회에 대한 불만을 품고 대안교회를 세우려는 '지하교회 그리스도인Underground Christian'이다.

네메슈헤지이 신부는 "교회개혁은 급진적 그리스도인의 예언자적 행동에 자극을 받아서 진보적 그리스도인이 용기 있게 추진하는 게 바람직하다."고 말한다. 교회가 분열되지 않으면서, 영원한 젊음인 성령의 힘으로 일치 안에서 교회의 젊음을 되찾는 현실적인 방법은 예언적 행동과 사제적 동의가 결합되는 것이다. 결국 교회개혁을 바라는 사람들에게 가장 필요한 것은 교회를 젊게 만드시는 성령에 대한 신뢰다. 이 신뢰가 사라지면 우리는 너무 쉽게 희망을 버리거나, 교회를 떠나 다른 분파를 만들면서 새로운 갈등의 씨앗을 심게 된다. 어차피 교회 안에는 서로 다른 생각을 지닌 사람들이 있기 마련이다. 그들이 다른 형제자매이거나, 동료 사제나 주교가 될 수 있다. 교회개혁이 동전을 뒤집듯 하루아침에 이뤄질 게 아니라면 서로 다른 생각에 대한 존중이 필요하다. 프란치스코 교종도 '더 이상 미룰 수 없지만, 천천히 그러나 분명하게' 교회를 개혁하겠다고 말했다.

리옹의 가난한 사람들, 발도파

프란치스코 교종에게 영감을 준 사람은 분명히 '아시시의 프란치스코'였을 것이다. 그런데 발도 피에르 보데Pierre Vaudès 역시 프란치스코의 다른 얼굴이었다. 교종은 "저는 가난한 이를 위한 가난한 교회를 바랍니다."(「복음의 기쁨」, 198항)라고 또박또박 말했다. 이 말은 프란치스코가 다미아노 성당을 재건하면서, 발도가 추종자들을 모아 설교를 할 때 떠올렸던 교회상이다.

프랑스 리옹의 부유한 상인 출신이었던 발도가 마태오 복음 10장 5절 이하를 읽으며 청빈의 이상을 발견한 것은 1173~76년이었다. 프란치스코가 이탈리아 아시시 근방 포르티운쿨라 성당에서 마태오복음 10장 5절 이하를 읽고 사도생활을 시작한 것은 1208~09년이었다. 덧붙여 이 두 사람에게 깊은 영감의 원천이 된 것은 마태오 복음 19장 21절이었다. "네가 완전한 사람이 되려거든, 가서 너의 재산을 팔아 가난한 이들에게 주어라. 그러면 네가 하늘에서 보물을 차지하게 될 것이다. 그리고 와서 나를 따라라."

'리옹의 가난한 사람들'이라고 불리던 발도파는 거친 신발을 신고 다녔다는 이유로 '신발파Sandalati'라고도 불렸으며, 스스로는 '그리스도의 형제들'이라고 불렀다. 발도는 어느 사제의 조언을 받아

회심한 이후 두 딸을 퐁테브로 수녀원에 보낸 뒤, 아내에게 재산의 일부를 떼어 주고는 나머지 재산을 모두 가난한 이들에게 나눠 주었다. 그에게 가장 중요한 것은 복음서의 그리스도처럼 사는 것이었다. 그래서 제일 먼저 한 일은 사제였던 베르나르 이드로와 안사의 스테파노를 고용하여 복음서와 교부들의 어록을 프랑스어로 번역한 것이다. 그리고 추종자들을 둘씩 짝지어 거리와 촌락으로 파견해 '가난한 이들을 위한 복음'을 설교하도록 했다. 위협을 느낀 리옹의 주교가 평신도는 신앙문제에 대해 언급할 수 없다는 이유로 설교를 금지시켰다. 그러자 발도는 "사람들의 말을 순종하는 것보다 하느님의 명령에 순종하는 것이 마땅하다."고 말하며 주교의 조치에 순종할 것을 거부했다.

결국 하느님 앞에서 교회 권위의 명령을 상대화한 것이 화근이 되었다. 발도파는 2명의 회원을 1179년 제3차 라테라노공의회에 보내 자신들의 생활 방식을 승인해 줄 것과 설교할 자격을 달라고 알렉산데르 3세 교황에게 간청했다. 그리고 자신들이 번역한 프랑스어 성경을 교황에게 선물했다. 토리노 발도파 교회가 프란치스코 교종에게 프랑스어 성경을 선물한 것은 여기서 유래된 것이다. 복음서를 프랑스 민중에게 되돌려 주려는 발도파의 생각을 교황은 동의하거나 거부할 수 있었다. 당시 교황의 반응은 아예 복음서를 성직자 외에는 읽지 못하도록 엄금시킨 것이다. 교회에서 성경이 평신도에게는 '금서禁書'가 된 것이다. 당시 교황은 발도파의 청빈 생활을 칭찬했지만 설교를 허락하지는 않았다.

1184년에 루치오 3세 교황은 발도파가 주교의 승인 없이 설교했다는 죄목으로 교회에서 공식적으로 추방하는 '아나테마anathema'를 선언했으며, 발도파는 여기에 응하지 않았다. 발도는 자신의 내적인 소명을 중시하고, 그리스도로부터 직접 파견되었다는 확신을 지녔다. 그는 모든 것을 희생하고 완전한 청빈을 사는 자만이 그리스도를 선포할 자격을 가진다고 주장했다. 그러자 교황은 교회 권력에 저항하던 발도파를 즉시 파문하고 박해하기 시작했다.

학살당한 '그리스도의 형제들'

이 때문에 기성 가톨릭교회에서 떨어져 나간 발도파는 산상설교에 근거한 설교와 가난을 통해 '복음적 완전'을 꾀했으며, 맹세와 사형을 금하고, 성경에 근거가 없다는 이유로 더러는 연옥과 죽은 자를 위한 기도도 배격했다. 기도도 라틴어가 아닌 모국어로 하도록 했다. 그렇지만 그들의 자발적 가난은 가톨릭교회에 새로운 영감을 불러 일으켰다. 그 영감에 공감한 대표적인 인물이 아시시의 프란치스코라고 보아도 좋다. 그렇지만 교황은 1197년 발도파에 대한 화형포고령을 발동했다. 리옹에서 추방된 이후 발도파는 계속된 박해로 이탈리아, 독일, 보헤미아, 폴란드, 헝가리, 스위스로 흩어졌다. 1380년에는 발도파 169명이 역설적이게도 프란치스코회 수사들에게 화형당했고, 1645년에는 스위스 가톨릭 군대가 발도파 마을 22개를 전멸시켜 약 4,000명가량이 죽었다. 1560년에는 스페인에서 2,000명이 화형당하고, 1,600명이 투옥되었다.

발도파의 마지막 피난처는 바로 이탈리아 서북부의 알프스 산맥을 이고 있는 피에몬테다. 당시의 학살을 두고 『실락원』을 쓴 밀턴은 "주여, 당신의 신도들을 학살하는 자들에게 복수하소서. 형제들의 뼈가 추운 알프스 산맥에 널려 있나이다."라고 적었다. 다행히 1848년 프랑스 황제가 「해방법령」을 공포함으로써 발도파는 적어도 피에몬테 계곡에서 자유롭게 살 수 있었고, 거기에 자신들의 교회를 세웠다. 이 법령이 공포된 2월 17일을 그들은 '발도파 해방

기념일'로 경축하고 있다. 발도파는 현재 4만 5,000명가량이 이탈리아, 우루과이, 아르헨티나 등에 남아 있다.

한편 공교롭게도 피에몬테는 프란치스코 교종의 부모와 조부모의 고향이기도 하다. '가난한 이를 위한 가난한 교회'의 이상이라는 DNA는 피에몬테에서 아르헨티나를 거쳐 다시 로마 교황좌에 돌아왔다. 아시시 프란치스코의 '배다른 형제'인 피에르 발도의 생각이 '프란치스코'라는 이름의 교종 안에 머물고 있다. 이 교종이 새로운 교회를 위해 착실하게 벽돌을 쌓고 있으며, 그 길에서 발도파를 만나 화해하고 있다.

에라스무스, 고독한 종교개혁자

이참에 꼭 기억해야 할 종교개혁자가 한 사람 있다. 네덜란드 출신의 에라스무스Erasmus, Desiderius, 1466~1536. 인문주의자이며 가톨릭 사제였던 에라스무스는 칼뱅과 루터에 의한 종교개혁의 광풍이 부패한 가톨릭교회의 머리 위에 쇠망치가 되어 두드리고, 결국 유럽이 두 동강이 나던 때에 '유럽의 일치'를 위한 교회개혁을 주장했다. 그래서 양측에서 모두 비난의 화살을 받았던 고독한 종교개혁자였다. 그는 가난한 사람들이 어둠 속에 앉아 자선을 구걸하며 권력자의 문간에 서서 마치 쓴 물을 삼키듯 억지로 괴로움을 참고 있은 지 꽤 오래되었다는 사실을 이미 알았다. 가난한 민중의 입술은 때때로 분노와 질식할 것 같은 비명으로 떨고 있었다. 교황 율리우스는 사도적 가난 대신에 사치와 흥청거림에 빠진 채 주교들을 호위병처럼 거느린 용병대장 같았다. 에라스무스가 영국에 있는 친구 토머스 모어의 별장에서 쓴 『바보예찬』은 익살스럽게 그러나 명쾌하게 당시의 종교적 상황을 풍자하고 있다. 사람들은 교황을 '백성의 피를 빨아먹는 거대한 거미'로 그려 넣은 유인물을 돌려보며 야유하고 있었다.

에라스무스는 복음의 원천으로 되돌아가 '독단적 교리 아래 숨어 있는 그리스도를 끄집어내' 형식에 질식당하고 있는 교회를 정화시키려고 했다. 그러나 루터나 츠빙글리, 칼뱅처럼 교회의 문제를 일거에 쓸어버리는 격한 방법을 택하지 않았다. 에라스무스는 인간을 그리스도교 신자로 만드는 것은 성인숭배나 성지순례, 시편 송독과 스콜라신학이 아니라고 믿었다. 성인을 가장 잘 받드는 자는 성인의 유골을 모아 경배하는 자나 성인의 무덤을 순례하고 촛불을 가장 많이 켜는 자가 아니라 자기 삶 속에서 성인들의 경건한 생활을 가장 완벽하게 모방하려는 사람이라고 생각했다. 그래서 그리스어 성경을 다시 한 번 라틴어로 번역하고, 그곳에 자신의 자유로운 견해를 상세하게 주석으로 달았다. 그는 발도파와 프란치스코처럼, 수도자나 사제들만이 그리스도를 닮아야 한다고 생각하지 않았다. 모든 그리스도인이 그분을 따라 살아야 한다고 주장했다. 그래서 "농부는 밭을 갈면서도 성경을 읽어야 하며, 직조공은 베틀에 앉아서도 성경을 읽어야 한다."고 말했다.

그러나 종교개혁의 불길이 치솟아 오르면서 유럽인들은 교황파 아니면 루터파가 되도록 강요받았다. 가톨릭교회 안에서 복음과 교회생활을 화해시키려던 에라스무스의 노력은 수포로 돌아간 셈이다. 그러나 에라스무스는 가톨릭교회의 편에도 종교개혁자의 편에도 서지 않았다. 둘 다 의미 있는 존재지만, 둘 다 광신에 빠져 있었기 때문이다. 그래서 개신교도들은 그에게 저주를 퍼붓고, 가톨릭교회는 그의 모든 책을 금서목록에 올렸다. 에라스무스의 견해를 따르지 않았던 유럽 세계가 치른 대가는 참담했다. 그 뒤로 종교전쟁이 일어나 '그리스도의 이름'은 전쟁터의 암호가 되었고,

군사행동의 깃발이 되었다.

하느님의 대리자라고 천명하는 이들은 '복음'이란 말을 전투용 도끼처럼 사용하기 시작했다. 에라스무스는 죽기까지 양편에 폭력을 중지하라고 평화를 호소하는 글을 쓰다가 바젤에서 평범한 시민의 옷을 입고 세속의 명예도 없이 고독하게 그러나 자유롭게 죽어가며 이렇게 말했다. "사랑하는 하느님."

교회개혁이란 교회를 복음에 일치시키려는 노력이다. 여기에 정치세력과 인간의 탐욕이 결부되는 순간 교회개혁은 '사유물'이 되고, 어떤 의미의 전쟁보다 참혹한 결과를 낳는다. 맹목적 신앙이 이성을 마비시키기 때문이다. 공정함과 관대함이 사라진 '개혁'은 사실상 '반개혁'이다. 자비하신 하느님의 성정을 질식시키는 공기를 온 교회에 주입시키기 때문이다. 아시시의 프란치스코는 비교적 안전한 길을 선택했다. 교회 권력에 대한 저항이라는 직선을 선택하지 않고, 교도권이 수락하는 범위 안에서 스스로 가난을 선택함으로써 '복음적 청빈'의 모델을 제시하는 '정세개벽靖世開闢'을 요청했다. 프란치스코의 선택은 오랫동안 교회에 깊은 인상을 남겼고, 결국 프란치스코 교종을 통해 사실상의 교도권적 승인을 얻어 냈다. 발도파는 교도권의 강제에 저항하며 복음적 청빈을 올곧게 살아가고 주장함으로써 교회 권력의 박해를 불러오고, 결국 '게토화' 되거나 개신교회에 합류한 경우이다. 발도파의 모습은 가톨릭교회보다는 오히려 상업화에 침식된 개신교의 개혁운동에 깊은 인상을 남겼다. 문필가로서 인문주의자로서 개신교의 신앙쇄신에 기여한 사람은 키르케고르였고, 가톨릭교회에서는 에라스무스였다. 두 사람은 '신앙'이 무엇인지, '복음'이 무엇인지 근본적인 질문을 던졌다는 점에서 동일하다. 다만 한 사람은 개신교도였고, 한 사람은 가톨릭사제였다는 점에서 차이가 있을 뿐이다. 그리고 두 사람 모두 비극적인 삶을 살았다.

　여기서 우리는 다시 한 번 물어야 한다. 교회개혁을 위해 세상이 주는 불행을 감당할 용의가 있는지, 그 불행 안에서 하느님께서 온전히 주시는 '복음의 기쁨'을 누리고자 마음먹고 있는지 말이다. 어느 경우라도 '개혁자'는 세상에서 '반대 받는 표적'이 될 것이기 때문이다.

한국천주교유신론을 기다린다

민중불교에서 배우는 교회개혁

어머니가 사십대 중반에 낳은 나는 체질적으로 약골임에 틀림 없다. 모두가 배곯던 시절, 어머니는 행상을 하셨고, 그 와중에 늦둥이로 내 육신의 씨앗을 받으셨다. 그 씨앗이 못내 부담스러우셨던지 어머니는 산부인과 병원 앞까지 가셨던 모양이다. 현관문을 열고 들어가시다가 어머니는 천주교 신자라는 자의식을 이기지 못해 결국 집으로 되돌아 오셨단다. 그날 밤 아버지는 "산 입에 거미줄이야 치겠어, 제 먹을 것 제가 타고 나는 법인데. 또 알어, 그놈이 커서 우리 호강시켜 줄지." 하셨단다. 목수였던 아버지 그리고 육 남매를 낳으셨던 어머니는 어느 보슬비 내리는 봄날 오전에 나를 낳으셨다. 가족들은 부침개를 부쳐 먹고 있었고, 아버지는 동네 선술집에서 막걸리를 걸치고 계셨다고 한다. 갓 태어난 아기는 산모가 제대로 먹질 못한 까닭인지 쪼글쪼골 하니 비쩍 마른 형상이었고, 숨을 제대로 가누지 못하였다고 전한다. 그래서 어머니는 찬 윗목에 아기를 놓아두었는데, 목숨이 본래 모진 탓인지 아기의 숨이 돌아왔고, 쪼그만 게 목소리만 큰 아이로 나는 성장했다.

늦둥이가 맺은 불교 인연

이야기가 처음부터 장황해졌지만, 요컨대 내가 태생적으로 약골이라는 말을 하고자 함이었다. 그래서 나는 심리적으로 언제나 등산을 어려워했다. 그래서 산에 오르면 주로 산기슭에 자리한 절에 머무는 것을 정상에 오르기보다 좋아했다. 어차피 내려올 산인데 뭐하러 용을 쓰고 정상까지 올라가냐는 말도 안 되는 사설을 풀면서 말이다. 그런데도 어려서는 절이 무척 두려운 장소였다. 사천왕상四天王像하며 탱화들은 지옥을 연상시켰고, 성당에 오래 다니면서도 내게 떠오르는 지옥이란 그저 절간의 탱화에서 보았던 광경으로만 연상되었다. 지금 생각건대, 서양화가들이 그렸다는 지옥도地獄圖보다는 불교의 지옥 그림이 무서우면서도 자못 해학적이어서 좋다. 우리나라 도깨비 그림이 그러하듯이 말이다.

불교는 이미 우리나라 사람들에게 특정한 종교라기보다 문화의 한 부분이다. 불교적 정서는 먼 조상으로부터 친숙해지고, 모태를 통하여 우리 민족의 유전 인자 속에 두루 각인되어 있는 듯하다. 그리고 성당이나 예배당처럼 폐쇄된 이국적 공간이 아니라, 마을 앞에 있는 느티나무 그늘처럼 편안하게 열린 공간이라서 더욱 좋았다. 사뭇 신령스런 공간이면서도 언제든지 접근해서 헤집고 다닐 수 있기에 어머니의 품 속 같다. 격식을 갖추고 전례에 참석해야만 뭔가 신앙생활을 하고 있다고 여기던 교회 문화 속에서, 한두 번 미사 참례를 빠지면 죄를 지은 것 같아서 늘 판공성사의 메뉴에서 빠지지 않던 "○번 미사를 빠졌습니다."라는 구질구질한 '자백'을 요구하지 않아서 좋았다. 때때로 절간에 들러 묵은 향냄새를 맡으며 조용히 법당에 앉아 있는 게 왠지 좋아서 나는 절을 찾았다. 그리고 단 한 번도 법당에 앉아 있는 내 모습을 우상숭배 또는 죄라고 여긴 적이 내 기억엔 없다. 아마도 불교를 종교 아닌 생활문화의 일부로 단순히 바라보았던 탓일 것이다.

어머니 자궁에 있듯 숲에 편안하게 들어앉은 절간에도, 항상 고요하게 수행정진修行精進하는 스님들만 있다고 믿었던 불교에도, 갈등과 반목이 자리 잡고 이권을 둘러싼 더러운 패싸움이 난무하다는 것을 알게 된 것은 한참 뒤였다. 한국 불교는 세상이 부패한 예토穢土일 때 절간만 따로 청정무구한 정토淨土일 수 없음을 여실히 보여 주었다. 군사독재 시절엔, 온갖 권승權僧들이 권세를 부리며 치부致富하는 데 여념이 없었고, 그 부산물인지 광주 시민을 학살하고 권좌에 올랐던 전두환이 6월민중항쟁에 꺾여 물러난 곳도 설악산 기슭의 백담사라는 절간이었다. 군사 정권의 안녕과 독재자의 장수를 '호국 법회'란 이름으로 기원하던 절간에 부처님이 자리 잡을 공간은 없다. 시인 황지우가 '화엄' 광주華嚴光州라 칭하던 그 고을의 피투성이 앞에서 권력을 나눠 가진 불교의 모리배들이 승가僧家를 농락했었다.

염불보다 잿밥

교계 일각에선 불교 승려들의 멤버십 자체에 문제를 제기하기도 한다. 승려들을 흔히 사판승事判僧과 이판승理判僧으로 나누곤 하는데, 사판승은 절의 운영과 사무를 맡아 보는 승려이며, 이판승은 수행에만 전념하는 승려를 일컫는 말이다. 승려들이 천민 대우를 받던 조선 후기에 사찰의 명맥을 잇는다는 현실적인 명분에 따라 생겨난 개념이다. '이판사판'이란 말은 이 둘 사이의 경계가 없어져 뒤죽박죽 엉망이 됐다는 뜻이다. 본래 스님들은 세속적 명리를 부끄러워했으며, 절에서 주지나 소임을 맡아 일하다가도 인연이

다하면 곧장 수행자의 본분으로 돌아가곤 했다. 그렇지만 이권이 개입되어 있는 경우에는 사판승의 자리를 두고 옥신각신 하는 것은 여전한 불교계의 적폐다. 그 까닭을 어쩌면 사판승의 숫자가 이판승에 비해 압도적으로 많다는 점에서도 찾을 수 있을지 모른다. '염불'보다 '잿밥'에 더 관심이 많은 승려들이 조계종에 너무나 많다는 뜻이다. 요즘은 이판승과 사판승의 구분이 명확하지 않지만, 엄격하게 수행에만 전념하는 이판승의 비율은 전체 승려 중 고작 10퍼센트 가량이라니 놀랄 만하다. 하긴 한국천주교회에서도 사판승에 해당하는 재속 사제들이 주류이고, 이판승에 해당하는 수도 사제들을 찾아보기 힘든 것은 마찬가지다.

불교에서 지켜 오던 전통적인 계율 역시 사문화되었다고 한다. 만약 승복을 입은 승려들이 술을 마시는 장면을 보고 놀란다면, 불교계에서는 '순진한' 사람 취급을 받기 십상이다. 계율대로라면 승려들은 세 벌의 옷과 밥그릇 하나를 일컫는 '삼의일발三衣─鉢'만을 소유할 수 있다. 이 밖에 생기는 재물은 종단에 귀속시켜 사찰 운영 등에 쓰거나, '보시布施'의 뜻에 따라 남에게 아낌없이 베풀어야 한다.

또한 사찰의 재정 운영 권한이 주지를 비롯한 몇몇 사판승들에게 집중돼 있으며, 이에 대한 감사가 제대로 이뤄지기 어려운 형편이다. 그러니 불교 문제는 대부분 절간에 들어온 수입을 둘러싸고 벌어진다고 의혹을 받을 만하다.

말법 시대의 승려

서산西山 대사는 말법 시대에는 승려들에게 여러 가지 이름이 붙는다고 했다. 중도 아닌 체 속인도 아닌 체하는 것을 '박쥐중'이라

하고, 설법하지 못하는 것을 '벙어리 염소중'이라 하고, 중의 모양에 속인의 마음을 가진 것을 '머리 깎은 처사處士'라 하고, 죄악이 하도 무거워 움직일 수 없는 것을 '지옥찌기'라 하고, 부처님을 팔아서 살아가는 것을 '가사袈裟 입은 도적'이라며 꾸짖었다. 결국 서산 대사는 "부처님을 판다는 것은 인과因果를 믿지 않고 죄와 복도 없다고 여기는 데서 나온다. 신구의身口意 세 가지 업을 물 끓듯 지어 가고 사랑과 미움을 쉴 새 없이 일으키니 참으로 가엾은 일이다." 하며 탄식하셨다. 가톨릭교회에도 이런 사제들이 없다고 말할 수 없다.

『만다라』의 작가 김성동은 서산 대사의 말을 빗대면서, 이미 1980년 11월 17일에 〈문예중앙〉 겨울호에 실은 「사자후獅子吼를 기다리며」라는 글에서 불교 쇄신에 대하여 말했다. 그 말이 지금도 어김없이 소용된다.

> 일부의 삿된 무리들이 작란作亂하여 승보僧寶의 거룩한 이름을 더럽히고 종단宗團의 기강을 어지럽혀 불자佛子들을 방황케 하는 것이야 새삼 어제 오늘의 일만이 아니고 중생들이 모여 이루어진 집단에서는 반드시 일어나게 마련인 작태인지라 굳이 놀랄 바 아니나, 요사이 들려오는 소식으로는 그 작란과 티끌 같은 이해에 얽혀 난마상투亂麻相鬪하는 작태가 극에 달하여 마침내 부처님의 바른 법이 땅에 떨어질 지경에 이르렀다 하더니, 아, 놀랍고 슬프게도 사문沙門의 다수가 세속의 손에 묶인바 되었다 하므로, 몇 날을 번민하며 괴로워하던 끝에 평소 마음에 접어 두었던 몇 가지 생각을 펼쳐 큰스님의 봉棒을 맞고자 하나이다.

한때 승려였으며 지금은 재가 불자가 된 소설가 김성동은 '첫마음'으로 돌아가자는 말로 시작한다. 출가자出家者의 본분으로 돌아가자는 것이다. 불경에선 이렇게 가르친다.

출가하여 중이 되는 것은 몸이 편안하려는 것도 아니며 명예와 재물을 구하려는 것도 아니다. 나고 죽음을 면하려는 것이며 번뇌를 끊으려는 것이요 부처님의 지혜 생명을 얻으려는 것이니, 삼계에 뛰어나서 중생을 건지기 위함이다. 머리와 수염을 깎고 사문이 되어 내 가르침을 받는 사람들은 세속의 온갖 재산을 버리고 남에게 빌어 얻는 것으로써 만족하라. 하루 한 끼만 먹고 한 나무 밑에서 하루 이상 머물지 말라. 사람의 마음을 덮어 어리석게 하는 것은 애착과 탐욕이기 때문이다.

결국 출가出家란 단순히 집을 떠나 산 속으로 들어가는 것이 아니라, 탐욕과 성냄과 어리석음의 불길에 휩싸여 있는 마음의 화택火宅에서 벗어나라는 말일 것이다. 그 초심으로 돌아가야 불교가 쇄신될 수 있다는 것이다. 본래 조계종은 참선을 위주로 하는 선종禪宗의 계보에 있는 종단이다. 다만 각자의 근기根機에 따라서 경經을 배우거나 선원禪院에서 참선을 할 따름이다. 부처의 말씀을 배우고 부처의 마음을 배우라는 것이다. 참선이란 화두話頭를 붙들고 수행하는 것인데, 경허鏡虛 스님의 말씀이 새겨들을 만하다.

대저 중노릇이란 내 몸에 있는 내 마음을 찾는 일이다. 이 '마음'이 무엇인가 의심을 하여 찾아 들어가되 고양이가 쥐 잡듯이, 닭이 알을 품듯이, 목마른 사람이 물 생각하듯이 간절히 간절히 의심해 나아가면 … 산은 깊고 물은 흐르고 각색초목各色草木은 휘어져 있고 이상한 새소리는 사방에서 울고 적적하여 세상 사람은 오지 않는

데, 고요히 앉아 내 마음을 궁구하니 내게 있는 내 마음이 부처가
아니고 무엇이랴.

지장보살 지장보살 지장보살

참선이 깨달음을 얻기 위한 방편이라면, 중생을 구제하는 것은
깨달음의 목적이다. 그래서 상구보리上求菩提함은 중생제도衆生濟度를 위
함이다. 수행자들이 독신으로 고독하게 살며 고행하는 까닭은 보살
행菩薩行을 위해서라는 말이다. 석가모니 부처의 제자였던 지장地藏보
살은 스승이 이승을 떠난 뒤에 교단의 직무에서 벗어나 그의 발원發願
대로 지옥 중생의 구제를 위해 투신하였다. 가장 고통이 치열한 지옥
으로 가서 중생들과 함께 지내면서 그들을 교화하다가, 지옥 중생
모두가 성불하여 지옥이 텅 비게 되면 그제야 마지막으로 성불하겠다
고 비장한 서원誓願을 하였다. 지장보살이 말한 지옥이 과연 존재하는
지 우린 모른다. 다만 우리가 알 수 있는 것은 지장보살이 가장 고통
받으며 지옥처럼 살고 있는 사람들 속으로 들어갔다는 것이다.
인도 사회에서라면 당연히 불가촉 천민들이 살고 있는 격리
지역이었을 것이다. 이 정도의 서원을 하지 못하고 절밥을 얻어먹
는 것을 십분 이해하더라도, 이왕 출가하여 승려가 되었다면 우선
수행 정진하고 손이 닿는 대로 가난한 백성을 돌보려고 애쓰는
모습이라도 보여야 마땅하지 않은가. 이처럼 불교의 진면목이 드
러나지 않는 것이 안타깝다.
일찍이 만해 한용운은 '조선불교유신론朝鮮佛教維新論'을 주장하였
다. 그분의 지적에 따르면 ① 교리의 민중화 ② 경전의 민중화
③ 제도의 민중화 ④ 재산의 민중화를 이뤄야 불법佛法이 제대로
선다고 했다. 이른바 민중불교를 앞서 주장하신 것이다.

무봉탑 무근수

사람

사람

업을 따라

그 몸을 받네.

괴로움과 즐거움은

선함 악함의 인과로다.

사악함 망령됨 따르지 말고

언제나 바르고 참됨을 행하라.

부귀라 하는 것이 쌀겨와 같다면

인의라 하는 것은 갑옷과 투구로다.

하물며 오묘한 이치 깨쳐 참됨 얻으면

저절로 바탕이 바뀌고 정신도 맑아지리.

내 이 몸은 불과 바람, 땅과 흙이 아니며

마음은 인연과 염려, 티끌 먼지 아닐레라.

이어 붙인 자취 없는 탑에 등불은 밤이 없고

뿌리도 없는 나무 위에 꽃이 피니 늘 봄이라.

바람이 밝은 달을 갈 때에 뉘 병들고 났으며

구름이 청산과 하나 되니 옛것과 새것 그 뉘러뇨.

시원스레 뚫린 이 길은 성현들께서 밟아 오신 바이니

온갖 수레바퀴가 같아 예나 지금이나 함께 전진하네.

고려 때 승려 혜심慧諶이 지은 「차금성경사록종일지십운次錦城慶司祿從一至十韻」이란 아름다운 시다. 불교의 가르침을 혜심은 쉽게 풀어 설명하고 있다. 사람은 누구나 전생의 업을 받고 태어난다. 현세의 괴로움과 즐거움은 전생에 지은 선악의 업보일 뿐이다. 그러므로 한때의 덧없는 부귀에 얽매여 바른 길에서 벗어나기보다는, 무봉탑無縫塔에 등불이 환하고 무근수無根樹에 꽃이 핌과 같이 그 마음을 광명대도의 세계에서 노닐게 함이 어떻겠느냐는 내용이다. 여기서 무봉탑과 무근수는 바로 자기 자신이며, 불교 자체의 모습이어야 한다. 항상 부끄럼 없이 세상의 목탁이 되는 불교를 기대하는 민중의 염원이 여기서 이뤄진다. 제 모습을 비추어 볼 잣대가 없는 게 아니다. 잣대는 이미 부처의 설법 안에 온전히 드러나 있으며, 수많은 선사들의 삶이 갈 길을 밝혀 주었다. 그 길을 따라 밟을 용기만 있으면 언제든지 한국 불교는 어두운 밤길을 가는 중생들이 발을 헛딛지 않도록 도와 줄 것이며, 보안등이 없어도 무봉탑의 밝기만으로도 세상을 비추기에 충분하고, 무근수처럼 세상을 아름답게 꽃피워 낼 것이다.

한국교회, 등불을 됫박으로 덮다

그렇다면, 이제 한국천주교회는 조계종이 안고 있는 어둠을 나누어 갖고 있지 않은가 반문할 차례이다. 조계종은 그 산중의 거칠음의 정서 때문인지, 자신의 밝음과 어둠을 백일하에 내어 놓고 차라리 공개적으로 대중의 심판을 받고자 하는지도 모른다. 항상 가장 냄새 나는 고름은 은밀한 데서 자라나게 마련이다. 아예 우리 교회도 조계종처럼 자신의 문제를 공개적으로 드러내고 판단 받으려는 자세를 취한다면 어떨까?

나는 그동안 자의반 타의반으로 '교회개혁'에 관한 이런저런 글을 발표할 기회가 있었다. 그러나 그 후로 내 글에 대해서 구체적인 반발을 보인 사람은 별로 없었다. 조목조목 따져 가며 반박하는 사람이 있다면 좋겠다. 그래야 서로 오해가 있다면 풀고, 이른바 변증법적으로 합리적 대안을 찾아갈 것이 아닌가. 무언가 할 말이 있는 사람은 교회를 그래도 사랑하는 사람이다. 사랑하지 않는 사람의 전형적인 태도는 '무관심'이다.

요즘 우리 교회 안에서 교회개혁에 관하여 말하는 사람은 더러 있지만, 정작 교회는 제 몸을 바꾸려 하지 않는다. 지난 30년 동안 몸에 익은 습쭵을 버리기란 그리 쉬워 보이지 않는다. 특히 상업주의 바이러스에 대한 오염도가 치밀해져서, 요즘은 은밀하게 유포하던 돈벌이에 대한 집착이 공공연한 사목정책으로 채택되기도 한다. 이런저런 기회로 개혁안이 제출되기도 하지만 대부분 사문화되고 만다. 천주교 전래 200주년 기념으로 1984년에 다양한 절차와 협의를 거쳐 작성한 '사목회의 의안'조차도 끝에 가서는 공식적으로 채택되지 못한 채 참고 자료로만 회람되었다. 이제 프란치스코 교종이 등장하고서야 그 동안 뒷박으로 덮어 놓았던 등불을 들추어내는 역사가 시작되고 있다.

한국천주교유신론, 사자후를 기다리며

교회개혁과 관련해 주목해야 하는 한국교회 신학자 몇 분이 있다. 정양모, 서공석, 이제민 신부다. 이분들은 1998년 강연 내용과 글에 대한 교황청의 제동 때문에 천주교회 안에서도 제법 잡음이 많았다. 이분들의 글은 대부분 로마 중심의 중앙집권적 교회와 가부장적 성직주의 등에 대한 비판적 견해를 담고 있었다. 그리고 교회를 비롯해 만사만인을 새롭게 하는 성령에 의존해야 할 교회가 제도 안에서 경직된 삶을 살아가는 현실을 드러낸 것이었다. 이 문제는 교황청의 언질이 빌미를 주고 한국주교회의가 경솔하게 반응함으로써 항간에 제도교회의 권위주의를 드러내는 사건으로 입에 오르내렸다. 그러나 이 사건은 결국 공론화되지 못했다. 모든 게 은밀하게 진행되었고, 가톨릭 언론 매체에서도 단신으로 처리되었을 뿐, 그 사건의 전모에 대해서는 공개하지 않았다. 결국 천주교중앙협의회와 당사자인 사제들 주변에서만 알음알이로 알려졌다. 이 사건이 왜 공개적으로 여론을 타지 못하였는지는 천주교 식자識者라면 누구든지 잘 알 것이다.

솔직히 이야기해서 천주교회의 비공개주의, 마녀 재판식의 밀실주의와 상관있다고 본다. 그 과정에서 희생자는 여전히 외롭고 가해자의 품위는 전혀 손상되지 않는다. 이 정직하지 못한 태도가 '교회개혁'이라는 중대한 과제를 질질 끌며 내일의 과제로, 또 내일의 과제로 미루게 만든다. 차라리 우리 교회가 불교계처럼 한 차례 피 터지게 싸우는 한이 있더라도 진실 앞에 당당히 나선다면 얼마나 좋을까? 그래서 정양모 신부의 후일담은 더욱 가슴을 친다. "저는 여러 심포지엄에서 교회 문제들을 거론한 적이 별로 없습니다. 저는 오래 전부터 교회 현실에 실망한 까닭에 교회 쇄신을 거론하고 싶지도 않거든요."

그래도 남은 기대가 있다면, 누군가 '한국천주교유신론韓國天主敎維新論'을 사자처럼 크악! 토하였으면 하는 것이다. 천지를 개벽하는 공덕功德을 쌓을 '개혁적 신학자'를 기다린다. 조선 불교를 파괴한 죄로 무간지옥無間地獄에 떨어질 것이라고 총독 미나미 지로南次郎를 크게 꾸짖었던 만공滿空 스님이 만해萬海를 찾아갔다.

"호령만 하지 말고 스님이 가지고 계신 주장자로 한 대 갈길 것이지."

"곰은 막대기 싸움을 하지만, 사자는 호령만 하는 법이지."

"새끼 사자는 호령만 하지만, 큰 사자는 그림자만 보이는 법이지."

훗날 만해가 입적한 뒤로, 만공 스님은 이제 서울에는 사람이 없다 하여 다시는 서울에 오지 않았다고 한다. 천주교회에는 아직 그만한 울림을 주는 신학자가 없다. 이 중대한 문제를 그저 원로신학자 몇 분에게 의지하고 있는 한국교회가 가련하다. 이따금 젊은 신학자 가운데 교회의 은밀한 치부를 복음의 빛으로 밝히 드러내 보이려는 신학자가 아예 없는 것은 아니지만, 여전히 '학술적'이거나, 아니면 논거가 취약한 넋두리에 머물곤 한다. 교회는 몇 마디 선언으로 개혁되지 않는다. 사제, 수도자를 비롯한 모든 그리스도인들의 심금을 울리고 복음적 공감을 얻어 낼 수 있는 섬세하고 끈질기고 단호한, 그러나 교회에 대한 절실한 애정이 묻어나는 비판이 필요하다.

인사권을 쥐고 있는 주교에게 복속된 사제 신학자들에게 교회개혁을 위한 냉엄한 신학을 요구하는 것은 무리인지 모른다. 그렇다면 '파문'의 효과마저 무색해진 세속화된 교회 안에서 가장 절실한 것은 '평신도 신학자'다. 멀게는 가톨릭청년신학동지회 가깝게는 우리신학연구소가 그런 역할을 하리라 기대했다.

요즘은 한국천주교회에서 평신도로서 신학을 공부한 사람들의 외연이 더욱 넓어졌다. 만약 이들이 한 목소리로 교회개혁을 외친다면 예리고 성이 무너진 것처럼 가톨릭교회가 새롭게 탄생할 수 있겠다. 그러나 대부분의 평신도 신학자들이 대학에 포섭되면서 그 희망의 색채는 희미해졌다. '먹고 사는' 문제는 일상을 살아가는 평신도들에게 그만큼 절실하기 때문이다. 계약직 평신도 신학자들의 대열에서 이탈하는 '소수의 남은 무리'가 다시 결집하기를 기대한다. '복음적 청빈'은 수도자나 사제들에게만 요구되는 게 아니다. 모든 그리스도인은 '복음에 따라 살도록' 부르심을 받고 있기 때문이다. 프란치스코 교종이 아무리 '밖으로 나가서 더럽혀

지고 멍든 교회'를 원한다고 해도, 스스로 '하느님 백성'이라고
자처하는 신자들이 따라 나가지 않으면 교회에 미래는 없다. 팔만
대장경처럼 한 자 한 자 몸으로 적어 나가는 '한국천주교유신론'을
희망한다.

접동 접동 아우래비 접동

　여자 때문이었다. 내가 이른바 '운동권'에 발을 들여놓은 것은
처음 그런 가벼운 동기에서 시작되었다. 대학에 입학했을 때, 신입
생 오리엔테이션이 있었고, 선배들과 함께하는 자리에서 자신이
가장 존경하는 사람을 이야기하라는 요청이 있었다. 나는 "생각하
는 백성이라야 산다."고 외친 함석헌과 청마 유치환을 꼽았다. 고
등학교 때 도서부에서 활동하였는데, 그 당시 도서실 담당이면서
국토지리 과목을 가르치던 선생님께서 수업 시간에 몇 권의 책을
추천해 주셨다. 기억나는 것은 조세희의 『난장이가 쏘아 올린 작은
공』 그리고 함석헌의 『뜻으로 본 한국역사』였다. 물론 그 당시에는
전교조가 없었다. 그러나 평소 존경하던 분의 말씀인지라 서점으
로 책을 구하러 다녔는데, 책을 구할 수 없었다. 그게 금서라는
것을 몰랐던 나야 그렇다 치고, 선생님은 무슨 생각으로 그런 책을
추천하셨을까. 비교적 규모가 컸던 동네 서점을 들를 때마다 물어
보았다. 결국 몇 번을 그렇게 하고서야 서점 주인은 다락방 같은
데서 낡았지만 양장본으로 되어 있는 『뜻으로 본 한국역사』를 먼
지를 털어내며 내 손에 건네주었다. 당시 책값은 기억나지 않지만

형편이 그리 넉넉지 않았던 내게는 무척 비싼 대가를 치르고 마치 보물을 얻은 듯이 서점을 빠져 나왔다.

함석헌은 "우리 민족은 고난의 담지자이며, 하느님께선 우리 민족을 메시아다운 백성으로 만들기 위해 역사를 통하여 그렇게 큰 고난을 주셨다."고 적었다. 그리고 조선시대는 '덕 없이 세운 왕조'라고 적었다. 그리고 이젠 관광지가 되어 버린 경복궁이며 덕수궁 궁궐마다 권력 투쟁으로 기둥이 피칠갑이 되어 있다는 이야기도 읽었다. 아무튼 나는 이 책을 통해 역사란 그저 외워 두어야 할 연대표와 왕들의 이름 이상이라는 것을 배웠고, 민중들의 역사는 교과서에 나오지 않는다는 것도 배웠다. 그리고 청마 유치환은 남성적 기개와 "나는 사랑하였으므로 행복하였네라." 하는 여성적 섬세함을 두루 보여주었기에, 사춘기 남자 아이의 마음을 옴팍 사로잡았다.

오리엔테이션의 신상 발언이 있고 난 뒤, 선배들은 아마도 나를 점찍어 두었던 모양이다. 모월 모일 모시에 어디로 나오라는 것이다. 단박에 운동권 서클 건이라는 것을 직감했고, 두려운 나머지 나는 거기엘 가지 않았다. 그런데 어느 날 사학과 선배가 다른 학교의 한 여자 선배를 소개해 주었고, 그 선배의 출중한 미모에 빠져서 모월 모일 모시에 인천 어느 중국집으로 오라는 제의를 받아들였다. 결국 '미인계'에 빠져 시작된 학생운동은 그 후 인생의 커다란 방향을 틀 지어 주었다. 그리고 끊임없이 관념론과 종교의 문제를 잡고 씨름하게 만들었다. 선배들은 내가 성당에 나가는 것을 못마땅하게 생각했고, 한때나마 사제가 되고자 했던 마음을 가차 없는 논리로 어리석음 또는 사상의 불철저함으로 몰아붙이곤 했다. 포이에르바흐의 논리대로 신이란 인간 욕구의 반영일 뿐 실재가 아니라는 것이다. 그리고 교회가 역사의 변혁기에 얼마나 반동적이었던가를 역설했다. 우리 팀은 어느 사제의 도움으로 성당 회합실을 빌려서 세미나를 하면서도 '변증법적 유물론'의 진리성을 배워야 했다. 나는 혼란스러웠다. 내 문화적 모태인 가톨릭 신앙과 유물론을 꿰어 맞추기 위해 골치깨나 아팠던 시절이다.

아버지가 돌아가시고, 나는 휴학과 동시에 군에 입대하였다. 수도권에 있는 우리 부대에선 연일 충정훈련(데모 진압 훈련)을 하였고, 건국대 사건이 터지면서 나와 함께 공부하던 동료들의 이름을 신문 지상에서 읽으며 가슴 졸여야 했다. 그때 나는 처음으로 '예수'에 대하여 너무 모른다는 생각을 했다. 유신론과 유물론 등 철학적 고민보다는, 신앙의 구체적 대상인 '예수'에 대해 알고 싶었다. 그래서 외출·외박·휴가 때마다 '예수'에 관한 책이라면 뭐든지 사 들고 와서 읽기 시작했다. 르낭의 『예수전』도 그때 읽었다. 수도원을 모범으로 하는 공동체의 이상이 예수의 뜻이라고 르낭은 주장하는 것 같았다. 그리고 마르크스와 엥겔스 역시 초대 그리스도교의 이상에서 공산 사회에 대한 영감을 얻었다는 이야기도 들었다. 그리스도교 신앙을 그 원천인 역사적 예수를 통하여 읽는다면, 신앙은 혁명과 맞닿을 수 있는 논리를 얻게 된다고 생각했다. 이른바 '혁명가 예수'에 대한 이미지가 내 영혼을 달구었다.

혁명가 예수 그리고 교회

그리고 복학한 첫해였던 1987년 〈미션〉이라는 영화를 보고, 내게 주어진 사명이 무엇인지, 내 마음속에서 간절하게 열망하는 불꽃이 무엇인지 뚜렷해졌다. 파렴치한 권력에 대항하여 칼을 들든지 십자가를 들든지 그건 아무런 문제가 되지 않았다. 다만 얼마나 큰 사랑 안에서 '행동하는가' 하는 게 중요했다. 한마디로 나는 머릿속에서나마 '그리스도교 해방 전사'가 되어야 했다. 성경을 혁명의 지침으로 삼고, 민중 해방을 위해 투신하는 것만이 이 시대가 요청하는 나의 사명이라고 여겼다. 구티에레즈의 『해방신학』 책 한 권으로도 이 모든 열망을 이론적 차원에서 채우기에 충분했다. 해방신학이 내 삶의 지침이었다면 너무 과장된 표현일까? 그리고 내가 사춘기 시절, 성인聖人이 되기 위해 수도원에 가야 한다고 생각했던 것과 마찬가지의 단순함으로, 혁명 전사가 되기 위하여 사제가 되어야 한다고 생각하였다.

그러나 그런 발상이 얼마나 비현실적인 생각이었는지 깨닫는 데는 그리 많은 시간이 필요하지 않았다. 사제가 된다는 것은 제도권에 편입되는 것이고, 제도는 한 인간의 결단보다 막강하다는 것을 알았다. 그리고 그 제도, 정확히 말해서 제도교회는 혁명과 상관이 없었고, 사실상 예전에 선배들이 나를 자극했던 것처럼 권력의 편이거나 또는 우유부단한 부르주아의 모습이었다. 교회 안에 들어가면 들어갈수록 교회는 혁명의 걸림돌이거나 거추장스런 외투처럼 여겨졌다. 물론 유신정권 이후 독재의 칼날이 날을 세운 겨울공화국에선 몸을 보호해 주는 은신처 역할을 해주기도 하였지만 말이다.

그리고 평신도의 한 사람으로 제도교회의 언저리에서 일하던 십 수 년 동안에 나는 투쟁의 대상이 어느 새 바뀌어진 것을 느껴야 했다. 예전에 필요했던 것이 세상에 대적하는 신앙이었다면, 그 후론 교회를 쇄신하는 신앙에 무게가 실렸다. 한국천주교회사는 서글픈 과목이었다. 한국교회의 역사는 1970년대 이후 일부 사제들에 의해 주도되었던 민주화 운동을 빼고 나면, '가난한 이들에게 전해진 복음'과 그다지 상관이 없었다. 그래서 우린 그것을 '한국제도교회사'라고 불러야 옳다. 일제강점기의 영악한 교회, 교회의 생존을 위해 신사 참배를 허락하고 안중근에게 '살인자'의 오명을 들씌워야 안심하던 교회가 내 어머니 교회였다니. 순교의 정신으로 일제의 황국 신민으로서 보국하라고 선포하였던, 그래서 순교자들을 욕되게 했던 역사를 우린 가지고 있다. 해방 이후 한국교회는 반공 구국의 첨병임을 자랑하면서, 미군정과 이승만의 논리에 따라서 분단 시대를 개막시킨 주역 중의 하나였다. 박정희 군사 독재가 시작될 때 숨죽이며 오른손을 들었던 교회가, 정권에 의해 한 주교의 구속 사건이 일어나고 나서야 비로소 자존심을 걸고 독재 정권에 대항하였다. 물론 이조차도 일부 사제들의 움직임이었지만 말이다. 교회란 참으로 편리한 지침을 갖고 있다. 우익이든 좌익이든 누구나 필요할 때마다 꺼내 쓸 수 있도록, 누구나 자신의 행동을 정당화할 수 있도록 교회 문헌은 애매모호한 언어로 작성되었고, 그래서 목소리가 크거나 힘센 교회 권력의 행동은 언제나 제 나름대로 정당성을 강제할 수 있다.

그 역사 공부를 이젠 집어치울 때가 되었다. 서글픈 역사를 젖혀버리고 새로운 역사를 살아야 한다. 제도교회사가 아니라, 제도 안팎의 경계를 뛰어넘어 다만 '가난한 이들에게 전해진 복음'을 손에 쥐고, 세상과 우주 안에서 호흡하며 살아가는 하느님 백성의 역사에 주목했다. 이 역사는 앞으로도 다만 '삶'으로 엮어질 것이다. 구태여 문서로 기록되지 않아도 좋을, 그런 역사가 태어나야 한다.

예수는 유대교의 토양에서 성장하였지만 유대교에 얽매이지 않았다. 마찬가지로 우린 가톨릭교회의 토양에서 성장하였지만 가톨릭이라는 제도 종교의 처분에 사사건건 얽매일 필요는 없다. 사실 새로운 교회가 민중 속에서 탄생하리라 믿기 때문이다. 그 교회는 주교든 사제든 평신도든 다만 예수를 오늘에 사는 '실천적인' 그리스도인들이 중요할 뿐이다. 로메로 대주교는 "여러분이 교회"라고 말했다. 교회의 모든 영적 유산은 만인의 공동 유산이다. 어떤 신분이나 권위에 의해 독점되는 것이 아니다. 치졸한 교황의 참회록보다는, 가련한 중생과 죽어 가는 초록색 행성인 지구를 바라보면서 가슴 아파할 일이다.

성경과 교회문헌이 참고서라면, 인간 예수는 교과서다. 그리고 예수처럼 살았던 인류의 스승들이, 그들의 삶이 교과서에 달린 예문例文이다. 글귀에 매이지 말고 삶을 배워야 하는 게 오늘을 사는 우리 그리스도인의 과제라면 과제일 것이며 사명이라면 사명일 것이다. 그렇다면 이런 말도 가능할까? 우리 시대는 신학을 배우지 않고 그 신학을 사는 사람을 봐야 한다고.

키르케고르의 산문에 기대어

나의 사명을 이해하는 것, 도대체 하느님은 내가 무엇을 하기를 원하는지 아는 것이 중요하다. 나에게 진리가 되는 진리를 발견하는 것, 내가 그것을 위해 살고 그것을 위해 죽고자 하는 그 이념을 발견하는 것이 필요하다. 내가 소위 객관적인 진리를 발견했다고 하더라도 그것이 나에게 무슨 소용인가? 설사 내가 철학들의 체계를 샅샅이 연구하여 사람들이 요구할 때 그 체계들을 질서 정연하게 제시할 수 있다 하더라도 그것이 무슨 소용인가?

쇠렌 키르케고르Søren Aabye Kierkegaard의 이 말은 삶을 진지하게 취급하려는 자라면 응당 수첩에 메모해 두어야 할 구절이다. 그를 단순히 실존주의자라고 알고 있는 것만으로는 부족하다. 발터 옌스와 한스 큉이 함께 지은 『문학과 종교』(분도출판사, 1997)라는 책은 키르케고르에 대한 뚜렷한 인상을 내 마음에 새겨 주었다. 인간은 누구나 구체적인 삶 속에서 "이것이냐 저것이냐?"라는 불가피한 선택에 직면해 있다고 키르케고르는 보았다. 그는 먼저 체계적인 이론을 내놓기 위해서 학문하는 사람들에게 도전한다. "자신만의 체계를 세운 대부분의 체계가들의 태도는 마치 한 사람이 거대한 성을 세우고 자신은 그 옆 헛간에서 사는 것과 같다. 그들 자신은 그 거대한 체계의 건물 속에 살지 않는다. 그러나 한 사람의 사유는 그가 사는 건물이어야 한다."

그러면 오늘날 성직자들과 그리스도인들은 어떠한가? 혹시 강론 때마다, 기도 시간마다 거룩한 말을 한껏 토해 내지만, 그 말씀이 지은 집에는 들어갈 엄두를 내지 못하는 것이 아닐까? 다만 설계만 할 뿐 청사진[말씀]대로 살지 않는다면 무슨 소용인가? 예수의 가난을 이야기하지만 그 직제자라고 자처하는 사제들은 가난을 살지 않는다. 솔직히 생각해 보라. 자신을 비우고 낮추시는 하느님을 설교하면서 제대로 겸손해지지 않는 자신을 발견하지 않는가? 예수의 추종자들이 대부분 어부와 창녀와 병자들이었다면, 지금 성직자들의 추종자들은 혈색 좋은 신사들이 아닌가?

키르케고르는 칼 마르크스가 「공산당 선언」을 발표했던 같은 해에 『그리스도교 훈련』이란 책을 썼는데, 그리스도교를 바라보는 태도가 사뭇 달랐다. 마르크스는 그리스도교를 신랄하게 비판함으로써 무신론에 도달하였다. 그러나 키르케고르는 제도 권력에 사로잡힌 그리스도교를 어디까지나 가짜 그리스도교로 취급하였다. 현존하는 그리스도교는 이미 본래의 그리스도와 상관이 없다는 것이다. 참다운 그리스도교란 그리스도와의 관계를 통해서만 입증될 수 있는 그런 것이다. 따라서 그리스도인이라는 것 그리고 그리스도인이 된다는 것은 바로 어떤 특정한 교리나 철학적 혹은 신학적 체계를 받아들이는 것을 뜻하는 것이 아니라, 구체적인 예수 그리스도의 삶에 실존적으로 참여하는 것이다. 『문학과 종교』에서 한스 큉은 그리스도교가 키르케고르에게 확실한 좌표를 제공하였고, 정신적인 고향인 동시에 비판적인 전투장이었다고 전한다.

키르케고르는 이교도들을 그리스도교 안으로 끌어들이는 개종 또는 입문이 문제가 아니라, 그리스도교를 안에서부터 갱신하는 실천적인 '훈련'이 중요하다고 말한다. 현재의 그리스도인들은 그리스도교를 사실상 폐기하였고, 그들은 이 예수 그리스도에게 진지하게 동참할 생각을 전혀 하지 않는다. 그러므로 기존의 그리스도교에서 죽어 버린 예수를 지금 여기에 새삼 현존케 하는 운동을 제안한다. 그의 기도문을 보자.

주 예수 그리스도여,
우리는 당신과 동시대인이 되기를 원합니다.
당신 참모습을,
당신이 여기 땅 위를 걸으며
현실에 둘러싸여 있는 모습 그대로를 보고 싶습니다.
공허하고 무의미한,
또는 생각 없이 북적거리거나 수다스럽게 세계사를 논하는,
사유가 잘못 형성해 놓은 모습으로가 아닙니다.
왜냐하면 그런 모습은 신앙인이 그 속에서 당신을 보는
낮아짐의 모습이 아니기 때문이며,
아직 어느 누구도 본 적이 없는
당신의 영광의 모습일 수는 없기 때문입니다.

키르케고르는 글을 쓰면서 처음부터 예수 그리스도의 부르심으로 우리를 초대한다.

> 수고하고 짐진 자들아. 다 내게로 오라. 내가 너희를 쉬게 하리라. ... 어느 누구도 너희 생존에 대해 가축만큼도 가치를 인정하지 않는 너희 멸시받는 자들, 무시당하는 자들아! 너희 병든 자, 절름발이, 귀머거리, 소경, 불구자들아, 나오라! 너희 나환자들아! ...
>
> 그 초대는 모두를 화합시키기 위하여 모든 차별들을 없애 버린다. 그것은 차별이 만들어 낸 결과를 다시 돌이키려는 것이다. 한쪽에게는 행복의 재화들의 소유와 더불어 수백만에 대한 지배자로서의 자리가 제공되며, 다른 쪽에게는 바깥 광야만이 마련되어 있다. ... 너희 간계와 사기와 비방과 시기의 희생자들, 파렴치한들로부터 놀림을 받고 비열한 자들로부터 버림을 받는 자들아, 너희들은 죽을 작정으로 옆으로 들어간 후 한쪽에서 고독하게 제물로 쓰러지든, 아니면 밀려드는 군중 속에서 아무도 너희들이 어떤 권리를 가지고 있는지 묻지 않고, 아무도 너희들이 어떤 불의를 당하고 있는지 묻지 않고 ... 그 군중이 짐승처럼 온 힘을 다해 너희들을 먼지 속에서 짓밟을 때 얼마나 고통스러운지 아무도 묻지 않는 곳에서 밟혀 죽든, 오라! 그 죽음이, 죽음과 삶을 가르는 곳에 있기 때문에, 그 초대는 갈림길에 서 있다. 너희 고통을 당하는 ... 그리고 무거운 짐을 지고 헛되이 수고하는 너희 모든 자들아, 나에게 오라!

예수는 2천 년 전에 자기 제자들만을, 갈릴래아 민중만을 부르신 게 아니다. 지금 여기에서도 들을 귀가 있는 자들을 부르고 계신다.

그래서 예수의 말씀은 언제 어디서나 "누군가가 믿는 곳에서" 살아 있다. 키르케고르는 만약 나자렛 사람 예수가 변두리 사람들, 모든 실패한 자들과 소외된 무리들과 함께 지금, 여기 덴마크의 코펜하겐에 다시 나타난다면 어떤 광경이 벌어질지 상상한다. 자칭 그리스도인이라는 사람들은 그 메시아를 처형하려 들지는 않을 것이다. 사람들은 예수를 그 정도로 진지하게 취급하지 않을 것이기 때문이다. 아마도 예수를 멸시하며 질책할 것이다. 그를 거부하고 험담하고 경멸하고 조롱할 것이다. 그리고 교회의 고위층 인사들은 도대체 교회개혁을 교도권자들의 승인 없이 그렇게 시도하는 게 참으로 정당한지 물으며 예수를 탄핵할 것이다.

이 정도 되면, 실상 바리사이라고 말할 수 있는 고위성직자들은 자기도 모르는 사이에 그리스도교의 옷을 벗어 버리고 부르주아의 옷을 슬그머니 걸쳐 입은 것이다. 성직자와 철학자, 정치가와 점잖은 시민들은 예수를 보고 한 목소리로 말할 것이다.

한 인간이 이 지경이라니 … 세상에서 잃어버릴 만한 것을 조금도 지니고 있는 사람이라면, 머릿속에 조금이라도 분별력을 지니고 있는 사람이라면 누구나 그와 상종하기는커녕 질겁하고 도망 가 버릴 게야. 그래. 그와 상종한다는 것은 세상에서 가장 어리석고 가장 미친 짓이지. 그의 말을 듣고 보면 사실 웃어야 좋을지 울어야 좋을지 모를 노릇이다. 도대체 그런 뜻밖의 말을 하다니! (만일 와서 도와 달라든지 혹은 쉽게 해 달라든지 혹은 보호해 달라든지 혹은 거만하게, 나는 너희 모두를 경멸한다고 말했더라면 그래도 이해가 갔을 것이다.) 나에게 오라고! 그래, 그래, 물론 초대하는 말처럼 보이고말고! 그러나 이어서 하는 말이, 무거운 짐을 지고 지친 너희 모두들아, 내가 너희를 쉽게 하리라 하고, 한 술 더 떠서 그들을 돕겠다고! … 그 지경에 있는 사람이 다른 사람들을 돕겠다고. 이것은 마치 거지가 도둑맞았다고 경찰에 신고하는 것과 마찬가지지.

그리고 어떤 신사는 이렇게 말한다.

나는 한 외판원으로부터 프랑스 속담을 하나 들었지. 활도 너무 지나치게 당기면 부러진다고. 그러니 이 사람 예수 말야. 정말 파멸하고 말 것이 너무나 뻔해. 난 내 아들도 불러 놓고 진지하게 타일렀다네. 나를 본받지 않고… 이 사람과 어울리다니, 왜 그래? 그저 모두들 뒤따라가기에 그랬다더군. 그래, 도대체 모두라는 게 누구야? … 그렇게 쫓아다니는 걸 그만둘 수 없는 떠돌이와 부랑자뿐이야. 제 집이라도 장만한 사람들은 많지 않아. 그리고 내가 … 내 시계를 맞추는 그 현명한 분들과 저명인사들 중에는 단연코 한 명도 없어. 왕실 고문관인 에페젠도, 추밀원 고문관 마르쿠스도, 부유한 대리업자 그리스코페르젠도 없어. 없고말고. 그분들은 무엇이 중요하고 무엇이 중요하지 않은지를 알고 있어. 그 다음에 이 분야에 가장 정통해 있는 성직자들을 보자고. 어제 저녁 그륀발트 목사가 클럽에서 말했듯이, '그러다간 큰일 나.' 그분은 그저 단순한 설교 이상의 것을 알고 있어. 설교는 일요일 교회에서가 아니라 월요일 클럽에서 들어야 해. … 그는 매우 올바르게 이야기한 거야. 나에게는 그분 말이 진심에서 우러나오는 말로 들렸어. 그의 뒤를 따라다니는 자들은 삶의 근거가 없는 한가한 사람들뿐이다. 그런데 무엇 때문에 그들은 그의 뒤를 따라다니는가? 그가 몇 가지 기적을 행할 수 있기 때문이지.

부담스런 부랑자, 예수

예수가 부랑자였고, 떠돌이였다는 사실을 그들은 너무도 쉽게 망각한다. 하긴 갈릴래아의 흙바람 속을 떠돌며 올리브 산기슭에서 선잠을 청했던 전직 목수에 대한 기억을 그 제자 공동체인 교회가, 더 정확히 말하자면 고위성직자들이 잊어버린 것은 훨씬 이전부터였다. 콘스탄티누스 대제가 그리스도교를 공인한 뒤로, 예수는 비천한 무리 가운데서 승천하여 황제의 반열로 승격되었다. 웅장한 유럽의 대성당에 그려진 성자聖子 예수 그리스도의 모습 어디에서 당신의 가난으로 가난한 이들에게 기쁜 소식이 되었던 나자렛 예수를 느낄 수 있는가? 다만 천하를 다스리는 황제만이 성당을 장식하고, 또한 실제로 제국의 법이 온 교회를 다스리지 않는가? 교황청까지 들여다보지 않아도 온 세계의 주교관을 보더라도 마찬가지다. 교회는 일종의 종교적 관료주의가 지배하고 있으며, 사목자들은 고급 관료와 하급 공무원처럼 보인다.

16세기의 천재 화가 라파엘로는 궁정 화가의 아들로 태어나 그림으로 엄청난 부를 누리고 방탕한 생활을 즐겼다. 그는 '천박한' 갈릴래아의 예수 대신에 영광의 그리스도만을 그렸다. 라파엘로가 누린 행운의 비밀은 하느님과 성자 예수와 성인들의 초상을 그릴 때 이탈리아의 지배 계급을 모델로 삼았기 때문이다. 그들의 허영에 아첨하기 위해서 라파엘로는 육체적인 아름다움과 물질적인 사치와 위대성을 그렸다. 르네상스 이후 모든 금욕의 자취는 교회에서 사라져 가고 있다. 라파엘로가 그린 그리스도교 신사들과 부인들과 처녀들과 신들과 성인들이며, 그와 동시대 사람들은 목을 쳐들고, 배를 불룩 내밀고, 불그레한 얼굴로 한창 잘살고 있는 모습으로 그려져 있다. 그들의 황홀감은 그들의 소화 운동을 방해할만한 간섭을 허락하지 않는다. 먹는 것도 잊고 있었다. 천사가 성모 마리아에게 성령으로 메시아를 잉태했다는 비밀 소식을 가지고 왔을 때, 천사는 그미가 목수의 헛간이 아니라 궁성(저택) 안에 앉아 있는 것을 발견하였다. 마찬가지로, 예수가 십자가에 달리고 무덤에서 다시 살아났을 때, 울고 있던 부인들은 이 역사적인 순간을 위하여 그들의 머리를 가지런히 하는 것을 잊지 않았고, 그들의 옷을 가지런히 정돈하는 것도 잊지 않았다.

한국교회가 토착화의 관점에서 제작했다는 성화聖畵와 성상聖像, 순교자들의 그림을 보아도 마찬가지다. 양반집 도련님을 안고 있는 규수인 성모 마리아. 아기 예수는 여지없이 도령이며, 성모 마리아는 때로 왕비의 모습으로 그려지기도 한다. 순교자들의 피 묻은 옷가지는 역시 말끔한 양반의 복장으로 둔갑하거나, 극형을 당한 순교자들의 모습이 너무도 단정하고 깨끗하고 고상하다. 마늘을 다듬고 전복을 까고 옹기를 굽던 시골 아낙네의 모습을 순교자들의 그림에서 발견하기란 불가능하다. '고상한' 유한계급의 모습이 우리 선조들의 신앙이란 말인가? 이 엄청난 역사적 왜곡은 하나의 이데올로기를 담고 있는 것은 아닐까? 고대의 어느 철학자는 사람에게 하느님은 사람의 모습이지만, 소에게 하느님을 그리라면 당연히 소의 형상으로 그릴 것이라고 말한 적이 있다.

그렇다면 한국교회의 귀티 나는 성화들은 교회 권력의 중심에 있는 성직자들의 계급성을 반영하고 있는 것은 아닐까? 예수를, 성모 마리아를, 그리고 순교자들마저 가난과 동떨어진 고상한 무리의 반열에 올려놓음으로써 영적 안심을 얻으려던 것은 아니었을까? 최소한 무의식 속에서라도 그런 요소가 있지 않았는가 반성하지 않는 교회는 희망이 없다. 교회가 남루한 예수의 모습 속에서 안심安心하는 데 인색하다면, 이 세상의 가련한 중생들은 도대체 어디로 가서 구원을 청할 것인가.

환청에 사로잡힌 기존 질서

키르케고르는 이런 우스꽝스런 작태를 보이는 전체를 묶어 '기존 질서'라고 불렀다. 기존 질서란 결단이 필요하지 않은 세계다. 위험과 순교를 무릅쓰지 않아도 좋을 그런 안전한 질서다. 한스 큉은 말하였다.

> 예수 시대의 기존 질서란 바로 바리사이들과 율법 학자들이 자기네 마음에 들게 자기네 자신을 신성화하면서 기존 질서화했던 그런 유대교다. 그러나 키르케고르 시대의 기존 질서란 국가의 보호를 받으며 시민적 자기 만족에 빠져 있던 성직 계급과 보수신학, 사제들에게 둘러싸인 주교와 학생들에게 둘러싸인 교수로 대표되는 그런 기존 그리스도교다. 기존 질서는 모든 개개인이 가진 고유한 주관보다 훨씬 객관적이라고 뽐내는 듯하다. 말하자면 그 자신에 대해서는 아무것도 모르면서도 모든 개인을 심판할 수 있다고 믿는 '오만'이다. 스스로를 절대적인 것으로 규정하는 기존 질서는 예수의 시대처럼 오늘날도 다시금 그 유일한 진리의 증거자(예수)에 대해 반감을 느낀다.

오늘날 그리스도교는 키르케고르의 말마따나 '환청'에 사로잡혀 있다. 자기 자신만이 유일한 진리의 소유자이며, 그만큼 거룩하다고 여긴다. 남들 앞에서 공공연하게 말할 수 없을 때는 스스로 자기 귀에 대고 "난 참 거룩해." 하며 속삭이고 제도교회가 내준 신분증을 다시 확인한다. 우리는 제1차 바티칸공의회에서 선언된

'교황 무오류설'을 기억한다. 이 엄청난 선언에 대하여 비판적이었던 한스 큉은 가톨릭 신학교수 자격을 박탈당했다.

이렇게 기존 질서가 스스로 어떤 신적인 존재이기를 원하고, 또 그렇게 간주되는 것은 기존 질서가 자신의 원천을 부정하는 것이며, 왜곡이자 자기 우상화이다. 이는 곧 하느님에 대한 끊임없는 반항이라고 말할 수 있다. 이들은 전통과 관습, 율법과 의식을 '교회의 목적'인 것처럼 여기고, 신앙을 종교 상품으로 변질시킨다. 이렇게 소유함으로써 존재한다. 이런 하느님 경외는 실상 하느님 경멸이며, 이러한 신격화는 실상 세속화라고 키르케고르는 꼬집는다. 그래서 오늘날 교회에는 순교자가 거의 없고 다만 "각하라며 떠받들리는 고문관들"만이 남아서, 십자가에서 침뱉음을 당한 분을 안정과 명성을 보증하는 '위인'으로 만든다고 전했다. 이런 "싸구려 골동품 교회"에서 정작 하느님은 들러리나 바보로 취급당한다. 그는 이런 교회의 참상을 바라보며 『순간』에서 이렇게 썼다.

> 나는 하느님을 바보 취급하느니 … 차라리 노름하고 술 마시고 간음하고 도둑질하고 살인을 하겠다. 마르텐젠 감독이 '그리스도교적 진지함'이라고 부르는 그따위 진지함에 참여하느니 차라리 나의 낮 시간을 볼링장이나 당구장에서, 나의 밤 시간을 노름판이나 탈춤판에서 보내겠다. 그렇다. 차라리 나는 아예 직접적으로 하느님을 바보 취급하겠다. 나와 하느님 단 둘만 있는 높은 장소로 올라가거나 야외로 나가 그곳에서 노골적으로 말하겠다. "당신은 아무 쪽에도 쓸모없는 하느님이오. 바보 취급받을 가치밖에 없소." 나의 삶은 그리스도교를 위한 진짜 부지런함과 열심뿐이라면서 엄숙하고 경건한 척함으로써 그분을 바보 취급하느니, 차라리 그렇게 하겠다.

한스 큉은 키르케고르의 생각을 빌어 그리스도에게서 너무 멀리 떠나 온 교회에 대하여 이렇게 묻는다.

① "목적지에서 멀리 떨어져 끊임없이 단지 순례길에 있을 뿐이라고 생각하였던 교회, 그리스도의 복음에 대립하는 사회에 맞서 저항하던 초기 항쟁 교회가 그리스도의 무적의 진리를 자신만이 소유하고 있다고 생각하는 교회, 이미 목적지에 와 있다고 착각하는 교회, 수시로 자신의 위대한 역사를 끌어다 대는 교회, 그러나 세상에 완전히 순응하고 이른바 모든 사람들이 그리스도인처럼 보이는 저 시민 사회와 화해를 이룬 개선 교회로 변해 있지 않은가?" 여기서 교회는 불행한 민중에게 위로를 줄 수 없고, 불의한 세상에 대한 대안을 마련하지 못한다.

② "눈에 보이지 않는 청중인 하느님의 현존 앞에서 행하는 위대한 모험이랄 수 있는 설교가 하나의 사건이나 대상에 대한 경건한 관찰들과 지극히 예술적인 강연들로 변해 있지 않은가?" 여기서 설교는 자기의 학식을 자랑하거나 자신의 영향력을 과시하는 기회밖에 안 된다. 그리고 하느님은 자신의 이름으로 침 튀기는 설교자 앞에서 푸대접받고 조롱당한다.

③ "성직자들과 신자들은 극장 안에 있는 관객처럼, 그리스도에게 박수갈채를 보내지만 아무것도 포기하지 않고, 다만 비비 꼬인 내면성(영성)에 몰두하는, 고귀한 그리스도의 찬미자로 변해 있지 않은가?" 여기서 교회와 그리스도인은 세상과 인간의 구원을 위해 기득권을 포기하라는 어떤 결단도 요청받지 않는다. 하느님 앞에서 풍악을 울릴 뿐 몸을 놀려 춤을 추지 않는 무용수와 같다. 그래서 살림이 넉넉한 시민들에게 종교는 색다른 문화적 요구를 채워 줄 뿐이다.

새로운 시작을 위한 '우선 멈춤'

키르케고르는 이 모든 기존 질서에 대하여 "멈추라!"고 항의한다. 예수 그리스도를 팔아먹는 거짓말을 그만두고, 그리스도교를 다시 그 본래의 토대 위로 돌려놓으라는 절박하고 단호한 요청이다. 정직하게 이것이냐 저것이냐, 어느 편에 설 지 분명하게 태도를 밝히라고 말한다. 사실상 이방인으로 남을 것이냐, 아니면 참 그리스도인이 될 것이냐? 그는 "한 인간이 어느 정도까지 본질적으로 그리스도인이 될 수 있을지는 어느 누구도 말해 줄 수 없다."는 것을 인정한다. 그러나 최소한 진실 앞에 정직해야 한다고 말한다. "하느님 앞에서는 정직함이 처음이며 마지막이다. 자신이 어떤 상태인지 솔직하게 고백하면서 하느님 앞에서 끊임없이 자신의 사명을 확인해야 한다. 그 걸음이 아무리 느리더라도, 비록 그저 기어서 앞으로 가고 있다 하더라도."

여기서 우리는 엘살바도르의 순교자, 오스카 로메로 대주교를 다시 떠올리게 된다. 그는 비록 보수적인 주교였지만, 친구 사제의 죽음과 처참한 민중 현실을 정직하게 바라봄으로써 주저 없이 결단을 내릴 수 있었다. 돔 헬더 카마라 대주교처럼 민중 해방을 위해 헌신할 때나 장군들과 귀족들의 방문을 받을 때에나 그는 항상 정직하였다. 예전엔 세상이 살 만하다고 여겼지만, 일그러진 하느님의 얼굴인 민중의 처지를 알고 나서는 세상의 비참을 투명하게 볼 수 있었다. 관건은 언제나 진리에 대한 '정직함'에 있었다. 그리고 새로운 진실을 발견했을 때, 망설임 없이 지금 여기에서 갱신을 시작하는 게 신앙이다.

키르케고르는 죽기 몇 주일 전에 쓴 글에서, 호화 유람선, 음악·노래·대화 때문에 밤과 주위의 위험을 망각하고 있는, 천

명의 승객을 실은 꿈에 취한 타이타닉 호에 대한 우화를 통하여 그리스도교가 직면한 위기를 예언한다. "만일 선장이 수평선의 그 불길한 흰 점(암초)을 깨닫지 못한다면 무슨 일이 일어날까? 단 한 사람이라도 그것을 알아챘다면, 아무도 그에게 귀를 기울이지 않는 어떤 승객에 의해 최소한 선장만이라도 마지못해 갑판으로 이끌려 나온다면 … 그런데 결코 그런 일은 일어나지 않는다. 그는 소매를 잡히지만 귀먹은 척하면서 몸을 돌려 환호성 가운데 자신의 건강을 위해 축배를 드는 객실에서 대단히 상냥하게 감사의 인사를 하며 사람들의 소란스럽고 방종스러운 즐거움 속에 잠긴다." 누군가 그리스도교의 배는 파멸로 가는 도상에 있다고, 그 항해사들인 주교와 사제, 신학자는 세상과 세상의 오락("접시와 그릇의 달그락거리는 소음. 선장의 건강을 비는 술잔치")에 붙잡혀 유일하게 중요한 것을 희생시켰다고 말하고 있다. 그러나 이를 유심히 듣는 사람은 별로 없고, 그 위기를 깨닫고 있는 사람은 영향력이 없는 게 우리 교회의 슬픈 현실이다. 키르케고르가 막판에 한 말은 그래서 더욱 의미심장하다.

그리스도교적으로 볼 때 그 흰 점이 수평선에 보인다는 것은 두려운 폭풍우가 몰려오리라는 것을 의미한다. 그러나 나는 승객일 뿐이었으며, 지금도 그렇다.

불행한 것은 항해사들의 양심이 무디어졌다는 것이다. 키르케고르가 『짧고 날카롭게』라는 잠언집에서 교회 이데올로기와 그리스도교 진리 사이의 너무나 동떨어진 간격에 대하여 쓴 글을 읽어보자.

성당 안으로 화려한 복장을 갖춘 주교와 더불어 지체 높으신 추밀원 각하께서 등장하신다. 귀족 세계의 선택받은 총아인 그 나으리는 선민 중에서도 선택받은 무리 앞에 나서서 자기 자신이 선택한 성경 구절에 대해 감동적으로 강론을 하신다. "하느님은 세상 사람들 앞에서 비천하고 멸시받는 자들을 택하셨습니다." 그런데 거기서 웃는 사람은 아무도 없다.

키르케고르는 이런저런 교회와의 갈등으로 기력이 쇠잔해져서 길거리에 쓰러진 채 마흔 두 살로 평온하고 기쁜 죽음을 맞이했다. 그때 그의 교회는 그의 장례식을 (그의 의지에 반해서 그리고 이러한 수용에 대해 그의 조카가 반대하는 가운데서) 장엄하게 거행하였다. 그러나 그의 영적 유산은 받아들여지지 않았다. 당대의 신학자들도 키르케고르가 '공식적인' 신학자가 아니었다는 이유로 그의 생각을 무시하였다.

접동새 우는 사연

전라도 무주에 살 때, 5월이면 밤마다 뒷산에서 서글픈 곡조로 소쩍새가 울었다. 소쩍새는 두견화라고 불리는 진달래꽃이 필 무렵이면 울기 시작하는데, 그래서 붙은 이름이 또한 두견새다. 그리고 '접동새'라는 별칭도 갖고 있다. 이 새의 이름이 다양한 것은 갖가지 시름에 겨운 민중들이 제 마음을 여미면서 저마다 그렇게 지어 부른 탓이다. 한 목숨에 한 이름만 가질 이유는 없다. 인생이 복잡하고 만만치 않은데, 그 한恨이 칡처럼 얽혀 있는 파란만장한 살림에 저마다 곡절이 있고, 풀어야 할 회한悔恨도 많은 법이다. 김소월의 설움에 겨운 「접동새」란 시를 읽어 본다.

접동

접동

아우래비 접동

진두강 가람 가에 살던 누나는

진두강 앞마을에

와서 웁니다

옛날, 우리나라

먼 뒤쪽의

진두강 가람 가에 살던 누나는

의붓어미 시샘에 죽었습니다

누나라고 불러 보랴

오오 불설워

시새움에 몸이 죽은 우리 누나는

죽어서 접동새가 되었습니다

아홉이나 남아 되던 오랩동생을

죽어서도 못 잊어 차마 못 잊어

야삼경 남 다 자는 밤이 깊으면

이산 저산 옮아가며 슬피 웁니다

  복되다, 밤이 이슥하도록 접동새 소리 귀를 기울여 들을 줄 아는
귀를 가진 주인은. 밤이 깊을수록 사무치게 그 소리 더욱 크게
울림을 가슴 치며 서늘한 눈매 다듬는 그 사람들은 '하느님 안에서'

행복하다.

　교회 권력이 의붓어미라면, 그 시새움에 죽은 누나는 키르케고르 같은 예언자일 것이다. 그리고 아홉이나 된다는 오랩동생은 우리 하느님 백성들이다, 가련한 중생들이다, 소박하고 따뜻한 손을 가진 어린 신자들이다. 누나는 가고 없지만, 동생들의 안위가 걱정되어 밤이 깊을수록 접동새 되어 접동 접동 울고 있다. 이 산 저 산 옮아가며, 이 방법 저 방법 궁리하며 안타깝게 울어 젖히고 있다. 접동새는 온몸으로 '슬픔'을 선포한다. 이 시대의 절망과 교회의 한숨을 지치도록 하늘에 탄원하고 있다. 정작 가난한 이들에게 전해졌다는 '기쁜 소식'은 누구의 손으로 시작되는가? 동트는 언덕 너머에서 달려오는 그 햇발 같은 발걸음은 누구의 발길인가?

2. 사제들의 거리

사제는 가난합니다.
하느님께 모든 것 내어주었으니.
사제는 나를 접고 그분을 입어
빈 몸으로 세상을 건너갑니다.
사제는 형제이며 자매입니다.
그리고 무엇보다 세상을 위한 종입니다.
사제는 세상에 나를 넘기고 너에게 갑니다.
너에게 가서 온전한 기쁨이 됩니다.
사제는 그분을 만납니다,
거리에서, 성당에서, 지성소에서.

주님에 대한 사랑은 벗에 대한 사랑이다

영적 세속화 시대, 성직자 권위주의에 대한 유감-1

그분을
보기 위해
나무 위에 올라갔지만

그분을
만나기 위해서는
내려와야 했다네.

조희선 시인의 『사랑을 말하지 않았다』(도서출판 꽃잠, 2015)에 실린
「삭캐오」라는 시다. 가톨릭신자가 진리를 찾아가는 길에서 수도자
와 성직자가 되려고 작심할 때는 늘 '더 높은 곳을 향한 갈증'이
있기 마련이다. 그래서 나무들처럼 천상을 향해 손을 뻗치고 올라
가려고 애를 쓴다. 그러나 복음서가 '영광스러운 변모' 이야기에서
보여주고 있듯이, 정작 그분의 정체를 발견하고서는 다시 산을
내려가야 한다. 내려가 마을에서 그분을 직접 만나야 한다. 그분은
구름 속에도, 천둥번개 속에도 계시지 않는다. 성당의 높은 첨탑에

간혀 계시지도 않고, 제대 위에만 앉아 계시지도 않는다. 그분은 미풍 가운데 우리 마음속에도 계시고, 사람들 사이에서 당신의 냄비를 걸고 계신다. 그분이 밥 짓는 냄새를 맡고, 그분이 떠주는 밥을 얻어먹어야 우리는 그분과 더불어 '거친 이승'을 동반할 수 있다. 엠마오를 지나던 제자들처럼 그분과 대화를 나누고, 그분을 느낄 수 있다. 이처럼 사제들은 양들의 냄새뿐 아니라 양들을 통해 드러나는 그분의 냄새도 알아차릴 준비를 해야 한다.

성직자들의 권위주의는 이미 너무 오래되었지만 해결의 기미가 그다지 보이지 않는 진부하고 지루한 주제다. 사제들의 권위주의는 갑작스레 나타난 것도 아니고, 가톨릭교회의 콘스탄티누스 전환 이후 권력화 된 교회 안에서 수시로 출몰하는 유령 같은 것이었다. 이에 대한 반동으로 은수생활과 수도 전통이 발생하고, 아시시 프란치스코를 따르는 탁발 수도회도 출현했다. 그렇지만, 권위적인 교회 구조가 바뀌지 않는 한 사제들 개인에게 '권위주의 청산'을 주문하는 것은 공염불에 지나지 않는다. 그것은 교회 공동체 전체가 비상한 결단을 통해 구조를 뒤바꿈으로써 시작될 수 있기 때문이다. 이런 점에서 괜스레 사제들에게 죄책감과 자책의 빌미를 던져주는 것은 오히려 사제생활을 위축시키고 불편하게 만들 위험조차 있다.

오히려 다른 주문을 사제들에게 하고 싶다. 실상 사제들의 권위주의는 복음적 열정의 상실에서 온다. 프란치스코 교종은 첫 방문지였던 이탈리아 남단의 항구 람페두사에서 죽어가는 난민들을 바라보며 "누가 이들을 위해 울어 줄 것인가?" 물었다. 그리고 '(이웃에 대한) 무관심의 세계화'를 한탄했다. 그러나 한국교회에서는 '복음적 열정에 대한 무관심의 교회화'를 한탄해야 한다. 복음은 사제들에게 '섬김을 받으러 온 분이 아니라 섬기러 오신 분'에 대하여 이야기 한다. 동료 제자들과 군중들에게 "이제는 너희를 종이라 부르지 않고 벗이라 부르겠다."고 말한 분을 전하고 있다. 그분은 공생활 벽두에 이사야 예언서를 통해 가난한 이들에게 우선적으로 선포된 복음을 전했다. 이러한 복음에 대한 각성을 자기 몫으로 진지하게 받아들이지 못할 때, 우리는 주교와 사제들에게 '신앙 없음'과 맡겨진 백성들에 대한 직무 유기를 따져 물을 수 있다. 결국 성직자 권위주의의 문제는 복음에 대한 민감성의 문제다. 복음에 대한 민감성이 부족한 사제들은 '자기중심적 태도'에 머문다. 유아처럼 '엄마'이신 성모 마리아에게 중요한 결정에 대한 처분을 맡기면서, 아이들처럼 '누릴만한 권리'에 집착한다.

사목직분이 이들에게는 '대장놀이'를 행하는 일종의 '놀이터'가 된다. 아니면 기본직무만 수행하고, 카메라와 오디오 앰프와 자동차와 골프 등 취미생활에 몰두한다. 이 문제를 적절히 깨우쳐 준 사람이 교황이라는 사실은 놀랍기만 하다. 사실상 교회권위의 최고 정점에 있는 사람이 '바닥의 마음'으로 복음을 다시 일깨우기 때문이다. 프란치스코 교종은 강론과 강연, 교황권고를 통해 주교와 사제들에 대한 질타를 아끼지 않았지만, 수도자와 평신도들에 대한 비판은 가급적 자제하고 있는 것처럼 보인다. 이는 성직자들이야말로 먼저 '복음'의 진실을 알아듣고 백성을 돌봐야 할 일차적 직무자이기 때문일 것이다. 예전에 부산교구 가톨릭대학에서 나온 책자에는 사제를 '교회의 심장'이라고 표현했다. 그렇다면 심장이 상하고서야 몸(교회)이 온전할 리 없다.

가난한 그리스도, 가난한 교황

그리스도가 전한 복음이 누구에게나 복음인 것은 아니다. 가난한 자에게 '참으로 기쁜 소식福音'인 것이 때로 부자들에게는 '불길하고 나쁜 소식凶音'이 되기 때문이다. 프란치스코 교종의 교황즉위로 인해 좌불안석할만한 고위성직자들이 없다고 말할 수 없다. 안이하고 쾌적한 삶을 누리던 사제들에게도 프란치스코 교종은 그 자체로 사제 생활에 대한 도전이 된다.

"좋은 저녁입니다." 호르헤 마리오 베르골료 추기경이 266대 교황으로 선출되고서, 바티칸의 성베드로 성당 발코니에서 10만 명의 신자들에게 처음으로 전한 발언이다. 교종은 자신의 교황명을 '아시시의 프란치스코'로 정했으며, 그 이름처럼 아름다운 모습을 지난 2년 동안 세계인들에게 보여 주었다. 그리고 2014년 8월에는 한국 방문을 통해 한국 신자들과 국민들에게 종교지도자에 대한 신선한 감흥을 전해 주고, 교회개혁에 대한 희망을 안겨 주었다. 프란치스코 교종은 즉위하면서 자신의 문장에 'miserando atque eligendo, 자비로이 부르시니'라고 적었는데, 2015년 '자비의 특별희년'을 선포한 것이 새삼스럽지 않은 이유다. 그가 교황으로 선출되면서 기억한 말은 브라질 상파울루 명예주교 클라우디오 우메스 추기경이 입을 맞추며 했던 한마디 말이다. "가난한 사람을 잊지 마십시오."

교종은 가난한 자를 기억할 뿐만 아니라 가난한 자로 살기로 작심한 모양이다. 청빈한 삶은 그에게 새로운 것이 아니었고, 그래서 세상의 가난한 이들에게 희망이 된다. 즉위 이후 맞이한 첫 성 목요일에는 로마 근교의 청소년 교정시설인 카살 델 마르모 소년원을 찾아가 세족례를 행했다. 교종은 이 자리에서 가련한 소년뿐 아니라, 소녀와 무슬림에게도 세족례를 행했다. 과거 교황들은 도심의 대성당에서 남성들의 발을 씻어 주었으며, 그 대부분이 사제였다는 점에서 파격적인 행보였다.

프란치스코 교종은 아예 교황관저에서 지내기를 거부하고, 콘클라베 기간부터 묵고 있던 바티칸의 카사 산타 마르타 게스트하우스에서 지내기로 결정했다. 교종이 다른 사제들과 '공동으로' 지내면서 검소한 생활을 하고 싶어 한다는 것이다. 수도회 출신인 교종에게 사제들의 공동체 생활은 낯설지 않다. 이러한 교종의 모습은 기존 가톨릭교회의 고위성직자들에게 큰 충격을 주었다. 교종조차 이처럼 청빈을 선택하건만, 지역교회 주교나 고위성직자들이 호사를 누리기는 매우 껄끄럽기 때문이다. 주교들은 자신들이 그동안 주님으로 고백해 왔던 예수처럼 적빈赤貧으로 살기는 어렵다고 호소할 수 있다. 그러나 검소하고 단순한 삶이란 누구나 가능하지만 그동안 주교와 고위성직자들이 짐짓 회피해 왔던 성덕이다.

콘스탄티누스 대제의 전환 이후로 지난 2천년 동안 '신앙'은 가톨릭교회의 고위성직자들 안에서 수식어에 지나지 않았던 경우가 많았다. 'Pope'를 우리말로 적절하게도 '교황'이라고 부르고 있지만, 사실 예수의 제자직은 어떤 이유에서도 황제권력과 비등한 것이 될 수 없다. 교황을 중국에서는 '교종'이라 부르고, 일본에서는 '법왕'이라고 부르다가, 천황에 버금가는 존재라는 의미로 지금은 '교황'이라는 호칭을 사용하고 있다. 한국교회는 일본과 마찬가지로 '교황'이라 부른다. 교회용어사전에는 '교종'이란 호칭도 허용하고 있으나, 상용되지 않는다. 교황은 봉건군주제를 상기시키기 때문에, 교계제도와 교회법에 비추어 보면 적절한 '표현'이다. 그러나 제2차 바티칸공의회 이후에 교황직이 권력이기 보다 '봉사'직무로 해석되면서, 분도출판사에서 출간된 일부 서적에서 번역가 정한교 등이 1970년대부터 줄곧 '교종'이란 표현을 일부러 써 왔다. 그러나 최근 20여 년간 다시 교황이란 호칭이 일반화되었다. 교회

직무가 권력이 될 때, 그들의 눈앞에서 예수께서 사랑하시던 가난한 이들은 사라지기 때문이다. 교회직무는 봉사이며, 당연히 이 봉사의 대상으로 '가난한 이들'이 우선적으로 선택되어야 한다. 사실상 가난한 그리스도를 고백하는 이들에게 가난한 이들에 대한 봉사는 선택이 아니라 '필수'이며, 복음선포의 본질적 측면이다.

우리의 친구이며 연인인 하느님

그래서 한국여자수도회 장상연합회가 몇 차례의 총회를 거치면서 연거푸 '신비와 예언'의 통합을 결의한 것은 놀라운 일이 아니다. 의정부교구에서 새로운 10년의 좌표를 제시한 이기헌 주교가 "교황님은 「복음의 기쁨」과 방한을 통해 한국교회와 사회에 복음의 기쁨을 사는 삶, 가난한 이들과의 연대 그리고 하느님 나라의 선포 등 세 가지 방향을 제시하셨다."며 "예수 그리스도를 따르는 하느님 백성은 이 세 가지 핵심을 삶의 방향으로 삼아 실천하는 사람이 돼야 한다."고 강조한 것은 그래서 당연하다.

실상 신앙과 실천은 둘이 아니며, 참된 신앙은 참된 실천을 낳기 마련이다. 믿지 않고서야 행할 수 없으며, 행하지 않고서야 믿음일 수 없다. 그러나 이 믿음은 사적 개인 안에서만 발생하는 사건이 아니라 공동체 안에서 발생하는 사건이며, 교회 안에서만 확인되는 것이 아니라 세상 안에서 확인되어야 한다.

이 신앙의 근거를 찾기 위해서, 우리는 먼저 예수 그리스도에게 주목하지 않을 수 없다. 여기서 우리는 예수를 굳이 '혁명가'라고 부를 필요도 없고, 시대 조류에 맞춰 '현자'라고 부를 필요도 없다. 사실상 그분은 '민중적 지혜를 통해 혁명으로 나아간 사람'이다. 여기서 혁명이란 관습적 가치를 거슬러 세상과 다른 가치를 사회구조와 일상에서 실현하는 것이다. 우리 시대에는 맘몬(拜)이라는 우상에 맞서는 영적 투쟁이겠다. 그분이 그저 단순히 현자로만 남았다면 십자가에 매달려 죽지 않아도 좋았을 것이다. 또한 그분을 혁명가라 부르지 않는 이유는 그분에게서 어떤 권력을 향한 의지도 발견할 수 없었기 때문이다. 그런 점에서 예수가 사제가 아니라 평신도였다는 점은 다행스런 일이다. 유대종교에서나 교회에서나 사제는 본인의 의식과 상관없이 신분상 '권력'에 다름 아니기 때문이다.

예수는 인간의 마음을 매만졌으며, 그를 만난 사람은 그 눈길만으로도 치유되었음을 나는 '믿는다'. 양은 제 목자의 음성을 기억하는 법이라고 한 그분의 말씀이 옳다. 그분과 함께 있는 것만으로도 어떤 이들은 지상에서 천국을 경험하였을 것이다. 그리고 이 모든 것은 하느님 안에서 이루어진 일이다. 그 기억이 훗날 그리스도교 신앙을 낳았다. 그러나 예수는 치유자에 머물지 않고 상처의 본질로 전진했으며, 그 본질의 중심에 '하느님 없는 권력의 무자비함'이 놓여 있음을 발견했다. 그래서 그는 마지막 고행의 길로 예루살렘 성전으로 향했으며, 거기서 무력함으로 무력한 자들을 섬기는 최고의 형식, '죽음'을 받아들였던 것이다. "벗을 위해 목숨을 바치는 것보다 더 큰 사랑은 없다."

프란치스코 교종은 2014년 8월 14일 방한 첫날 한국천주교중앙협의회 강당, 한국 주교들을 만난 자리에서 "사랑하는 형제 주교 여러분."이라고 말했다. 그러나 16일 꽃동네 영성원에서 열린 평신도사도직 단체와 만난 자리에서는 "사랑하는 친구 여러분."이라고 말했다. 주교들을 '형제'라고 부른 이유는 자신과 마찬가지로 동등한 주교직무를 수행하는 자임을 확인하려는 것이고, 이 주교직무의 핵심은 복음서의 표현대로 "(평신도인) 벗을 위하여 목숨을 바치는 것"임을 한국교회 주교들에게 확인시켜 주는 것이다. 이점에서 과연 주교들과 주교의 사목대리인인 사제들이 신자들을 위해 자신을 온전히 내어주고 있는지 자문할 필요가 있다. 성직은 섬김을 받는 자리가 아니라 목숨을 바쳐 자기 백성을 섬겨야 하는 자리다. 결국 이런 형식으로 형제인 주교와 사제들은 '유사類似 주님'의 자리에서 백성들의 친구가 된다.

그런 점에서 우리에게 지금 필요한 영성은 '주님에 대한 사랑'일 뿐 아니라 '벗에 대한 사랑'이다. 사실상 벗에 대한 사랑을 통해 하느님에 대한 사랑으로 나아가는 영성이다. 예수는 가난한 백성들의 약점을 잡고 '주님'이 되고자 하지 않았다. 그분은 그저 섬약하고 슬픈 눈동자를 가진 이들에게 '진정한 친구'가 되고 싶었다고 나는 지금도 생각한다. 그분은 하느님의 아들이지만 우리들의 친구로 죽었다. 여기서 우정이 발생한다.

하느님께서 우리의 친구일 뿐 아니라 연인이기를 자청하신다면, 그래서 연인의 눈높이에 자신을 비우시고 낮추셨다면, 가장 남루한 모습으로 그처럼 남루한 인간에게 말을 건네고 아파하시고 상처를 매만져 주셨다면, 마침내 연인을 위해 목숨을 내주셨다면 그 사랑의 깊이를 어떻게 가늠할 수 있을까. 그 한가운데서 우리는 하느님이 인간에게 자신을 전달하시는 매체가 예수였음을 발견한다. 그러니, 예수 안에서 하느님을 보지 못한 사람은 하느님을 볼 도리가 없다. 그런데 예수가 가난한 이들과 자신을 동일시하셨으니, 가난한 이들 속에서 예수를 알아보지 못하는 이들도 하느님을 만나 볼 도리가 없다.

교회는 안전지대에 머물지 않는다

우리는 미운 사람들과는 말을 섞지 않는다. 반면에 연인들은 서로 말을 섞고 살을 섞고 싶어 안달한다. 하느님 역시 인간에게 말을 섞고 살을 섞고 싶어 하셨다. 그분이 인간에게 섞은 말씀들은 성경으로 남아 있고, 그분이 인간에게 섞은 살은 성체성사 안에서 기념된다. "이는 내 몸이다. 받아먹어라." 마음이 간절하면 행동이 자연스럽게 따라온다. 그러니, 중요한 건 마음이다. 신앙이다.

프란치스코 교종이 베네딕토 16세 교종이 선포한 '신앙의 해' 한가운데서 선출된 것은 하느님의 섭리로 여겨진다. 때마침 제2차 바티칸공의회 개막 50주년을 지낸 직후였으며, 요한 23세 교종이 「지상의 평화」라는 사회회칙을 반포한지 50주년이 되는 해에 '프란치스코'라는 이름이 장엄하게 선포된 것은 우리 모두에게 특별한 의미를 갖는다. 제2차 바티칸공의회 문헌인 「교회헌장」과 「사목헌장」, 사회교리 문헌인 「지상의 평화」는 한결같이 이 세상을 위한 구원의 성사인 '교회'가 시선을 교회 바깥으로, 그중에서도 가난한 이들과 신음하는 생태계를 위해 투신할 것을 요청해 왔다. 교황청에서 펴낸 『가톨릭교회교리서』 역시 3편 「그리스도인의 삶」에서 사회교리를 다루고 있다.

그러나 교회는 세상이 아직도 낯설다. 견고한 교회의 울타리 안에 머물 때 성직자들과 수도자들은 안전하다고 여긴다. 이런 태도는 교회 안에서 여성 수도자와 남성 사제들에게 거는 기대에 그대로 반영되어 있다. 여성 수도자들은 본당수녀들처럼 '교회의 안 살림'을 맡아서 하는 게 제격이라는 게 가톨릭교회의 전통적 견해다. 주교들 역시 수녀들을 바라볼 때마다 딸자식을 바라보듯이, 수녀원 안에서 안전하게 기도만 하라고 부탁한다. 그 자애심을 탓할 수 없겠지만, 수태고지 이후에 나자렛에서 유다 땅까지 당차게 혼자 몸으로 엘리사벳을 찾아갔던 마리아는 기억하지 못하는 것이다. 여성 수도자들을 예수님의 독립적인 제자로 보지 못하고,

늘 남성 사제의 그늘 안에 붙잡아 두었던 교회를 복음적이라고 말할 수 있을지 의문이다. 여성 수도자는 하느님께 자신을 봉헌한 처녀이며, 동시에 세상과 인간을 품어 안는 어머니다. 처녀는 순결하고 어머니는 강하다. 처녀는 나자로의 누이 마리아처럼 하느님 말씀을 경청하고, 어머니는 마르타처럼 세상을 위해 헌신한다.

만약 전통적인 견해대로, 여성 수도자들이 교회 살림만 돌보아야 한다면, 바깥살림도 겸해야 하는 남성 사제들은 복음의 빛으로 사회문제를 얼마나 다루고 있는지 묻고 싶다. 그러나 실상 가톨릭 교회에서 사회적 사안에 대해 교회의 입장을 밝힌 사회교리에 대해 사제들조차 충분한 견해를 지니고 있지 않은 것처럼 보인다. 신학교에서 사회교리를 숙지한 것도 아니고, 사제평생교육원에서 보수교육을 받지도 못했다. 사회교리를 모르니 사회문제에 대한 교회 입장을 알 수 없고, 알지도 못하는 일에 사제들이 참여하기란 더욱 어렵다. 그러나 본당신자들은 대부분은 일터에서 일하는 노동자이며, 나름대로 정치적 사안을 분별해야 하는 시민이며, 때로 정치적 선택을 강요받는 유권자다. 가계부를 작성하거나 아이 교육을 염려하고 병원에 갈 때조차도 모든 신자들은, 심지어 사제 자신과 수도자들도 '정치'의 영향력 안에서 살고 있다. 그래서 프란치스코 교종은 "정치의 목적은 공동선"에 있으며, 신자 모두에게 이웃 사랑의 구체적 형태로서 '정치적 사랑'을 설파해 온 것이다.

그들이 통치하니 우리는 아무 상관이 없다고 누구도 말할 수 없습니다. 나는 그들의 통치에 대해 책임이 있으며 그들이 더 잘 통치하도록 최선을 다해야 합니다. 능력껏 정치에 참여함으로써 최선을 다해야 합니다. 교회의 사회교리에 따르면 정치란 가장 높은 형태의 자선입니다. 정치가 공공의 선에 봉사하기 때문입니다. 예수에게 사형을 내린 빌라도처럼 손을 씻고 뒤로 물러나 있을 수 없습니다. 우리는 무언가 기여해야 합니다. 좋은 가톨릭 신자라면 정치에 참여해야 합니다. 스스로 최선을 다해 참여함으로써 통치자들이 제대로 다스리게 해야 합니다.

_ 교종 프란치스코, 2013년 9월 16일, 성녀 마르타의 집 소강당 미사 강론

따라서 사제들이 신자 다수의 삶이 연루되어 있는 사회교리에 무관심하고, 사회복음화에 나서지 않는 것은 '직무 태만'이라고 봐야 한다. 물론 자신의 삶을 신앙 안에서 돌보아야 할 의무는 일차적으로 신자들 자신에게 있으며, 사제들은 목자이신 예수 그리스도의 의향에 따라서 양을 지키는 '양치기 개'에 불과하다고 보더라도 사정은 달라지지 않는다. 개들이 늑대로부터 양을 지켜야 하듯이, 사제들은 세상이 설파하는 '우상[맘몬]'에 맞서 신자들의 '복음적 삶'을 함께 지켜내야 하기 때문이다. 자못 영적인 투쟁이라고 볼 수 있는 이 싸움에서, 그 (전투)교본이 '사회교리'다.

이러한 사제들의 사목적 태만이 수도자는 물론 신자들에게 '복음화'라면 무조건 입교자들을 늘이고 본당생활을 열심히 하는 것으로 여기게 만들었다. 용산참사가 발생했을 때, 강정에 해군기지가 들어선다고 소란할 때, 밀양에 송전탑이 들어설 때, 노동현장에서 해고노동자들이 줄줄이 무덤으로 들어갈 때, 세월호에서 아이들이 떼로 수장될 때에도 교회는 '대체로' 안녕했다. 차별과 배제, '무관심의 세계화'가 교회 안에서 고스란히 관철되고 있었다. 공감과 연대의 마음으로 현장에서 미사를 봉헌하는 일부 사제, 수도자들을 향해 "미사를 정치도구로 이용한다."고 비난하는 목소리가 아직도 교회에 남아 있는 것은 교회와 복음에 대한 모욕이다. "고통받고 있는 자매형제들 앞에서 중립이란 없다."고 말한 프란치스코

교종의 말씀을 '헛되이' 날려 보내는 일이다. 광야에서 예수를 유혹했던 사탄처럼, 교회 안팎의 악마적 세력은 세상의 가난한 이들에게 문을 닫은 제 가슴을 치는 대신에, 세상을 위해 투신하는 이들의 발목을 잡는다. 교회를 하느님의 백성을 돌보는데 무심한 '공범'으로 만들고 싶어 한다.

여기서 다시 한 번 확인해야 할 것은, 교회는 안전지대에 머물러 있는 존재가 아니라, "전투가 끝난 뒤의 야전병원"이라는 교종의 말씀이다. 프란치스코 교종은 2013년 8월, 이탈리아 예수회가 발간하는 잡지 〈라 치빌타 가톨리카〉의 대표 안토니오 스파다로 신부와 인터뷰 하면서, 오늘날 교회에 필요한 사람은 "무엇보다 자비의 사목자들"이라고 말했다. 이런 사목자들이 있는 "어머니이며 여성 목자인 교회를 꿈꾼다."고 전했다.

이런 점에서 교종은 사도적 권고인 「복음의 기쁨」을 통해 세상을 향해 출발하고, 뛰어들고, 함께 가며, 열매 맺고, 기뻐하는 교회를 요청했다. 교종은 "문 밖에서 백성들이 굶주릴 때, 예수께선 끊임없이 '어서 저들에게 먹을 것을 내어주라'고 가르치셨다."면서 "자기 안위만을 신경 쓰고 폐쇄적이며 건강하지 못한 교회보다는 거리로 나와 다치고 상처 받고 더럽혀진 교회를 나는 더 좋아 한다."(「복음의 기쁨」, 49항)고 말했다.

교종이 믿는 교회는 "통행료를 받는 곳이 아니라, 하느님께서 머무시는 집"이기에 모든 사람을 위한 자리가 마련되어 있어야 한다. 성체도 "완전한 자들을 위해 내리시는 상이 아니라, 약한 자들을 위해 주시는 강력한 치료제요 영양제"라면서 "성사를 향해 나아가는 문은 어떤 경우에도 닫혀서는 안 된다."고 권고했다. 교종은 이 시대의 요구를 무시한 채 전례와 교리에만 "과시적으로 집착하는 것"을 경계하면서 교회를 "바깥을 향한 존재"로 규정한다.

세상에 투신하는 '두려움 없는 사랑'

참된 신앙은 '그럼에도 불구하고'라는 말에 주의를 기울여야 한다. 역대 교황들은 바티칸에 머물며 황제다운 위용을 과시해 왔다. 요한 23세와 바오로 6세, 요한 바오로 1세, 프란치스코 교종은 '새로운 복음화'를 위해 세상에 대한 자신의 태도와 '봉사직'으로서 자신의 소임을 성찰했다. 교회가 아직도 봉건제적 유습을 버리지 못했어도 자각한 사람들이 먼저 프란치스코처럼 옷을 벗고 '가난한 이들에게' 다가갈 필요가 있다. 주위의 시선을 잠시 접어두고 복음적 확신 안에서 거닐 수 있는 용기가 필요한 시대다.

복음은 현실 앞에서 '중립'적이지 않다. 중요한 사안이 발생할 때마다 일부 주교들은 "신자들이 모두 다 같은 생각이 아니라서" 자신의 입장을 표명할 수 없다고 변명해 왔다. 물론 교구 신자들 가운데 정치적 견해와 사안에 대한 견해가 다른 사람들이 있을 것이다. '대한민국수호천주교인모임'처럼 과격한 발언으로 사제들의 사회참여적 행동을 비난하는 사람도 있고, 침묵하고 있지만 마음으로 동의하지 않는 사람들도 있다. 그러나 사제란 '복음적 진정성' 안에서 생각하고 말하고 행동해야 하며, 신자들의 동의를 반드시 구할 필요도 없다. 중요한 것은 신자들의 생각이 아니라, 복음적 명령이기 때문이다. 우리가 섬겨야 할 분은 하느님이지, 신자가 아니다. 교회는 하느님의 의지에 '복종'하기로 작심한 '하느님 백성'이다. 때로 설득의 대상이기도 한 다른 주교와 사제, 평신도에게 알아서 미리 '투항'하는 일부 사제와 주교들을 보면, 복음에 대한 충실성을 의심하게 한다. 교도권이란 신자들의 의견이 갈릴 때일수록 효력과 효용성을 발휘하는 것이다.

제주교구의 강우일 주교는 그동안 여러 기회를 통해 '신앙의 재구성'을 요구해 왔다. 이 요구는 단지 신자들에게만 요구되는 것이 아니다. 주교와 사제, 수도자들에게도 '신앙의 재구성'이 요청된다. 절박한 시대의 요구 앞에서 우리가 예수의 제자라면 응당 스승 예수와 운명을 나누어 가져하기 때문이다. 그의 영광뿐 아니라 십자가도 나눠 가져야 한다. 주교와 사제들이 "만일 예수가 나였다면..." 하고 묻지 않는 것은 절실한 기도가 없기 때문인지도 모른다. 주교들과 사제, 수도자들이 성무일도를 바치고, 미사전례를 행하고, 성체조배를 하고, 묵주기도에 열성을 드리지만, 정작 성경에 드러난 예수에게 자신의 일거수일투족을 비추어 보며 개별적이고 고유한 질문을 던지지 않는다. 그분에게서 해답을 찾지 않는 신앙이라면, 아무리 수천만 단의 묵주기도를 봉헌한들 무슨 소용이 있을까. 지금 나의 생각과 말과 행동을 그분과 견주어 생각하지 않는 한, 그 기도가 나와 하느님, 나와 예수와의 관계에 별로 도움이 되지 않는다.

　강우일 주교는 「가톨릭교회는 왜 사회문제에 관여하는가?」라는 글에서, 우리가 믿는 하느님은 "이 세상과 무관하게 하늘 높은 곳에 좌정하고 계신 추상적인 신이 아니라 이 세상에 깊은 관심과 연민을 갖고 다가오시며 개입해 들어오시는 분"이라고 전했다. 강 주교는 예수 그리스도 역시 "이 세상과는 아무런 인연을 맺지 않고 초연하게 산야에 묻혀서 명상과 기도와 영신적인 수련에만 몰두하신 분이 아니"라면서, "예수님은 나자렛에서 30여 년을 가난한 목수의 아들로 사시면서, 그 시대의 세상이 차별하고 억압하고 외면하였던 보잘것없는 이들의 고통과 슬픔을 온몸으로 느끼시고, 그들 가운데 함께 계시며, 그들을 위로하고 격려하신 분"이라고 소개한다. 예수는 탐욕과 불의와 죄악으로 얼룩지고 억압이 가득한 세상에 대해 무관심하거나 침묵하지 않았으며, 그 때문에 권력자들에게 살해당했다. 이런 점에서 그가 사제이든 수도자든 평신도든 그리스도인으로 산다는 것은 "예수님이 사랑하신 이 세상에 포함된 불의와 고통, 슬픔과 연민, 다툼과 평화를 다 함께 끌어안는 것"이다.

헨리 나웬은 『상처 입은 치유자』(분도출판사, 2001)라는 책에서 우리 시대를 사는 그리스도인의 길은 신비와 혁명의 통합이라고 제시한 바 있다. 회심은 '혁명의 개인판'이며, "진정한 혁명가는 모두 그 마음속에 신비가가 되라는 요청을 받고 있다."고 전했다. 이 두 가지는 우리를 무력한 신앙에서 해방시켜 줄 것이다. 수도자들에게는 관상과 활동의 관계라는 측면에서 많이 언급되어 왔지만, 신비와 혁명의 통합이라는 표현은 관상과 활동의 방향을 내포하는 질문이라는 점에서 시대의 징표와 관계가 깊다. 신비는 우리의 무의식까지도 침범할 수 없는 중심에서 하느님을 발견하는 것이다. 그리고 혁명[예언]은 그 하느님의 시선으로 세상을 보고 발언하고 행동하는 것이다. 신비가가 혁명가가 될 수밖에 없는 이유는 만사만인에게서 하느님의 얼굴을 발견하기 때문이다. 그 하느님이 특별히 고통 받고 있다고 느낄 때, 우리는 망설일 틈이 없이 투신하게 된다. 연인을 향한 '두려움 없는 사랑'이 그를 현장으로 내닫게 만든다. 무력한 신앙은 그렇게 이슬처럼 말라버리고 생동하는 신앙으로 거듭난다.

이 신앙은 프란치스코 교종이 복음화의 길에서 취해야 하는 '마리아 방식'이라고 추천한 "온유한 사랑의 혁명이 지닌 힘을 믿는 것"이다. 마리아는 자신을 "비천한 여종"이라고 부를 만큼 겸손하면서 또한 용감하다. 마니피캇은 "통치자들을 왕좌에서 끌어내리시고 부유한 자를 빈손으로 내치시는" 하느님을 찬양한다. 우리는 마리아를 바라보며 "바로 그분께서 정의를 추구하는 우리에게 따스한 온기를 가져다주시는 분"임을 깨닫는다고 교종은 말한다. 마리아는 "크고 작은 사건들 속에서 하느님 성령의 자취를 알아보는 법"을 알고 계시며, "우리의 일상생활 안에 깃든 하느님의 신비를 바라본다." 그리고 마리아는 나자렛에서 기도하시고 일하시는 여인이며, 또한 "다른 이들을 도우시고자 '서둘러' 당신 마을을 떠나시는 도움의 성모"다.

사제에게 기도하시는 하느님

영적 세속화 시대, 성직자 권위주의에 대한 유감-2

교회는 책상 위에 비치되거나 구축된 장치가 아니라, 살아 있는 실재입니다. 교회는 본질을 유지하면서도 살아 있는 존재처럼 시간에 따라 변화해야 생명을 유지할 수 있습니다. 교회의 심장은 그리스도이십니다.

보수적이긴 해도 교회를 진심으로 사랑했던 베네딕토 16세 교종이 교황직에서 물러나기 하루 전인 2013년 2월 27일 베드로 광장에서 20여만 명의 군중이 운집한 가운데 한 말이다. 베네딕토 교종은 "그렇지만 주님께서 그 배에 계시고 배는 내 개인의 것이 아니므로, 배가 가라앉지 않게 하실 것이라고 나는 굳게 믿는다."고 말했다. 배를 조종하는 이는 예수 그리스도이며, "그분은 자신이 선택한 사람을 통해" 그 일을 하리라고 말했다. 그리고 3월 13일 호르헤 마리오 베르골료 추기경, 아르헨티나 부에노스아이레스의 대주교가 새 교황으로 선출되었다. 프란치스코 교종이다. 인간과 세상의 구원을 위해 스스로 사람이 되실 만큼 사랑이 많으신 하느님의 기도가 추기경들의 손가락을 통해 이루어지는 순간이었다.

나는 심판 앞에서 얼마나 견딜 수 있을까?

이 콘클라베가 진행된 시스틴 성당의 천장에는 미켈란젤로의 「천지 창조」가 그려져 있으며, 성당 제대 뒤에 전면으로 「최후의 심판」이 그려져 있었다.* 이는 우주의 처음과 끝을 드러낸다. 마리아의 수락Jawoll을 통해 메시아가 세상에 오실 수 있었던 것처럼, 모든 창조는 하느님의 의사와 인간의 동의를 통해 성취된다. 그리고 최후의 심판 때에 모든 인간은 세상과 교회가 부여한 온갖 계급장을 떼고 하느님 앞에 벌거벗고 나서야 한다. 미켈란젤로는 시인 단테가 "네가 너 자신의 황제, 너 자신의 교황이 되어야 한다."고 말한 것처럼, 세속과 교회 권위에 종속되지 않고 고독하게 은자처럼 자신의 길만을 따라 걸었다. 그리고 도미니코회 수도자 피렌체의 사보나롤라G. Savonarola, 1452~1498의 영향을 받아 '최후의 심판'을 그렸다.

사보나롤라는 15세기의 형식화된 전례와 부패한 교회에 맞서 싸웠다. 사보나롤라는 성직자들 대부분이 그리스도교적 삶을 장려하기보다 파괴하는 데 적당한 사람들이라며, 그들이 진정한 하느님의 예배를 소멸시켰다고 비판했다. 심지어 성직자들은 "그리스도께서 오늘 다시 로마에 오신다면 그분을 십자가에 못 박을 사람들"이라고 비판했다. 당시 교황 알렉산데르 6세는 이 예언자를 파문하고, 붙잡아 공공장소에서 교수형에 처한 뒤 시신을 불살라 버렸다. 그러나 사보나롤라는 "사랑을 해치는 자가 바로 파문당한 자!"라는 유명한 말을 남겼다. 미켈란젤로는 사보나롤라를 마음으로 지지했으며, 사보나롤라의 성직자 비판을 받아들이며 이런 시를 썼다.

---

* 이하 글은 <미켈란젤로>, 발터 니그, 2012 참조.

그들은 성작을 녹여 투구와 창을,
십자가와 못을 녹여 칼과 방패를 만들게 합니다!
오, 주님, 돈을 벌기 위해
당신의 피를 주전자에 담아 팔려고 내놓았습니다.
로마에서는 당신의 인내도 지치고 말 것이 분명합니다.

　이처럼 미켈란젤로는 사보나롤라를 통해 예언자를 발견했다. 그에게 예언자는 "하느님의 부르심을 받고 깨어나 일어선 사람들, 마음 가장 깊은 곳에서 소용돌이쳐 온 힘으로 백성의 영혼을 구하기 위해 싸운 사람들"이었다. 미켈란젤로는 단테의 『신곡』에 따라서 「최후의 심판」을 그려 과거와 현재의 인류와 교회를 심판했다. 이 그림에서 수염이 없는 그리스도는 위협적인 몸짓으로 천둥 같은 심판을 거행한다. 미켈란젤로가 처음에 그린 「최후의 심판」에 등장하는 사람들은 그가 교황이든 주교든 할 것 없이 모두가 벌거벗은 채 그리스도 앞에 노출되어 있었다. 속내가 다 들여다보이는 모습이 당대의 성직자들을 불쾌하게 만들었고 반발을 일으켰다. 이 그림을 본 교황의 의전관이 "거룩한 장소에 상스럽게 온몸을 드러내는 나체가 웬 말이냐. 이것은 교황의 성당이 아니라 목욕탕이나 음식점에 어울릴 그림"이라며 흠을 잡았다. 화가 난 미켈란젤로는 의전관이 나가자마자 그를 지옥에 있는 미노스의 얼굴로 그려 넣었다. 심판의 날에는 옛날 아담이 나뭇잎으로 치부를 가린 것처럼 눈속임이 불가능하다. 그날에는 모든 존재가 벌거벗은 모습으로 하느님의 재판석 앞으로 나와야 한다고 미켈란젤로는 생각했다. 하느님 앞에서는 모두가 평등하기 때문이다. 그러나 결국 이 그림이 논란이 되어 훗날 트리엔트공의회의 결정에 따라 벌거벗은 몸은 모두 옷으로 덧칠되었다.

이 그림은 사실상 교황과 주교와 사제들에게 위협적이며, 진정성이 남아 있는 사제라면 당연히 미켈란젤로처럼 한번쯤 고뇌에 젖어야 하지 않을까. 미켈란젤로는 은수자처럼 살며 자신이 직접 이 그림을 그렸으면서도 "최후의 심판 때 나는 넘어지지 않고 견딜 수 있을까?" "그날에 오른편에 서기 위해 나는 무엇을 행해야 하는가?" 고심했다고 한다. 「최후의 심판」에서 바르톨로메오가 들고 있는 벗겨진 살가죽에 미켈란젤로의 자화상이 그려져 있는 이유가 여기에 있다. 복음이 실종된 시대를 사는 복음과 상관없는 교회에서, 사제들은 '나는 그리스도인인가?' '지금 교회는 그리스도의 교회인가?' 하고 되물어 봐야 할 것이다.

주교와 사제들은 존경을 받아야 한다

가톨릭교회에서 하느님에 대한 믿음을 강조하는 것은 당연하다. 너무나 당연한 이야기지만, 정작 하느님이 자비 그 자체이신 분이라고 믿는 신자들이 얼마나 있을지 의문이다. 교리적으로 하느님은 전지전능하시고 무소부재하시고 대자대비하신 분이라고 고백하고 있다. 그러나 많은 신자들, 심지어 주교와 사제들조차 하느님께서 나의 일거수일투족을 다 알고 계시다고 믿는 것처럼 보이지 않는다. 내 목숨을 언제라도 거두어 가실 수 있는 분이 하느님이심도 믿지 않는 분위기다. 하느님이 눈앞에 보이지 않는다 해서, 마치 자신이 하느님인양 고압적이고, 신자들을 냉정하게 대하는 사제가 없지 않기 때문이다. 아마도 이들은 하느님을 자비로운 어머니가 아니라 '심판관처럼 준엄한 군주'처럼 여기고, 자신은 재판정의 '검사'처럼 면책대상이 되는 것처럼 행동한다. 가련한 신자들에게 고해성사를 베푸는 공덕으로 자신의 죄조차 탕감되는 것처럼 여긴다. 공개적으로 비난받지 않는다고 죄가 없는 게 아니다. 주교와 사제들을 면전에서 공박할 신자들은 별로 없고, 뒤에서 쑤군덕거리는 것은 무시하면 그만이라고 생각하는 것도 잘못이다. 그러나 미켈란젤로가 「최후의 심판」에서 지적했듯이, 하느님 앞에는 교황이나 주교, 사제, 수도자의 신분이 무색하다. 『준주성범』에 "지식을 더하는 자는 근심을 더하는 자"라는 말이 있듯이, 성직자일수록 마지막 청문회를 통과하기가 더 어려울 것이다.

그래서 말한다. 주교와 사제들은 존경을 받아야 한다. 어떻게? 존경받을만하게 살아감으로써. 멀리서 찾을 필요가 없다. 프란치스코 교종이 '교황'임에도 존경받는 이유는 교회 권력의 정점에 있으면서도 가장 낮은 데 있는 사람의 시선으로 교회와 자신을 바라보았기 때문이다. 지난 2014년 8월 14일 한국 방문 첫날에 교종은 한국 주교들에게 "가난한 이들이 복음의 중심에 있다."고, "복음의 시작과 끝에도 가난한 이들이 있다."고 말했는데, 그분은 단순히 말로만 아니라 행동으로 그 말을 입증했다. 교종이 '쏘울'을 타거나, 세월호 유족들의 손을 잡아주고, 꽃동네에서 마련한 거창한 교황의자를 거부한 것은 공연한 짓이 아니었다. 그분은 교황으로 선출되었을 때 성 베드로 성전 발코니에서 신자들에게 먼저 강복을 청했다. 다른 추기경들에게 축하인사를 받는 자리에서도 의자에 걸터앉지 않고 함께 '서서' 추기경들의 인사를 받았다. 최초 방문지로 난민들이 운집한 람페두사를 선정하고, 최초 순방지로 브라질을 선택한 것도 우연이 아니다. 손수 제 가방을 들고, 어린 아이들을 들어 올릴 때, 이것은 다만 프란치스코 교종의 '멋쩍은 퍼포먼스'가 아니었다. 아니, 보여주기 위한 퍼포먼스였다 해도 좋은 일이다. 교황이든 주교든 사제든, 이런 퍼포먼스라면 아무리 해도 나쁘지 않다. 이런 모범이 다른 고위성직자들뿐 아니라 사제와 수도자, 심지어 신자들에게도 그리스도교 신앙과 교회의 본질이 무엇인지 보여주는 상징이 되기 때문이다.

변방의 나자렛 처녀 마리아 없이, 노동자 요셉의 아들 예수 그리스도 없이 가능한 그리스도교 신앙은 없다. 자신이 가장 존경하고, '주인'으로 섬기고 있는 분보다 나은 복장과 기름진 음식과 번듯한 자동차를 소유하는 '종들의 종'은 없기 때문이다. '업무상 필요'가 아니라면, 소박한 소유는 그 인간의 영혼을 자유롭게 한다. 마더 데레사를 존경하면서 가난을 미워하고, 로메로 대주교를 칭송하면서 비겁하고, 샤를 드 푸코를 자랑하면서 사제관(또는 주교관)을 떠나지 않으며, 아시시 프란치스코를 '사랑'하면서 교회재산을 늘리는 데 열을 올릴 수는 없다. 나의 행위가 나를 고발하기 때문이다. 시쳇말로 떠도는 "프란치스코회 재산은 하느님조차 모른다."라는 우스갯소리는 사실상 프란치스코회의 '어긋한 정분(情分)'을 조롱하는 말이다. 지금 백지 한 장을 책상에 올려놓고 자신이 평소 존경했던 사람들의 이름을 적어 보라. 그들 가운데 지금 나처럼 사는 사람이 있는가 물어 보자. 마음으로 선을 갈망한다고 선해지고, 하느님을 갈망한다고 하느님께 다가가는 것은 아니다. 내가 지금 행한 선만큼 나는 선하다. 내가 지금 행한 사랑만큼 나는 사랑이신 하느님을 갈망하고 있다. 야고보 사도는 "영이 없는 몸이 죽은 것이듯 실천이 없는 믿음도 죽은 것"(야고 2,26)이라면서 "나는 실천으로 나의 믿음을 보여 주겠다."(2,18)고 말했다.

말씀을 실행하는 사람이 되십시오. 말씀을 듣기만 하여 자신을 속이는 사람이 되지 마십시오. 사실 누가 말씀을 듣기만 하고 실행하지 않으면, 그는 거울에 자기 얼굴 모습을 비추어 보는 사람과 같습니다. 자신을 비추어 보고서 물러가면, 어떻게 생겼었는지 곧 잊어

버립니다. 그러나 완전한 법 곧 자유의 법을 들여다보고 거기에 머물면, 듣고서 잊어버리는 사람이 아니라 실천에 옮겨 실행하는 사람이 됩니다. 그러한 사람은 자기의 그 실행으로 행복해질 것입니다. 누가 스스로 신심이 깊다고 생각하면서도 제 혀에 재갈을 물리지 않아 자기 마음을 속이면, 그 사람의 신심은 헛된 것입니다. 하느님 아버지 앞에서 깨끗하고 흠 없는 신심은, 어려움을 겪는 고아와 과부를 돌보아 주고, 세상에 물들지 않도록 자신을 지키는 것입니다. (야고 1,22-27)

영적 세속화와 공무원 사회가 된 사제 공동체

프란치스코 교종은 주교와 사제들이 직면한 가장 큰 위험을 '영적 세속화'라고 지적했다. 영적 세속화란 "신앙심의 외양 뒤에, 심지어 교회에 대한 사랑의 겉모습 뒤에 숨어서 주님의 영광이 아니라 인간적인 영광과 개인의 안녕을 추구하는 것"(「복음의 기쁨」, 93항)이다. 이와 관련해 교종은 "자신의 힘만 믿고 정해진 규범을 지키거나 과거의 특정한 가톨릭 양식에 완고하게 집착하면서 자신을 다른 이들보다 우월하다고 생각하는 것"을 비판했다. 그들이 내세우는 규율의 안정성이 "자아도취적이고 권위주의적인 엘리트주의"를 낳는다는 것이다. 교황은 이것을 "교회의 공간을 장악하려는 의도를 지닌 태도"라고 비판하면서, 이런 태도가 교회를 '박물관'으로 만들고, '선택된 소수의 전유물'로 전락시킨다고 생각했다.

전통적인 교회의 관심사를 떠나면, 대부분의 사회적 사안과 의견에서 사제들보다 평신도들이 더 많은 지식과 경험을 지니고 있다. 통상 "똑똑한 사람들도 교회 안에만 들어오면 어린애처럼 무지하다"고 공박을 당하는 것은, 순전히 교리와 교회 관행에 관련된 일에만 한정된다. 따라서 사제들은 자신의 '우월적 지위'를 확보하고 유지하기 위해서 '교회'와 직접 결부된 일에만 몰두하는 경향이 있다. 기도생활과 교회 내 활동에 대한 제한된 관심으로 신자들을 몰아가고, 프란치스코 교종이 권고한 '교회 밖으로' 나가는 일에는 주저한다. 그곳에서 사제들은 '문외한'이거나 평신도들의 지도를 받아야 하기 때문이다. 사실상 사제가 모든 일에서 '해결사'가 될 필요는 없다. 평신도들이 일을 하게끔 맡기고, 자신은 복음적 식별과 영적 지지, 겸손한 동반을 수행하면 족하다. 만사에서 '리더'가 되려는 사제들의 욕망은 교회를 교회 안에 가둔다.

사제직무를 교회 안에 가두려는 '전통적 사제'들은 복음이 구체적인 현실 속에서 어떻게 작용하는지 관심이 없는 성직자들이다. 이런 사제들은 복음화율(지역주민 대비 신자비율)은 강조하면서 '복음화' 자체는 관심이 없다. 오히려 성지순례와 신심행사, 회식과 번잡한 회합, 본당 관리업무로 바쁜 일상을 보낸다. 카를 라너는 이런 사제들을 두고 '종교 공무원'이라고 비판한 바 있다. 이들은 자신을 복음선교를 위한 사목자로 인식하기보다, 주교로부터 위임받은 본당의 '관리인'이라는 신원의식에 사로 잡혀 있다. 특히 본당 신축, 개축 등에 부심하는 사목자일수록 이런 현상은 두드러진다. 쏟아지는 격무로 인한 '짜증'과 더불어, '성당을 잘 짓고 싶다'는 욕망 사이에서 갈등한다. 때때로 명분과 실리가 다른 현상도 여기서 발생한다. 이를테면 성지순례를 빌미로 본당을 자주 비우는 사제들에게는 해외여행의 기회와 현지 미사를 통한 봉헌금 수입 등을 챙기는 폐단이 발생하기도 한다. 물론 명분은 신앙심 고취에 두고 있지만, 실리를 챙기는 행사로 전락하는 경우도 있다. 이처럼 사제들은 이런저런 업무로 늘 분주하지만, 그 일이 '복음적 열정'에서 비롯된 것인지 재검토할 필요가 있으며, 지역사회의 복음화에 도움이 되는 일인지 반성할 필요가 있다.

복음적 열정이 사라진 사제들이 보여주는 행태 가운데 사제의 기본업무만 행하고 사제관에서 빈둥거리는 사제들이 많다는 것이다. 그래서 사제관을 사제집무실과 겸하지 말라고 제안하고 싶다. 사제들은 심지어 주일에도 특별한 사안이 없으면 사제관에 머문다. 그러나 사제는 휴일인 월요일을 제외하고는 대부분의 시간을 신자들이나 지역사회의 주민들과 나누어야 한다. 신자들이 접근하기 좋은 위치(성당 1층)에 본당 사무실이 있는 것처럼, 사제집무실도 별채인 사제관이 아닌 신자들 접근이 쉬운 곳에 있어야 한다. 이곳에서 사목업무를 보거나 손님을 맞이할 수 있다. 사제는 주일은 물론 평일에도 대부분 시간을 사제집무실에서 보내는 걸 원칙으로 삼아야 한다. 가령 사제가 정해진 시간대에 늘 사제집무실에 머문다면 누구라도 언제나 사제를 쉽게 접할 수 있을 것이다. 또한 본당사무실과 연계성도 원활해질 것이다. 사제는 먼저 신자들을 위해 자신의 시간을 내어 놓은 존재다.

어떤 경우에는 프란치스코 교종도 지적하고 있듯이, '신앙적 열정'이 식어서 본당에서 기본직무만 수행하면서, 사실상 대부분의 열정, 시간과 비용을 사제직무와 무관한 사진, 골프, 음주, 음악, 독서 등 취미생활에 쏟아 붓는 경우도 많다. 결국 교회의 관료화는 복음적 열정의 감퇴와 상관이 있다. 이럴 때, 사제 공동체는 점차 공무원 사회로 변질된다. 한편 공무원 사회가 '승진'에 목을 매듯이, 교회 안에서의 지위(권력, 영향력)를 탐하는 경우도 있다. 이를 두고 프란치스코 교종은 2013년 6월 21일 각 나라에 파견된 교황대사들과 교황사절들을 만난 자리에서, "야심 있는 이들, 주교직을 노리는 이들을 조심하라"고 당부하면서 "우리는 주교가 되고 싶어 안달이 난 이들을 원하지 않는다"고 경고했다. 기업 안에서 승진을 위한 경쟁이 치열한 것처럼, 교회 안에서도 고위성직자가 되고 싶은 열망은 사제들에게 여전히 커다란 '유혹'이라고 본 것이다.

오히려 교종은 주교 직무와 관련해, 자신이 바라는 주교는 "신자들 가까이 있는 사목자, 온유하고 인내심 있으며 자비로운 아버지요 형제"라고 말했다. 이어 주교는 '군주'로 군림하지 않고, 영적이며 실제적인 가난을 살아야 한다고 강조했다. 사심이 없고, 출세지향적이거나 권력욕에 사로잡히지 않고, '가난의 영성' 안에서 겸손하고 청빈한 인물이 주교가 되어야 한다는 뜻이다. 사실 프란치스코 교종은 줄곧 교회 안의 출세지상주의를 비판해 왔다. 이와 관련해 교종은 지금도 교회가 "음모와 책략에 뒤엉켜 있다."고 하면서, 가톨릭교회의 주교나 사제들은 "자신이 기름부음을 받은 의미를 지키려면 바짝 주의해야 한다."고 당부한 바 있다.

또 다른 방식으로 영적 세속화에 물드는 사제들도 있다. 특별히 '성령운동'과 관련된 사제들이 많은데, 대중적 열광주의에 기대어 추종자들을 모으고 자신의 '왕국'을 건설하려는 사제들도 있다. 이들은 피정시설과 수용시설, 연구소 등 다양한 내용과 방식으로 토지를 매입하고, 대형건축물을 짓고, 대대적으로 후원자를 모집하면서 공적 사업을 사실상 '사유화' 한다. 이들은 공적 위계 안에서 권력화 되는 길을 포기하고, 공적 교회 체계 밖에서 개인적 능력을 발휘해 '우상'으로 군림한다. 이 안에는 은퇴 이후를 대비하는 재테크 개념도 일부 포함되어 있다. 여기서 복음은 실종되며, 종교는 상품화 된다. 이들에게 '가난한 이들을 위한 가난한 교회'라는 프란치스코 교종 류의 제안들은 비현실적 이상주의로 치부된다. 이들의 무의식 속에서 교회는 다만 일신의 영달을 위한 '활용대상'이 될 뿐이다. 문제는 이러한 사실을 본인은 '영적 각성과 열정'으로 착각하는 경우가 많다는 것이다.

이처럼 영적 세속화에 물든 사제들은 만사를 "높고 먼데서 바라보고" "다른 형제자매의 예언을 거부하며 문제를 제기하는 이들을 무시하고 다른 이들의 잘못을 계속 들추어내며 겉치레에 집착한다."고 교종은 지적한다. 실상 사제들이 가장 힘들어하는 것은 '타인의 비판'이다. 신학생 시절에는 선배들과 교수신부들의 질책에서 벗어나기 위해 안간힘을 쓰고, 마침내 사제서품을 받게 되더라도 보좌신부로서 시어머니인 주임사제의 '말없는 또는 일방적인 훈계'에서 자유로울 수 없다. 교회 전체가 계급화 되었다고 말한다면 어폐가 있겠지만, 적어도 성직사회 자체는 철저히 위계적으로 현존한다.

군대에서 병장계급장을 달면 내무생활이 편해지듯이, 사제들은 주임사제가 되고서야 안도한다. 파란만장한 구비들을 용케 견디었구나, 스스로 다독인다. 따라서 주임사제 급에 이르면 사제들 상호간에 공개적이든 비공개적이든 상호 비판과 충고는 사라진다. 특별히 재속사제들은 수도자들과 달리 '공동식별'의 기회가 적으며, 대부분 교회 안에서 '독립적인 지휘관' 역할을 수행한다. 이 과정에서 하사관이나 사병에 해당하는 수도자, 신자들의 의견을 청취하게 되는데, 정작 비판적 논의가 사제 자신의 문제로 지적되는 것은 참지 못한다. 이런 사제들은 이미 충분히 관료화되었으며, 받을 고초를 이미 다 겪었다고 생각하며, 본당 안에서는 '리틀 주교little bishop'로 기능한다. 이때에 심성이 유약한 사제는 자신에게 사제신원과 관련한 비판이 들어올 때 "나도 사람이야!" 라는 말로 방어함으로써, 더 이상의 비판을 미리 가로 막는다. 이를 두고 교종 프란치스코는 "하느님, 껍데기뿐인 영성과 사목으로 치장한 세속적인 교회에서 저희를 구하소서!"(「복음의 기쁨」, 97항)라고 기도했다.

교종은 이처럼 '깊은 영적 세속성'의 늪에 빠진 교회를 두고 "선으로 포장된 끔찍한 타락"이라고 탄식했는데, 여기서 빠져나오는 해법을 이렇게 제시한다. "교회는 끊임없이 자기 자신에서 벗어나 예수 그리스도를 중심으로 한 사명을 지속하며, 가난한 이들을 향한 투신을 계속해야 한다."(97항)는 것이다.

복음에 대한 민감성

그러나 한국교회 안에서 어쩌면 복음에 충실한 사람이 오히려 외로운 시대인지 모른다. 프란치스코 교종마저도 참담한 예레미야 예언자처럼 내심 교황청에서 외로울지 모르겠다. 시인 백석은 「흰 바람벽이 있어」에서 "나는 이 세상에서 가난하고 외롭고 높고 쓸쓸 하니/ 살어 가도록 태어났다/ 그리고 이 세상을 살아가는데/ 내 가슴은 너무도 많이 뜨거운 것으로 호젓한 것으로 사랑으로/ 슬픔 으로 가득 찬다"고 했다. 이 시가 가슴에 전율을 일으키는 사제들 은 행복하다. 가슴 한편이 젖어오고, 급기야 '동무'를 만난 기쁨이 스며드는 사제는 행복하다. 세상이 주는 칭찬이 아니라 하느님 안에 온전히 머물고 있기 때문이다. 시몬 베유는 『중력과 은총』이 라는 책에서 이렇게 말했다.

일반적으로 신을 위해서라는 말은 옳지 않은 표현이다. 신은 '여격' 에 놓여서는 안 된다. 신을 위해서 이웃에게로 갈 것이 아니라, 신에게 쫓겨서 이웃에게로 갈 것. 사수가 쏘아야 화살이 표적을 향해 날아가듯이.

여격與格이란 "사람이나 동물을 나타내는 체언 뒤에 쓰여, 그 체 언으로 하여금 무엇을 받는 자리에 서게 하는 부사격 조사. '에게',

136

'께', '한테' 따위가 있다."고 사전에 적혀 있다. 비유에 따르면, 예수회가 "하느님의 영광을 위해" 뭐든지 하겠다고 선언하는 것은 잘못된 표현으로 들린다. 실상 하느님은 인간이 주는 영광이 필요하지 않다. 인간은 하느님을 위해서 인간을 사랑하는 게 아니다. 인간 안에 이미 그분의 모상성image이 담겨 있기 때문에 내 안에 계신 그분이 나를 부추겨 이웃에게로 가게 하는 것이다. 우리는 다만 이러한 하느님의 의도에 대하여 '예fiat'라고 동의할 수 있을 뿐이다. 그래서 하느님의 의도에 동의하지 않는 것은 내 안에 계신 하느님을 거스르는 '죄'이며, 곧 나에 대한 반역이기도 하다. 그러므로 이웃에게 가는 것은 그분의 모상대로 지어진 나를 실현하는 길이며, 하느님의 뜻을 실현하는 길이다.

그래서 사제가 이웃을 '내 몸'처럼 돌보기 위해서는, 먼저 내 몸을 사랑하고 돌보려는 노력이 선행되어야 한다. 나를 사랑하지 않는 사람은 내 안에 계신 하느님을 사랑하지 않는 것이며, 결국 남을 사랑할 수 없다. 나에게 관대하지 않는 사람은 남에게도 엄격하다. 하느님은 '자비'이시니 먼저 나를 관대하게 품어주고, 그 힘으로 남을 품어주려는 노력을 게을리 하지 말아야 한다. 사제가 평신도를 업신여기며 권위주의에 빠져 있을 때, 사실은 자신을 업신여기는 것이다. 그리고 복음에 대한 진지한 고민이 부족하거나, 복음을 잘못 이해한 결과다. 그러나 더 슬픈 현실은 언젠가부터 복음 자체에 대한 사실상의 관심이 사라진 것이다. 관습적인 신앙이 문제인 것처럼, 복음에 대한 관습적 이해도 문제다. 그렇다고 너무 자책할 필요는 없다. 사제들은 직무상 늘 그분의 말씀을 접하며 살고 있기 때문이다. 다만 이미 들었던 복음에 대한 민감성만 회복한다면, 교회와 세상은 예전과 다른 얼굴로 낯설게 보일 것이다. 그 안에서 하느님은 새로운 일을 시작하신다.

가난한 사제들을 변호함

　만리장성, 중국집 이름이다. 이름이 중국집이지 우리나라 사람이 만드는 짜장면이 더 많은 현실에서, 그래도 객지에선 만만한 음식이 중국집 짜장면, 짬뽕이다. 우연히 이정록의 『시인의 서랍』이란 책을 읽다가 고개를 주억거리게 만드는 대목이 있어서 먼저 소개한다. 이정록은 "'만리장성'이란 단어나 사진을 보면 긴 면발의 국수 가닥이 떠오른다."고 했다. 늘 꼬르륵거리기만 하는 허기를 때우는 오랜 식구 같은 중국집 면발이다.

　언젠가 자동차가 즐비한 중국집에 들어간 적이 있는데, 정작 중국집 안에 발을 들여놓은 이는 그이 밖에 없었다. 시인은 편안한 자세로 앉아 연신 자기 같은 풋내기 여행자가 문을 열기만 기다렸다. 그러다 출입문이 열렸는데 누더기 승복을 입은 스님 한 분이 들어와 목탁소리에 맞춰 염불을 외고 서 있다. 오후 2시쯤이었다. 슬리퍼를 끌고 나온 주인아주머니가 "여기 있어요!" 하며 퉁명스레 천 원짜리 한 장을 건네주자, 스님은 바랑을 뒤져 삼천오백 원을 더 꺼내 놓았다. 방금 아주머니에게 받은 천 원을 더하면 짬뽕 값 사천오백 원. 그가 벌어들인 수입이 즉석에서 먹을 것으로 바뀌

는 순간이다. 짬뽕 그릇을 건네는 아주머니의 눈빛에도 웃음이
잡혀 있었다.

　탁발승의 쓸쓸한 끼니에 덧대어 당나라 때 승려시인 가도賈島,
777~841 이야기가 떠오른다. 가도는 「이응의 유거에 부침」이라는
시를 짓기 시작했는데 마지막 구절에서 막혔다.

　　　이웃이 적어 한가로이 살고 閑居少隣幷
　　　풀숲 오솔길은 황원으로 드네 草徑入荒園
　　　새는 연못가 나무에 잠자리를 잡고 鳥宿池邊樹
　　　스님은 달빛 아래 문을 두드리네 僧鼓月下門

　가도 스님은 마지막 구절에서 "스님은 달빛아래 문을" '민다推
퇴' 해야 할지 '두드린다鼓 고' 해야 할지 고민하고 있었다. 우연히
길에서 맞닥뜨린 당대의 문장가 한유韓愈가 '고'를 추천했다고 한다.
문을 '민다'는 것은 바랑을 짊어진 스님이 날이 저물자 자신의 암자
로 돌아왔다는 뜻이다. 그러니 그저 밀고 들어가면 될 뿐이다. 문
여는 소리야 나겠지만 조용히 자신의 방에 들어가 짧은 독경을
마치고 잠자리에 들 것이다. 탁발과 고행은 여기서 끝난다.

　하지만 문을 '두드린다' 함은 늦은 밤 스님이 외딴 집이나 낯모
르는 암자를 찾은 이방인이란 뜻이다. 스님은 여전히 고행의 복판
에 서 있다. 내일도 기약할 수 없는 낯선 길이 남아 있다. 동자승
이 눈 비비며 나올 때 설핏 잠들었던 연못가의 새들도 잠자리를
고쳐 앉을 것이고, 큰스님께 조용히 여쭙는 동자승의 목소리가
들리고, 그 다음엔 찻물을 따르는 그림자가 암자의 단조로운 문살
에 비칠 것이다. 문을 밀면 편안하지만, 문을 두드리면 고달프지
만 아름답다.

불가에서도 탁발의 전통이 사라지고 운수납자雲水衲子라는 말이 낯설지만, 제 노동으로 제 살림을 거두지 못하고, 마을의 선행과 자비에 기대어 사는 사람들은 여전히 있다. 가톨릭 사제들도 본질에서는 다르지 않다. 물론 바오로 사도 같은 이는 스스로 천막을 지어 생계를 도왔다고는 하지만 사도가 처한 특별한 상황에서 이루어진 일이다. 오늘날 사제들은 직간접으로 여전히 '탁발승'에 가깝다. 교우들의 선의가 아니라면 교회가 유지될 수 없을 뿐더러, 사제들은 배를 곯아야 한다. 인민들의 반발을 사서 1789년 대혁명을 겪었던 프랑스 교회가 가난을 면하지 못하는 것과 같다.

프란치스코 교종은 늘 '가난한 이를 위한 가난한 교회'를 입에 올렸지만, 사제들이 가장 두려워하는 것 역시 '가난'이다. 그래도 먹고 살만은 해야 사제생활도 가벼울 텐데, 예수처럼 이삭을 훑어 먹어야 할 만한 적빈赤貧이라면 사정이 달라질 법하다. 그처럼 벌거벗은 가난이 아니라면 가난은 '내가 누군가의 은혜로 목숨을 부지하고 있다.'는 감사의 마음을 일으키고 겸손하게 백성을 섬기는 사제의 영성이 돋아 오르게 한다.

한국교회 안에서 '성직주의'의 폐해를 지적하는 목소리가 끊이지 않는 것을 모르지 않지만, 특히 대도시 본당의 하급사제들이 겪는 고충과 아픔도 헤아려야 한다. 신도시일수록 가방끈 꽤나 길게 배웠다는 신자들과 방귀 꽤나 뀌었다는 유력한 신자들이 많아서, 오히려 사제들이 신자들 눈칫밥을 먹어야 하는 경우가 많아졌다.

나이로 보나 학력으로 보나, 때로 근력마저도 나은 전·현직 사목회장이 사제들에게 훈계를 늘어놓는 본당이 많아서, 강론 시간에도 사제는 '소신所信'을 밝히지 못한다. 단출하게 본당을 빠져나와 광화문 세월호 유가족 농성장에 가야 하는 사제들, 이들은 벗이 그립다. 호령하면 말 잘 듣는 신자가 필요한 게 아니라, 이해관계에 얽매이지 않고 복음의 참뜻을 함께 새길 만한 동료 그리스도인이 아쉽다. 그래서 농성장에서 만나는 다른 본당 신자들이 오히려 자매요 형제처럼 느껴진다.

사회교리를 '행할 교리'라 주교회의 의장이 가르치고, 세월호 유가족들을 보듬어 안고 귀국길에 올라서도 희생자들을 추모하는 리본을 떼지 않은 교종이 "고통 받고 있는 형제자매들 앞에서 중립은 없다."고 선언했지만 별 소용없는 신자들도 많아졌다. 이들은 지금 슬픔에 젖어 있는 이들의 고통에 연대하는 사제들을 '종북'이라고 서슴없이 부른다. 심지어 본당에서 세월호 특별법 제정 '천주교선언' 서명을 받던 데스크 앞에 놓여진 현수막을, 들고 있던 우산으로 찢는 신자도 있다. 이 참담한 현실을 본당 주임사제도 어쩌지 못한다. 타이른다고 수긍할 기세가 아니다.

이 정도면 사제들도 목탁을 들고 거리로 나서는 탁발승이 오히려 부러울 지경이다. 본당사제로 산다는 것, 예전처럼 만만치 않다. 지난 수십 년 동안 한국교회는 프란치스코 교종의 말마따나 충분히 '세속화' 되었다. 교종이야 '가난한 이들에 대한 우선적이며 복음적인 선택'을 선언하고 따끔하게 주교들에게 훈계할 수 있겠지만, 정작 일선 사제들은 본당에서 '복음'을 전하기가 버겁고 때로 두렵다. 오히려 '무지개 같은 번영신학'을 선포해야 반기는 신자들이 많다면, 복음은 '교회 밖에서' 오히려 반가운 악수를 나눌 것이다. 어쩌면 프란치스코 교종이 그래서 교회 '밖으로' 나가라고 했는지도 모르겠다.

사제들조차 '가난하게 살 자유'를 박탈당한 교회, '가난한 이들의 손'을 잡아주는 선택이 금지당한 교회, 사회교리가 불온문서로 취급당하는 교회, 그런 교회를 떠날 수도 없고, 안고 가기에도 버거운 사제들이 늘어나고 있다. 그래서 '연대'는 교회 밖에서만 필요한 게 아니다. 교회 안에서도 뜻있는 사제들과 신자들의 연대가 필요하다. 그래서 하느님 이름으로 맘몬을 섬기는 기득권층의 포로가 된 교회를 해방시켜야 한다. 지금 '가난한 사제'들은 복되다, 하느님 나라가 그들 것이니.

우리가 가난한 이들의 얼굴에서 그리스도를 발견하듯이, 가난한 사제들의 고단한 손을 잡아 주어야 한다. 그들이 시방 우리 집 앞에서 문을 두드리고 있다.

삶이 없는 신앙은 얼마나 무모한가

사제 수난의 시대다. 프란치스코 교종 때문이다. "고통 받는 형제들 앞에서 중립은 없다."는 말 때문이다. 결국 복음 때문이다. 시국 관련 천주교선언 서명운동을 하던 어느 본당에서 발생한 사건이다. 서명 데스크 앞으로 할머니 한 분이 오시더니, 성당에서 왜 정치적인 서명을 받느냐고 항의했다. 서명을 받던 이들에겐 당혹스런 일이었다. 할머니에게 이 서명은 주교님들이 결정한 일이라고 설명했지만 소용없었다. 주교회의와 교구 정의평화위원회 등 공식기구에서 추진하는 일도 할머니에게는 당치 않은 일이었던 모양이다. '교황이고 나발이고 다 소용없다.'는 게 신식 할머니의 지론이다. 이윽고 본당으로 올라가는 엘리베이터 쪽으로 모셔다 드리려고 손을 내미는 찰나에 할머니 입에서 한마디 튀어 나왔다. "신부, 나오라고 해!"

평신도가, 그것도 연세가 지긋하신 분이 이렇게 당차게 발언할 수 있다는 사실이 우선 놀랍다. 시골성당에서는 어림없는 일이고, 신도시 아파트촌에 자리 잡은 성당이니까 이런 말도 나오는 것 같다. 어찌 보면 아들내미같은 사람들에게 찬찬히 제 생각을 전해도 될 텐데, 할머니는 성당에서 억울한 일을 당하신 분처럼 거칠게 행동했다. 본당의 젊은 사제가 그 자리에 있었다면 어떤 곤욕을 치렀을까, 황당하다. 어쩌면 본당 사제 면전이라면 이런 말은 대놓고 하지 않았겠지, 하며 가슴을 쓸어내렸다.

이 할머니 교우는 물론 어버이연합의 가톨릭판인 '대한민국수호 천주교인모임' 회원이 아닐 것이다. 그래서 더 문제다. 일반 신자들 가운데 말은 안 해도 이 할머니처럼 생각하는 신자들이 적지 않을 것이라고 생각하기 때문이다. 정치적 이해관계가 종교에 우선한다. 예전에는 '성직자 권위주의'를 타박했지만, 요즘은 성당에서 '복음' 자체가 실종된 것처럼 보인다. 따지고 보면, 교회가 신자들에게 '복음'의 사회적 의미를 제대로 가르치지 않은 탓이 크다. 한국교회는 지난 수십 년 동안 '성장'하는 데만 몰두해 있었다. 아파트 단지가 들어설 때마다 성당을 새로 지어야 한다는 즐거운 비명을 지른 사람들이 교구장 주교와 사제들이다. 이참에 부동산도 사고 병원도 사고, 요양원에 납골당까지 돈 되는 사업은 교회에서도 붙잡고 놓치지 않으려 했다. 이른바 한국교회가 돈맛을 보면서, 사회교리는 예전처럼 늘 뒷전이다.

'가난한 이들에 대한 우선적 선택'이라는 사회교리의 명제는 교회 성장에 늘 걸림돌이었다. 그래서 신자들에게 애써 사회교리를 가르치지 않았다. 사회교리가 없는 개신교는 번영신학으로 상종가를 치다가 지금 급격하게 거꾸러지고 있는 중이다. 그래서 지난 2014년에 방한했던 프란치스코 교종은 가톨릭 신자보다 '대한민국의 모든 그리스도교'를 의심스럽게 바라보던 비신자들에게 오히려 인기다. 개신교회는 '인기 많은' 교종 때문에 신자들이 천주교회로 빠져 나갈까 봐 전전긍긍하고, 한국 천주교 지도자들은 애써 '교종에 대한' 불편한 심정을 감추려 한다. "신부, 나오라고 해!"라는

144

할머니의 발언은 '잘 나가는 교회'의 속사정을 잘 보여 주고 있다. "우리 돈으로 교회가 이만큼 좋아졌는데, 이제 와서 신부들이 딴 소리 하고 있다."는 게 '잘 나가는' 부유한 천주교 신자들의 불만이 다. 토머스 머튼은 이런 교회를 두고 '무늬만 교회'라고 비판한 적이 있다.

> 현대세계에서 그리스도교적 이상과 태도를 추구하는 사람들이 점점 더 줄어들고 있는 것이 사실이다. 오늘날 우리 사회에 존재하는 그리스도교적 외양은 거의 속빈 강정과 같은 것이며, 과거에 '그리스도교 사회'라고 불리던 사회조차 오늘날에는 무늬만 그리스도교이고 사실은 완전히 유물론적인 이교도의 영향아래 놓여 있다. 비 그리스도인 뿐 아니라 그리스도인들까지 비폭력과 사랑에 관한 복음의 윤리를 '감상적'이라고 비하하곤 한다. _ 『머튼의 평화론』, 분도출판사, 2006.

한국 천주교 주교회의에서는 프란치스코 교종의 방한 이후 한국 교회의 방향을 가늠하기 위해 설문지를 돌리기도 했다. 좋은 일이다. 그동안 복음을 우롱해 온 한국교회가 이제 프란치스코 교종 때문에라도 '이 세상의 슬픔'에 대해 진지하게 묵상할 수 있으면 다행이다. 늘 십자가를 강조하지만, 복음 때문에 고통 받을 생각은 전혀 하지 않았던 교회다. 한국 사회의 실질적 고통과 불의에 응답하지 않으면서 미사경문이나 보편지향기도에서만 정의와 평화를 입에 올리던 입술을 부끄럽게 여기는 기회가 되기를 갈망한다. 입에 올리던 정의와 평화를 몸으로 실천하는 사제들을 교회 안에서 '왕따'로 만들어 왔던 교구장 주교들이 충분히 반성하고, 자식 같은 사제들을 따뜻한 눈빛으로 끌어안아 주기를 기대한다.

복음을 선포하지 않는 교회라면, 아무리 교우들이 늘어나고 재산이 많아져도 다 소용없는 일이라는 게 프란치스코 교종의 생각이다. 교회의 존재 이유는 '교회의 성장'이 아니기 때문이다. 십자가 첨탑이 늘어나는 만큼 세상이 아름다워지고, 그만큼 세상의 슬픔과 고통은 줄어들어야 한다. 예수, 그분은 우리 눈에서 눈물을 씻어 주시기 위해 사람이 되신 하느님이시다. 그분을 우리가 주님으로 고백하는 한, 우리 교회도 가난하고 슬픈 이들에게 위로가 되고, 희망을 나눌 수 있어야 한다. 그게 싫어서 교회를 떠나는 사람이 생긴다면 그들을 '기쁘게' 전송해 주어야 한다. 다소 교회 수입이 적어지더라도 망설이지 말고 '가난한 이들을 위한' 복음福音을 흉음凶音으로 여기는 자들을 교회에서 떠나보내라.

어느 본당에서 사목위원을 하고 있는 분을 만났다. 그분 말씀이 "본당 신부를 싫어하는 신자들이 제일 먼저 하는 것이 교무금 액수를 줄이는 것이고, 아니면 다른 본당으로 미사를 나가는 것"이라고 한다. 불편한 말을 하는 사제들에게 실질적으로 표가 나게 물 먹이는 방법이다. 대한민국수호천주교인모임에서는 아예 공지 글을 통해 정의구현사제단 활동을 하는 사제들의 명단을 일부 공개하며, 이 본당에 나가는 신자들은 교무금 납부를 거부하라고 '선동'하고 있다. 역시 돈으로 흥한 자들이니 돈으로 교구장에게 압력을 가하려는 모양이다. 이들은 처음부터 '복음'을 배신하고, 사실상 '돈'을 섬기는 우상 숭배자들이다. 이들이 교회에 '나와 주지 않는다면' 이보다 기뻐할만한 일이 또 있을까 싶다.

그러나 중요한 것은 대부분의 신자들이 행할 교리인 가톨릭사회교리가 가르치는 명확한 기준을 모르고 있다는 사실이다. "신부, 나오라고 해!"라고 외마디를 지른 할머니의 발언에 대한 책임을 그 할머니에게 물을 수 없다. 그분은 오래 전부터 "교회에서는 정치활동을 해서는 안 된다."는 말을 사제들에게 들어 왔다. 교회에서 마음의 평화를 찾아야 하고, 우리 죄를 대신해서 돌아가신 예수님께 감사드리며 봉헌하고, 기도와 참회 안에서 살아야 한다는 개인주의 신앙을 배워 왔다. 사제직에 대한 존중심을 빼고는 모두 예전 것을 답습하는 가련한 할머니에게 연민을 느낀다.

수없이 많은 사제들과 신학자들과 평신도들이 지난 몇 년 동안 줄기차게 이야기해 왔던 것이 하나 있다. 예비자 교리에 '사회교리'를 추가해야 한다는 것이다. 처음 천주교에 입문할 때 한마디도 배우지 못한 사회교리를 나중에 배워서 실천하라는 것은 부당하다. 교황청에서 정한 공식교리서의 제3편에 분명히 「그리스도인의 삶」이라는 제목으로 사회교리가 명시되어 있지만, 한국교회는 예비자교리서에 이 부분을 십계명 열 가지를 외우는 것으로 대체해 버렸다.

삶이 없는 신앙이란 얼마나 무모하고 한심한 신념 체계인가. 신자들이 너무도 쉽게 자신의 정치논리를 신앙에 적용하는 까닭이 여기에 있다. 우리의 신앙적 확신을 정치에 적용할 줄 알아야 그리스도인이다. 〈조선일보〉의 시각으로 성경을 읽는 사람은 얼마나 위험한가? 교회전통은 언제나 복음의 시선으로 세상을 읽으라고 권하고 있다. 교회가 교회 전통을 배신한다면 누가 교도권을 따를 것인가? 이미 사회교리조차 '불온문서'처럼 여기는 신자들 앞에서 우리 교회가 분명한 답변을 내어 놓아야 할 차례다.

해방의 요람, 정의구현사제단

천주교정의구현전국사제단 40년의 성찰

    천주교정의구현전국사제단이 창립된 지 40년이 넘었다. 사제단은 한국현대사에서 교회가 고단하지만 의미 있는 행보를 거듭해왔다는 사실을 밝히는 증인들이다. 사제단이 창립된 1974년 9월 26일. 때마침 순교자 성월이었고, 명동성당에서 사제단이 제1차 시국선언을 발표했던 그날은 순교찬미기도회를 봉헌하였다. 결국 순교의 의미를 가장 현대적으로 해석하고 계승하려던 것이 사제단의 모습이라고 말할 수 있다.

    사제단이 창립된 계기는 한 주교의 구속이었다. 원주교구 지학순 주교가 민청학련 사건과 연루되어 중앙정보부(지금의 국가정보원)에 연행되고, 뒤이은 '양심선언'으로 유신헌법의 무효를 주장하면서 감옥에 갇혔다. 그러니까, 사제단 40주년은 곧 지 주교의 양심선언 40주년인 셈이다. 지학순 주교는 1970년 원주교구가 원주 문화방송을 개국하는 과정에서 5.16장학회(현 정수장학회)의 횡포를 경험하면서, "한 나라의 주교가 이렇게 수모를 겪는데 다른 서민들이야 말할 것도 없을 것"이라며 부조리 척결운동을 벌이고, 당시 군사독재에 맞서 싸우던 민주인사들의 우산이 되기로 자청했다.

지학순 주교의 양심선언과 구속은 사제들의 양심을 일깨워 군사독재에 저항하도록 영감을 주었다. 엘살바도르의 로메로 대주교가 "박해받지 않는 교회는 그리스도의 교회가 아니다."라고 말했던 것처럼 지학순 주교에 대한 구속拘束은 실상 한국교회를 거듭나게 하는 구속救贖사건이었다. 사제단은 단순히 지학순 주교 석방운동에 머무르지 않고 민주화운동과 민권민생운동에 나섰다. 이런 점에서 사제단 활동은 '사제운동'을 넘어서는 일이었다. 가톨릭농민회와 가톨릭노동청년회, 천주교빈민운동이 이들 사제들과 동반하면서 성장했다.

사제단의 '이웃'은 누구인가

나승구 신부는 어느 인터뷰에서 "굳이 사제단의 노선을 따지자면 '복음 노선'이라 할 수 있다."고 말했다. 1975년에 사제단이 발표한 「민주 민생을 위한 복음운동을 선포한다」는 성명서는 그 복음이 어떤 복음인지 잘 알려 준다.

> 우리가 선포하는 복음은 이미 죽은 자를 천당으로 인도하기만 하는 복음이 아니며, 구호물자의 도착을 알리는 자선남비의 복음도 아니다. 고통 받는 이웃을 하느님이 창조하신 인간다운 모습으로 되살리기 위한 복음이다. 가난하고 억눌린 자를 위해 우리 교회가 해방의 요람이 되기 위한 복음이다.

교회가 '해방의 요람'이 되려고 한다면 당연히 불의한 정권아래서는 고난을 감수해야 한다. 실제로 사제들은 한국 사회의 차별받고 배제되고 경제적 불평등에 시달리는 '가난한 사람들'을 위해 헌신하다가 매 맞고 끌려 다니고 재판을 받고 조롱당했다. '정치사제'라는 비난을 감수하면서도, 강우일 주교가 복음에 기대어 지적했듯이, 이들은 이리떼 가운데 나아간 양떼들처럼 상처받은 연약한 이들이었지만, 복음 안에서 기뻐했다.

2014년 8월 16일 프란치스코 교종은 방한기간 중 윤지충 바오로와 123위 순교자 시복식을 광화문에서 거행하면서 "순교자들과 그리스도인 공동체는 예수님을 따를 것인가 아니면 세상을 따를 것인가 중에서 하나를 선택해야만 했다."면서, 예수의 제자 됨은 '박해'를 의미한다고 말했다. 실제로 순교자들은 독실한 신앙과 자유로운 양심 때문에 국가폭력에 의해 살해된 사람들이다. 순교자들은 엄격한 신분제 봉건사회에서 신분을 따지지 않고 서로 '형제'요 '자매'라 부르고, 머슴을 서슴없이 방면했던 사람들이다. 교우촌에서 거친 음식이나마 나눠 먹고 이상향을 꿈꾸던 이들이었다. 이런 점에서 당시 신앙공동체와 교우촌은 '해방의 요람'이라 불러도 손색이 없었다.

교종은 이날 강론에서 "막대한 부요 곁에서 매우 비참한 가난이 소리 없이 자라나고 가난한 사람들의 울부짖음이 좀처럼 주목받지 못하는 사회들 안에 살고 있는 우리에게 순교자들의 모범은 많은 것을 일깨워 준다."면서 "그리스도께서는 우리가 어려움에 처한 형제자매들에게 뻗치는 도움의 손길로써 당신을 사랑하고 섬기라고 요구하시며, 그렇게 계속 우리를 부르고 계신다."고 하셨다. 사제단은 지금도 이러한 요청에 계속 응답하고 있다. 일부 주교와 사제들이 고위공무원들이나 기업간부들이 초대한 만찬에 응하는 동안에도 사제단은 밀양에서, 강정에서, 대한문과 광화문에서 우리 사회의 가장 고통 받는 이들 곁을 떠나지 않으려 했다.

복음에서 가르치는 선행은 아무 것도 되갚을 수 없는 사람들에게 베푸는 것이다. '희망이나 기대 없이 사랑을 주라.'는 것일 텐데, 중요한 것은 우리가 누구에게 '이웃'이며 '친구'인지 살피는 일이다. 성지개발을 위해 정치권력과 친구를 맺고, 본당 신축을 위해 기업과 의형제를 맺고 있는 성직자들이 없다고 말할 수 없다. 이참에 '가난한 이들을 위한 가난한 교회'를 꿈꾸시는 교종 프란치스코의 마음을 헤아리고 싶다.

교종은 방한 기간 중에 정의구현사제단을 만나지 않았으나, 사제단이 만났던 사람들을 모두 만났다. 해방신학을 공개적으로 지지한 적은 한 번도 없지만 '가난한 이들을 위한 우선적 선택'을 누구보다 분명하게 실천했다. 그러니, 강론대에서 하는 말보다 중요한 것은 복음적 행실이다. 성지를 개발하고 순교자 현양대회를 성대하게 여는 일보다 소중한 것은 순교자처럼 이해득실을 따지지 않고 몸으로 순교하는 것이다. 지금은 주교들보다 교종이 더 복음적이고, 신자들보다 사제가 더 복음적이라는 지적이 나오고 있다. 이런 점에서 평신도 단체들이 다시 활성화되는 것은 긴요한 일이다. 주교와 사제와 수도자 그리고 신자들이 충분히 소통하는 것이 지금만큼 필요한 때는 없다.

교회쇄신과 사제갱신운동이 필요하다

한편 정의구현사제단이 한국교회에서 주류가 아닌 것처럼 다른 흐름 역시 완강히 뿌리를 내리고 있는 현실을 충분히 성찰해야 한다. 1978년 전주교구장 김재덕 주교가 유신 독재정권을 향해 "현 정권의 직무집행정지 가처분"을 주장하면서, 김수환 추기경과 지학순 주교 등이 사회참여에 적극적으로 나섰다. 이 와중에 전주 전동성당에서 150여 명의 사제단과 함께 1만 명의 신자들이 시국

미사에 참석하면서, 이에 반대하는 '구국사제단'이 등장하기도 했다. 서울교구 김창석 신부와 마산교구 정하권 신부가 주축이 된 '교회 현실을 우려하는 연장사제 49명'은 「주교단에 드리는 호소문」을 발표해 성직자들의 사회참여를 비판하면서 사제들이 제2선에 머물도록 조처해 달라고 요청했다.

1970년대 이후 김수환 추기경과 정의구현사제단을 비롯해 한국 천주교회가 민주화운동에 나선 이야기는 잘 알려져 있지만, 대구 대교구의 서정길 대주교와 경갑룡, 정진석, 김남수 주교 등이 교회의 사회 참여를 가로막고 정권 친화적 태도를 유지해 온 사실은 잘 알려져 있지 않다. 최근에는 대한민국수호천주교인모임 등 극우 천주교단체까지 나서서 정의구현사제단 등 참여적 사제들을 '종북사제'로 규정하며 겁박하고 있다. 이들이 내세우는 논리는 역설적이게도 "사제단이 교회를 분열시킨다."는 것이다. 그러나 프란치스코 교종조차도 '정치적 사랑'을 강조하고 가톨릭사회교리가 '행할 교리'로 제도화되어 있는 상황에서, 교회분열은 교회의 가르침에 따르지 않고 정치권력을 옹호하는 세력이 일으킨다고 봐야 옳을 것이다.

사람은 중년기에 접어들면 자기 생애의 의미를 다시 묻기 시작한다. 밖을 응시하던 시선을 잠시 내려놓고 '나는 누구인가' 묵상하게 된다. 이처럼 정의구현사제단도 창립 40년을 지내면서, 세상의 복음적 변혁뿐 아니라 교회의 개혁에도 마음을 써야 한다. 흔히 교회 안에서 정치권력에 대한 욕은 하더라도 교회권력에 대한 비판은 금지되어 있다는 게 통념이 된 지 오래다.

교종마저도 '교황청 개혁'을 서두르고 있는 마당에 한국교회는 교회개혁에 대한 아무런 이야기가 없고, 결국 교황방한 효과가 이미 시들해졌다는 이야기가 나오고 있다. 교회 안의 권위주의와 관료화, 사제 줄세우기와 성직이 직업이 되는 현상, 상업주의와 출세주의, 남녀차별주의, 장애인 배제 사목 등 사회문제만큼 심각한 것이 교회문제다. 다만 개신교처럼 이러한 문제들이 노골적으로 드러나지 않을 뿐이다. 교회개혁이 수반되지 않았기 때문에 교회 안에서 비민주적이며 권력지향적인 평신도들이 오히려 목소리를 높이게 된 것이다. 교회가 투명하고 민주적이라면 교회는 신자들에게 '민주주의를 배우는 학교'가 될 것이다.

한편 어쩔 수 없는 가톨릭 권위주의 체제에서 교회개혁은 사제갱신운동으로 시작될 수밖에 없다. 그래서 중년기에 접어든 정의구현사제단이 당장에 할 수 있는 일은 사제갱신운동이다. 동기모임에서 "우리 동기 중에는 골프 치는 신부가 없도록 하자."고 결정했다는 소식을 어느 사제로부터 전해 들었다. 사제들이 청렴하고 온유한 사목자로서 본당생활을 잘 할 수 있다면 신자들에게 존경을 받을 테고, 신자들은 그의 음성을 깊이 새겨듣는다. 그러나 사제로서 기본적 직무를 소홀히 하면서 사회참여에만 골몰한다면 아무도 이러한 사목자의 음성을 귀담아 듣지 않을 뿐 아니라, 정의구현사제단 활동에 동참하는 사제들을 비난하는 사람들에게 빌미를 제공하게 된다. 본당에서 민주적인 사목관행이 정착되어야, 그 민주주의를 사회에 요구하는 예언자적 외침에 힘이 실린다.

정의구현사제단은 정치권력과 맘몬에게서 돌아서서 가난한 이들에게로 시선을 돌리는 예수의 예언자적 태도를 계승한 사제 전통을 만들어나가고 있다. 이 전통이 좀 더 효과적으로 교회를 변화시키고, 먼저 사제 자신을 변화시키는 발판을 만들 수 있기 바란다. "향기로운 흙 가슴만 남고 그 모든 쇠붙이는 가라."고 했던 신동엽 시인의 시편이 생각난다. 그리고 문득 용산참사 현장에서 경찰과 용역에게 떠밀려 바닥에 나동그라지던 사제들이 떠오른다. 강정

해군기지 앞에서 바다에 흩어진 성체를 부여잡고 누워있던 문정현 신부도 떠오른다. 그 모든 예언적 증언 앞에서 한국 순교자들의 모습이 연신 겹쳐진다.

행복하여라, 의로움 때문에 박해를 받는 사람들! 하늘나라가 그들의 것이다. 사람들이 나 때문에 너희를 모욕하고 박해하며, 너희를 거슬러 거짓으로 온갖 사악한 말을 하면, 너희는 행복하다! 기뻐하고 즐거워하여라. 너희가 하늘에서 받을 상이 크다. 사실 너희에 앞서 예언자들도 그렇게 박해를 받았다. (마태 5,10-12)

권리와 범죄 사이, 여성사제

여성혐오주의에 기초한 가부장적 성직주의에 대한 유감

　　지난 2008년 5월 29일자로 교황청 신앙교리성에서는 「여성 서품을 시도하는 범죄에 관한 일반 교령」을 발표하여 교회안팎에 다시 여성사제에 대한 논란을 일으켰다. 요지인즉, 교회 최고 권위가 부여한 특별 권한의 힘으로 "여성에게 성품을 수여하려는 자와 성품을 받으려는 여성은 사도좌에 유보된 자동 처벌의 파문 제재를 받는다."는 것이다. 여성사제를 시도하는 모든 행위를 '범죄'로 규정하고 파문한다는 것인데, 이 문제는 아직 논란이 그치지 않고 있다. 미국 등 일부에서는 여성서품회의 등을 통하여 여성사제론을 확장시키고 여성사제를 임의로 서품하는 일이 발생하고 있는 상황에서, 이 모든 논란을 잠재우고 그러한 시도에 '자동'으로 쐐기를 박으려는 조치로 보인다. 한편 여성사제 문제는 '사제독신제' 논란과 맞물려 있기 때문에 교황청의 입장에서 예민하게 반응하고 있는 것으로 보인다. 이는 남성성직자를 중심으로 한 전통적인 교회의 위계질서에 심각하게 도전하는 것이기 때문이다.

　　여성사제 문제에 대해 '동등자 제자직'을 요구하는 여성신학자 엘리사벳 피오렌자나 『예수는 그렇게 말하지 않았다』(돌을새김, 2006)

라는 책으로 한국에 알려진 평신도신학자 게리 윌스 같은 경우에는
신랄한 어조로 교황청의 여성사제 금지의 이유에 대해 공박해 왔
다. 이들은 그동안 초기교회의 평등주의의 관점에서 성직자 중심
주의와 사제직분에 대한 문제를 다루어 왔다.

　이 글에서는 여성에 대한 사제직분 배제에 대한 게리 윌스의
비판적 견해를 중심으로 살펴보려고 한다. 그에 따르면, 1979년
교종 요한 바오로 2세가 미국을 방문했을 때 테레사 케인 수녀(미국
여자수도회 장상연합회 회장, 자비 수녀회 총장)가 교종을 영접하면서 "인류의 절반
이 교회의 온갖 직무에 참여할 수 있는 자격을 인정해 달라."고
요청했다고 한다. 그러자 교종은 수녀들의 귀감은 동정녀 마리아
가 되어야 마땅하며 마리아는 사제가 아니었노라고 대답했다는
것이다.

예수는 남자였고, 남자만 사도로 임명했다

　여성사제에 대한 교황청의 반대 입장은 바오로 6세 교종이 영국
성공회의 여성사제 임명을 반박하면서 제시했던 배제 사유에서
여지껏 크게 벗어나지 못한다. 교황청 신앙교리성에서 1976년에
발표한 「명백한 징표가운데서」라는 문헌에선 그리스도께서 원래
남자만 사도로 임명했기 때문에 교회는 여성을 서품할 권한이 없다
고 밝혔다. 예수와 열두 사도는 남성들이었고, 따라서 모든 사제는
남성이어야 한다는 것이다. 그렇게 따지자면, 모든 사도는 결혼을
했으며 모두 다 유대인이었다는 점도 고려되어야 한다. 이처럼
복음서 시대의 상황을 우리 시대에 그대로 적용해야 한다면 정작
사도들 자신도 사제가 아니었음을 알아야 한다. 교종 요한 바오로
2세 역시 1994년에 발표한 교황 교서 「사제서품」에서 "교회는 여

하간 여성들에게 사제서품을 줄 수 있는 권한이 전혀 없으며, 교회 신자들 모두는 이러한 판결을 명확하게 받아들여야 한다."고 선언했다.

그러나 예수가 남성이었고, 사도들도 남성이었다는 근거는 아주 취약한 것이다. 오히려 수세기에 걸쳐 여성을 사제직에서 배제해야 하는 이유로 제시되어 온 것은 "여성은 열등한 존재여서 이 존엄한 직분을 담당할 자격이 없다."는 것과 "여성은 예식 수행에 걸맞지 않는 '불결함' 때문에 제단에 다가가서는 안 된다."는 것이다. 즉, 여성혐오사상에 뿌리를 두고 있는 것이다.

여성은 실패한 남성 그리고 불결한

토머스 아퀴나스는 오로지 남성만이 하느님의 모습으로 창조된 까닭에 신성한 사제직분은 남성들만 받을 수 있다고 했으며, 둔스 스코투스는 여성은 인류를 타락하게 만든 하와의 후계자이므로 인간의 구원을 담당하는 공직자가 될 수 없다고 했다. 이러한 생각들은 아리스토텔레스의 철학을 이어받은 것이다. 그는 수태의 형식요소가 남성씨앗인데, 자궁의 토양이 불결한 경우에 어머니를 닮은 남성을 낳거나 아버지를 닮은 여성을 낳거나 또는 어머니를 닮은 여성을 낳는다고 보았다. 즉, 여성은 수태될 당시에 이미 실패한 남성이거나 하나의 기형이라는 것이다. 그래서 여성은 남성보다 허약하게 태어나며 이성과 미덕과 기강 면에서 떨어지며 불안정하고 변덕스럽고 쉽사리 격정에 빠져 들고 자신과 타인을 통제하는 능력이 뒤진다고 말한다. 테르툴리아누스는 여자는 "악마가 들어오는 통로"라고 말했다.

그런데 더 일반적인 것은 여성의 불결함에 호소하는 것이다.

도미니크회 신학자였던 이브 콩가르가 이야기했듯이, 레위인이나 유대교 사제를 뜻하는 사제, 제사장hiereus이라는 말은 신약성서에 30번 나온다. 대사제, 대제사장arhiereus이라는 낱말은 130번 정도 나온다. 여기서 '대사제'라는 말은 그리스도나 신자 모두를 부를 때만 사용했다. 복음서에선 구체적인 개인을 사제로 부른 적이 없었다. 그러나 그리스도교가 유대교의 성전사제직을 모방하면서 이와 관련된 예식상의 규제와 금기들도 모방하였다. 예수께서 그리도 경계하던 정결법을 교회로 고스란히 되가져온 것이다.

여자는 거룩한 제단에 접근할 수 없다

주교들은 희생제사를 드리는 유대인 사제들처럼 성찬식을 행하기 전에 아내와 잠자리를 같이하지 못했다. 이윽고 아예 아내를 두지 못하게 금지되었고, 이들이 행하는 성찬식은 일상과 아주 다른 비밀제의처럼 바뀌었다. 제단 칸막이는 평신도들의 시야를 가로막고, 성직자용 라틴어는 다른 신자들이 알아들을 수 없는 신비한 언어가 되었다. 축성을 해주는 엄지손가락과 집게손가락이 없는 자는 사제가 될 수 없었으며, 평신도는 혀를 빼고는 신체의 어느 부위로도 축성된 면병(성체)을 만질 수 없었다. 그리스도께서 동정녀에게서 태어났다는 '놀라운' 믿음 때문에 수녀들이 손으로 면병을 만질 수 있는 특권을 얻게 된 것도 최근의 일이다. 유대교처럼 여성은 월경 때문에 예식상 불결한 존재이므로 9세기 바젤의 하이토 주교는 법령집에 이 내용을 포함시켰다.

누구나 여자가 제단에 접근하지 않도록 유의해야 한다. 하느님께 봉헌된 여자[수녀]라도 어떤 종류의 제단 예식에도 개입해서는 안 된다. 만일 제대포를 세탁해야 할 경우 성직자가 그것을 걷어 내서 제단 난간 너머로 건네주어야 하며, 돌려받을 때도 같은 방법으로 해야 한다. 봉헌 예물 역시 마찬가지로 여자가 운반해 올 경우 사제가 제단 난간에서 받아서 제단으로 가져 갈 것이다.

여성은 중세 대성당에서 성소 뒤에 자리 잡고 있던 성가대석에 발을 들여놓을 수 없었고, 그래서 성가대는 모두 남성만으로 구성하는 게 원칙이었다. 그 결과 소프라노는 남자를 거세하는 방법으로 얻어냈다. 바티칸 성가대는 이 점에서 유명했는데, 남자는 불구라도 여자보다는 덜 불결하다는 논리다. 그러니 여성의 사제서품이란 생각할 수도 없었을 것이다.

불결한 여성들과 사귀는 예수

그러나 이러한 태도는 복음이나 초기교회의 전통과 동떨어진 것이다. 우리는 신약성경 안에서 한결 맑은 세계를 호흡하게 된다. 바오로 사도가 갈라디아 사람들에게 보낸 편지에 인용한 '세례찬가'에선 남성과 여성의 온갖 불평등을 배척하고 있다. "그리스도와 하나 되는 세례를 받은 여러분은 다 그리스도를 입었습니다. 그래서 유대인도 그리스인도 없고, 종도 자유인도 없으며, 남자도 여자도 없습니다. 여러분은 모두 그리스도 예수님 안에서 하나입니다" (갈라 4,26-28).

예수는 여성들과 사귀되, "천한 인생"들을 비롯하여 불결한 여성들, 매춘부들, 사마리아 여인처럼 따돌림 받는 여성들과도 교류를 가졌다. 이 점은 그분의 적들뿐 아니라 제자들에게도 충격을 주었다. 예수는 하혈하는 여자가 당신을 만지도록 허락했으며, 여자에게 머리털로 자신의 발을 닦도록 허락해 주고, 마리아와 깊은 이야기를 나누었다. 예수를 따르던 여자들은 갈릴래아에서 예루살렘에 이르기까지 줄곧 그분을 함께 따라 다녔다. 요한복음을 보면, 남자들이 한 사람만 빼고 모조리 도망쳤을 때도 여자들은 그분을 떠나지 않고 십자가 곁에 서 있었다. 세 복음서에서 빈 무덤을 맨 먼저 발견한 사람들은 마리아 막달레나 등 갈릴래아 여자들이었고, 주님이 부활하셨다는 기쁜 소식을 전하는 임무를 부여받은 이들도 그들이었다.

남자도 사제로 세운 적이 없다

여기서 우리는 그렇다면 왜 예수께서 여자를 사제로 세우지 않았느냐고 반문할 수 있다. 그러나 예수는 남자도 사제로 세운 적이 없었다. 우리는 초기교회가 수행했던 사목직분을 고스란히 알고 있는데 사도들, 복음의 일꾼들, 예언자들, 사목자들, 원로들, 전도자들, 교사들, 목자들, 안내자들, 권고자들, 기적을 행하는 자들, 치유하는 자들, 이상한 언어를 하고 알아듣는 자들, 영을 식별하는 자들이다. 이런 직분은 누구나 성령의 은사에 따라서 맡을 수 있었으며, 다른 직분은 없었다. 우리는 그리스도인 공동체 전체가 수행하는 사제직에 대해 성경에서 읽을 수 있지만, 개인적인 사제들에 관해서는 들은 바가 없다.

바오로 사도 역시 자신의 수고를 인정해 주는 분이 예루살렘의 열두 사도나 다른 누가 아니라 주님이시라고 말한다(갈라 1,1-20). 신약성경의 어느 사도도 사제를 서품한 적이 없으며, 바오로 역시 평신도 아나니아에게 세례를 받은 뒤에 오로지 하느님에게서 또는 자신을 일꾼으로 삼은 안티오키아 교회에서 권한을 위임받았을 뿐이다. 요한 바오로 2세 교종은 교서에서, 예수께서 성체성사를 설립하셨다는 최후의 만찬 때에 참석한 이도 남자들밖에 없었다고 하면서, 성찬례를 행할 사제는 당연히 남자여야 한다고 주장했다. 그러나 아마도 사도들의 부인들이 그 자리에 함께 있었을 가능성이 높으며, '열 둘'이라는 것 자체가 12지파로 이뤄진 모든 이스라엘에 대한 은유일 따름이라고 학자들은 말한다.

예수 안에서 우리 모두는 하나

실제로 초기교회가 처음에 회당에서 집회할 때는 여자들이 발언할 수 없었겠지만, 유대교와 갈등을 빚어 회당을 떠나 '가정'에서 집회를 하게 되면서 자연스럽게 여자들이 예언도 하고 기도를 주도할 뿐 아니라 지역교회 창립의 주역이 되었다. 유니아와 브리스카 등 여성 지도자의 이름이 성경에서 연거푸 등장한다. 부부로 사도 직분을 행하던 이도 많았다. 미사의 원초적 형태였던 빵을 나누는 공동식사의 주례자가 '사제'라는 뜻이라면, 빵을 나눠주던 여성들도 사제 직분을 수행한 셈이다. 그런데 실상 정해진 사제는 없었다. 사제직은 회중 전체에 해당되는 일이었다.

예수께서 함께 했던 무리들과 초기 교회 안에서, 여성들은 칸막이 뒤에 격리되지도 수녀들처럼 자기들만의 공동체를 만들어 세상을 등지고 살지도 않았다. 그들은 팔레스타인에서 단정하지 못하게 방랑하던 동정녀도 아니었고, 틀림없이 사도들을 비롯한 대다수 제자들처럼 결혼을 했을 것이다. 그리고 성령강림절에 그들의 사내와 함께 이층 방에 있었을 것이다.

그럼에도 교회는 가부장적인 로마질서에 편입하는 과정에서 스스로 가지고 있던 해방된 자의식과 고유한 길을 벗어났으며, 여성

혐오적이고 성차별적인 그리스와 유대교의 사상을 통해 공동체 주역에서 여성을 배제하며 여성에 대한 편견을 심어 왔다. 게리 윌스는 우리가 흑인을 열등하게 보면 그들에게 불의한 행동을 자행하는 걸 정당화하게 되고, 유대인을 그리스도의 살해자라고 믿으면 유대인에 대한 학살에 기여하게 된다고 말한다. 마찬가지로 여성에 대한 혐오는 여성에 대한 부당한 판단과 실천을 낳는 법이다. 예수께서 여성들에게 주신 '자유'를 교회가 도로 빼앗아 가두어서는 안 된다. 그리스도 예수 안에서 우리 모두는 진정 하나이기 때문이다.

3. 실천하는 신앙

사랑이라 하지 않아도 좋을
자비라 부르지 않아도 좋을
하느님, 그분 안에서
가난한 마음이 행복합니다.
겸손한 이웃이 다복합니다.
용감한 그대가 있어 다행입니다.

복권이 필요한 200주년 사목회의 의안

「한국천주교 사목회의 의안」이 작성된 지 30년이 넘었다. 1984년 11월에 김수환 추기경은 천주교 전래 200주년 기념행사가 온통 '사목회의'로 수렴되고 결실을 맺어야 한다며, "이 사목회의는 200년 역사상 처음으로 하느님 백성 전체, 즉 성직자, 수도자, 평신도가 같이 참여하는 회의라는 데서 획기적인 사건"이라고 평가했다. 이어 "안으로는 성령으로 충만한 교회의 새로워진 모습을 지향하고, 밖으로는 이 땅에 사는 모든 사람들에게 하느님 나라를 도래케 하며 특히 이 땅에서 고통 받는 모든 사람과 같이 있는 교회가 되고자 하는데 그 의의가 있는 것이니 사목회의는 교회 생명 자체를 다루는 것"이라고 말했다. 마치 프란치스코 교종의 음성을 30년 전에 미리 듣는 것 같다.

교회는 '세상을 위한 보편적 구원의 성사'라는 제2차 바티칸공의회의 교회론을 다시 읽고, 멍들고 다치고 상처받더라도 세상에 나아가 분투하라는 복음적 명령을 다시 새기는 것이다. 프란치스코 교종의 말대로 교회는 대형병원처럼 첨단의료기술을 갖추지 못하더라도 '야전병원'처럼 세상에서 상처받은 이들의 곁에 머물며

동반해 줄 복음적 열정만으로 충분한 가난한 이들을 위한 가난한
교회로 가자는 것이다. 이 숭고한 깨달음이 4년간의 거듭된 논의
속에서 「200주년 사목회의 의안」으로 작성되었으나, 대부분의 제
안이 교회 안에서 무산된 것은 안타깝고 안쓰럽다.

증발된 사목회의 의안

2014년 8월 프란치스코 교종의 방한 이후 주교회의를 비롯한
각급 교회기관에서는 '어떻게 교종의 뜻을 한국교회에 실현할 수
있을까' 고민하고 있지만, 그 답은 이미 30년 전에 나왔다. 그 답대
로 교회가 노력해 왔다면, 한국교회는 이미 교종의 뜻을 살고 있는
교회로 당당하게 교종을 동반했을 것이다. 그러나 교종의 방한
첫날에 한국교회 주교들은 교종의 '부드럽지만 날선' 훈계를 들어
야 했다. 한국교회는 양적으로 번영했지만, 그래서 바티칸에 보내
는 분담금이 세계교회 안에서 8위에 상당하지만, 가난한 이들에게
는 오히려 불편한 교회라는 지적이다. "어느 날 악마가 와서 한국
교회의 예언자적 구조에서 가난한 이들을 배제하려는 씨앗을 뿌린
것 같다."는 교종의 말씀을 들으면서 얼굴이 화끈거리지 않은 주교
가 있었다면, 그분은 죄송스럽지만 이미 주교도 뭐도 아니다. 사제
적 양심이 이미 증발해 버렸기 때문이다.

그런데 도대체 어떤 이유로 사목회의 의안이 이내 교회 안에서
승인되지 않고 증발해 버렸는지 살펴야 한다. 그래야 잘못을 되풀
이하지 않을 것이다. 1984년은 전두환정권 시절 한국교회가 절망
적인 민주주의를 회복하기 위해 혼신을 다하던 때다. 1970년대에
한국교회가 민주화 운동의 산실이 되었던 것처럼, 1980년 광주학
살을 통해 집권한 신군부에 대한 저항운동이 교회 안에서도 상식이

었던 때다. 각 대학과 본당의 가톨릭학생회는 성경과 사회교리, 사회과학 공부를 기본으로 했으며, 본당청년회도 마찬가지였다. 그 힘으로 1987년 6월 민주화운동을 성공적으로 이끌어 갈 수 있었기 때문이다. 그동안 천주교사회운동을 이끌었던 가톨릭농민회를 비롯해 노동, 농민, 빈민, 청년학생 조직들이 모여서 '천주교사회운동협의회'를 출범시킨 해도 1984년이다.

교회 안의 진보 운동이 저변에서 결집하는 동안, 교회 상층부가 보수 세력들에 의해 장악되기 시작한 것도 이 시기였다. 1984년은 민주적 방식으로 '사목회의 의안'이 마련된 해이지만, 동시에 교황 방한과 103위 순교성인 시성식이라는 국제 행사를 치르는 과정에서, 전두환 정권과 우호적인 입장을 나누던 인사들이 교회 안에서 실질적 권력을 장악한 해이기도 하다. 이런 커다란 행사는 어차피 정부의 도움 없이는 가능하지 않았던 까닭이다. 이른바 한국교회의 보수적인 주교로 정치권력과 밀월관계를 유지하던 이들이 목소리를 높이기 시작했다. 때마침 교황청에서는 브라질의 해방신학자 레오나르도 보프에 대한 심문이 이루어졌다. 방한했던 요한 바오로 2세 교종과 보프를 심문했던 라칭거 추기경은 해방신학에 대해 경계심을 늦추지 않았고, 한국 사회에서는 교황청의 해방신학 심문이 곧 천주교사회운동에 대한 단죄처럼 비추어졌다.

그 후 30년 동안 '사목회의 의안'은 교회 내 진보세력의 실효성 없는 '신입장'으로 구겨져 쓰레기통에 던져졌다. 일례로 당시 가톨릭농민회 지도사제였던 정호경 신부가 초고를 작성한 「농민사목 의안」이 폐기되면서, 정 신부는 할 수 없이 이 내용을 보완해서 『나눔과 섬김의 공동체—농민사목』(분도출판사, 1984)이라는 단행본으로 출간할 수밖에 없었다. 그나마 다행인 경우다. 우리는 매년 대림 2주일을 인권주일로, 지난 2011년부터는 이어지는 한 주를 '사회교리 주간'으로 설정하고 있다. 한국교회에서 찬밥 신세가 되어 왔던 사회교리가 이제 와서 복권된 것 같지만, 신자들에게는 여전히 낯선 개념이 사회교리다.

사회교리, 민중 속으로

30년 전에 한국교회에서 작성된 「사목회의 의안 12권-사회」는 사회정의, 언론, 사회개발, 사회복지를 다루고 있다. 여기에는 사실상 제2차 바티칸공의회의 「사목헌장」이나 라틴아메리카 교회의 「메데인 문헌」이나 「푸에블라 문헌」에 견줄 만한 내용이 담겨 있다. 그 첫 마디만 들어도 가슴이 뛴다.

> 하느님께서는 당신의 사랑하는 외아들 예수 그리스도를 저 낮은 민중 속으로 보내셨듯이, 크리스챤이 또한 민중 속으로 투신하도록 이 시간, 우리 모두를 파견하고 계신다. 가난하고 버림받고 소외된 민중 속에 자신을 묻고, 그들과 함께 복음의 빛을 찾는 '민중 속의 교회'만이 그리스도를 통한 하느님의 구원의 진리를 가장 진솔하고 극명하게 증거할 수 있다고 우리는 믿는다.

의안의 나머지 내용은 이 신앙고백의 부연 설명에 지나지 않는다. 이 의안의 말미에 제시한 '제안사항'은 한국교회에서 지난 30년 동안 대부분 실현되지 않았다. 의안은 가장 먼저 교회 공식기구로 '사회교리연구소' 설립을 요청했다. 한국 사회 현실에 대한 일치된 시각을 제공하고, 사회사목 단체들의 유기적 연락과 자료 교환을 위한 것이다. 물론 이런 연구소는 아직 교회 안에 없다. 예비자 교리서에 지금도 '사회교리'가 삭제된 상태인데, 한국교회는 전례와 신심활동만 강조되고, 사회적 신앙실천은 사라졌다.

국정원 불법 대선 개입 사건과 세월호 참사에 대한 교도권적 판단을 내놓더라도 신자들이 선뜻 동의하지 않는 이유는 사회교리에 대한 몰이해 때문이다. '왜 교회가 정치, 사회문제에 간섭하느냐'는 반론이 거세게 교도권을 무력화시키는 것처럼 보이는 것은 슬픈 교회의 현실이다. 그동안 교회 지도자들은 사회적 사안에 대한 복음적 판단의 기준을 제시하지 않고, 그저 신자들이 '상식과 이해관계에 따라서' 알아서 판단하고 행동하도록 방치해 온 게 사실이다. 이러한 직무유기가 지금의 교회 분열을 만들었으며, 신자들은 길을 잃어버렸다. 그리고 교회는 비록 양적으로 팽창했지만 '실천하지 않는 신앙' 때문에 '애매한' 자기들만의 친목단체로 남아 있다.

사목회의 의안에서 흥미로운 것은 1984년 당시 10개 교구에 정의평화위원회가 설치되었으나, "아직 4개 교구에는 정평위가 구성되지 않고 있다."면서 정평위 구성을 촉구하고 있는데, 실제 해당 교구는 그 후로도 25년 동안 정평위를 제대로 구성하지 않았다. 그런데 이명박 정부가 추진한 4대강 공사에 대한 반대운동을 전개하는 과정에서 정평위가 재구성되거나 출범한 수원교구와 대구대교구, 대전교구가 현재 가장 열심히 사회교리를 가르치고, 적극적으로 활동하는 데 놀라지 않을 수 없다. 아마도 이런 현상은 주교단의 세대교체가 가져다 준 가장 큰 선물일 것이다. 또한 수원교구장 이용훈 주교에 이어, 프란치스코 교종의 방한을 가장 적극적으로 추진한 대전교구 유흥식 주교가 2014년 추계 주교회의에서 주교회의 정의평화위원회 위원장이 된 것도 시사하는 바가 크다.

교회언론, 실효성 있는 사회사목 위한 디딤돌

덧붙여 의안 작성자들은 교회 공식기구인 정평위의 사회정의 활동에 교구, 본당과 단체들의 체계적이고 적극적인 협조가 가능하도록 주교회의가 배려해 줄 것을 요청하고 있다. 주교회의는 사실상 '협의체'이기 때문에 주교회의의 결정이라 해도 교구장이 적극적인 의사가 없는 경우에 아무 것도 할 수 없다. 일례로 4대강 공사의 부당함을 역설한 주교회의의 성명서 발표에도 불구하고 서울대교구의 정진석 추기경이 '돌출발언'을 함으로써 '주교단의 일치'를 깨고 정의평화위원회의 김을 빼기도 했다.

한편 의안은 '언론' 부분을 다루면서 전국 단위의 새로운 홍보수단이 필요하다고 역설했다. 이는 기성언론이 진실을 보도하지 않기 때문에 사회정의 측면에서 교회가 직접 사회현실에 대한 입장을 전달할 수 있는 매체가 필요하다는 지적이다. 당시 대구교구에서 발행하는 〈가톨릭신문〉이 교구 성격과 마찬가지로 보수적 성격을 지녔다는 점에서 김수환 추기경의 교도권에 따르는 서울대교구가 1988년에 〈평화신문〉을 창간하고 1990년에 〈평화방송〉을 개국한 것은 특별한 의미를 지닌다. 신영복 선생이 「감옥으로부터 온 사색」이라는 글을 실었던 것이 〈평화신문〉이었던 것처럼 〈평화신문〉은 당시 진보언론의 한 축을 이루며 시작되었다.

그러나 〈평화신문〉, 〈평화방송〉은 1991년 평화방송 사태와 1998년에 서울대교구장의 교체를 거치면서 오히려 〈가톨릭신문〉보다 더 보수적인 언론으로 자리 잡았다. 이 때문에 '정론'지의 필요성이 다시 제기되면서, 천주교사회운동 진영에서 1994년 격월간 잡지 〈공동선〉을 창간하고, 최근에는 2009년에 인터넷언론인 〈가톨릭뉴스 지금여기〉가 창간되어 활동하고 있지만 그 영향력은 아직 작은 편이다.

　정치 권력을 견제하기 위해 '언론'의 역할이 중요하듯이, 교회에서도 교회 권력을 견제할 수 있는 장치가 필요하다. 이런 점에서 교회 권력에서 자유로운 독립언론의 필요성은 아무리 강조해도 지나치지 않다. 다만 여전히 아쉬운 것은 교회 안에 여전히 '건전한 비판지성'이 별로 없다는 점이다. 이른바 교회의 문제를 조목조목 밝히고 복음 안에서 비전을 제시하는 의견 그룹이 형성되어야 교회의 건강이 회복될 것이다. 이런 점에서 이참에 〈녹색평론〉처럼, 교회의 비판지성들이 참여할 수 있는 '가톨릭평론' 같은 매체가 나오기를 희망해 본다. 수도원에서 '공동식별'이 요구되듯이, 교회 안에서 '집단지성'이 가동되어야 교회의 살 길이 열릴 것이다.

　프란치스코 교종은 이미 수많은 과제를 한국교회에 던져 주었다. 이 과제를 푸는 과정에서 한국교회는 30년 전에 작성되었지만 여전히 의미 있는 사목회의 의안議案을 다시 읽어야 한다. 낡아서 다 떨어진 채로 구겨져 있는 사목회의 의안집을 다시 보기 좋게 출간하고, 주교들부터 이 의안에 밑줄 그으며 꼼꼼히 살펴야 한다. 그리고 우리 몸으로 정의로운 '의안議案'을 다시 살려야 한다. 그래서 우리 교회의 매일이 하느님의 자비를 특별히 가난한 이들 가운데서 경축하는 날이 되기를 빌어 본다.

강우일 주교에게 배우자

한국 사회에서 민중신학만큼이나 해방신학이 한물갔다는 소식이 들려온 지 벌써 아득하다. 그만큼 세상이 안녕하다는 전갈일까? 어차피 한국의 민중신학이나 라틴아메리카의 해방신학이나 그 세계의 비참과 가난, 폭력과 억압의 상황에서 발생한 '상황신학'이니 상황이 종료되면 그 신학도 소임을 다하고 역사의 뒤안으로 사라지는 것은 당연한 노릇이다. 아직 그 반열에 살아남아 역사적 소임을 다하고 있는 것으로 '여성신학'을 꼽을 수 있으니 그나마 다행이라 여겨야 할까, 불행이라 여겨야 할까?

최근 한국교회에서는 '사회교리'가 각광을 받고 있다. 물론 대부분의 주교와 사제들이 덩달아 반색하고 나선 것은 아니다. 그러나 이명박 정부와 박근혜 정부가 낳은 한국 사회의 양극화로 인한 해고 노동자 문제, 제주 해군기지 등 전쟁과 폭력의 문제, 4대강 공사에서 확인한 생태계에 대한 무자비함, 국정원 대선 불법개입과 세월호 문제 등은 한국교회의 일부 사제들과 신자들에게 공분을 일으켰다. 그 참에 '사회교리 주간'도 생겨나고, 각 교구마다 빈사상태에 빠져 있던 정의평화위원회를 다시 복구하고, 사회교리 교육에 나서고 있다. 물론 여기에 가장 큰 힘을 실어준 것은 강우일 주교가 '믿을 교리에 버금가는 행할 교리'를 강조하고 나선 탓이 크다.

1970년대에 라틴아메리카의 상황 속에서 해방신학이 나왔고, 한국 개신교에서 민중신학이 출현해 개신교뿐 아니라 가톨릭사회 운동에도 영감을 주었다. 그러나 한국천주교회는 독자적인 상황신학을 내놓지 못한 상태다. 최근 한국교회의 사제와 수도자, 신자들이 국책사업이 강행되는 현장마다 거리미사를 봉헌하며 권력에 대한 저항에 나서고 있지만 이렇다 할 신학적 근거를 제시하지는 못하고 있다. 생명평화미사를 봉헌하는 곳에서 사제들은 강론을 통해 사회교리의 구절을 반복해서 외고 있는 실정이다.

사회교리는 타협의 산물

사회교리의 역사가 짧게는 1891년의 「새로운 사태」(노동헌장)로부터 110년을 넘겼다. 사회교리의 영향을 받은 라틴아메리카 교회는 제2차 바티칸공의회를 심각하게 숙고하고, 1968년 메데인 주교회의를 필두로 1979년 푸에블라 주교회의까지 사회교리의 개혁적 차원을 '해방'의 차원으로 끌어올리는 신학을 발전시켰다. 여기서 탄생한 개념이 '가난한 이들을 위한 우선적 선택'이다. 이 개념은 교황청 신앙교리성의 비난에도 불구하고 결국 공식적 사회교리인 『간추린 사회교리』(교황청 정의평화평의회, 2004)에 받아들여졌다.

사회교리는 기본적으로 교회 내 진보 세력과 보수 세력 사이 타협의 산물이다. 시대의 요구에서 한걸음 뒤로 물러나 유럽 중심에서 '안전한' 입장을 정리한 문헌이다. 따라서 우리 시대의 긴급한 과제와 조응하기에 사회교리는 다소 미흡하다. 특히 제3세계의 문제를 해결하는 데는 더없이 애매한 게 사회교리다. 다만 공동선과 보조성 그리고 연대성을 사회교리의 기본원리로 삼은 것에 의미가 있다. 이 원리에 따라 나라마다 서로 다른 상황에 조응하는 실천적 신학을 발전시키는 것이 해당 지역교회의 '의식 있는' 신학자들이 감당해야 할 몫이다. 다행히 라틴아메리카 출신의 프란치스코 교종 이후에 비록 사회교리 문헌은 아니지만, 교황권고 「복음의 기쁨」이 사회교리의 유럽적 한계를 넘어서고, 더욱 급진적으로 '가난'의 문제를 다루면서 더 깊어지고 확장되었다.

이러한 신학적 성과들을 세계교회의 보편적 사회교리에 반영되도록 노력하는 것은 '교회를 사랑하는 지체'들의 당연한 책무다. 실상 '사회교리social doctrine'는 '믿을 교리'가 역사를 넘어서는 것과는 달리 역사의 흐름을 따라서 진화하는 문헌으로 '가톨릭교회의 사회적 가르침social teaching'이라 부르는 게 적당하다. 그래서 사회교리의 진화에 대한 신학자의 책임을 요청하게 된다.

한국교회의 경우, 지난 수년 동안 많은 사제들과 몇몇 주교들 그리고 많은 신자들이 거리에서, 강가에서, 바닷가에서, 공장에서, 철거 현장에서 미사를 봉헌해 왔다. 그러나 이들이 남긴 신학적 성과는 적고, 그마저도 조각난 것이어서 사회교리의 구절로 기워입은 누더기 옷이라 할 수 있다. 이런 점에서 제주교구의 강우일 주교는 한국교회에서 돋보이는 신학자이며, 교도권자로 자리매김하였다. 강 주교는 「가톨릭교회는 왜 사회문제에 관여하는가?」를 비롯해 제주 강정 해군기지 문제뿐 아니라 4대강 사업, 구제역 사태, 탈핵 등 한국 사회의 심각한 쟁점이 발생할 때마다 적절하게 '세상을 위한 보편적 구원의 성사'인 가톨릭교회의 정체성에 대해 질문하며 복음적 성찰과 실천적 화두를 던졌다.

한국교회에서 강우일 주교처럼 담대하게 복음을 선포하고 일목

요연하게 신학적 근거를 제시한 이가 드문 것을 보면, 한국교회의 한국 신학자들은 너무나 안온하고 게으르다. 하다못해 우리 사회의 정의구현을 위한 일이라면 발 벗고 나서는 천주교정의구현전국사제단 소속 사제들조차 실천 활동에는 몸을 돌보지 않고 뛰어들지만, 자기 활동에 대한 신학적 성찰에는 여전히 인색한 편이다. 신학적 성찰이란 단순히 제 행동의 정당성을 교회 안에서 입증하려는 노력에 머무는 일이 아니다. 우리 자신의 활동이 '하느님의 뜻에 머물도록 이끄는 일'이다. 내가 하는 활동이 아니라, 그분이 하시는 일에 내 몸을 내어주어야 함을 확인하는 작업이다.

해방신학은 현재진행형

한국교회에서 이러한 신학적 성찰이 부족한 것은 그만큼 자신이 하는 일에 대한 치열한 반성적 고민이 부족하다는 뜻이다. 이런 점에서 라틴아메리카의 해방신학을 숙고해 보는 것은 당연하고도 의미 있는 일이다. 여기서는 미카엘 뢰비가 쓴 『신들의 전쟁―라틴아메리카의 종교와 정치』(그린비, 2012)를 참고로 한다.

먼저 밝혀 둘 것은 라틴아메리카에서 해방신학은 다소 위축된 감이 있으나, 여전히 '현재진행형'이라는 사실이다. 보통 해방신학은 바티칸의 보수적 공세와 복음주의 교회의 성장 그리고 동유럽 사회주의의 붕괴를 겪으면서 그 수명을 다했다고 알려져 있다. 그러나 뢰비는 현실사회주의의 붕괴가 해방신학에 타격을 준 것은 사실이지만, 해방신학이 정치적 이데올로기로 출발한 것이 아니라 가난한 이들의 비참과 가난에서 출발했다는 점에서 여전히 유효하다고 판단한다. 다만 1990년 니카라과 선거에서 산디니스타 민족해방전선이 보수적 정치세력에게 패배한 것이 더 큰 타격을 주었다고 전한다. 산디니스타 혁명은 한 세대 동안 그리스도교 활동가들을 고무하고 격려했던 가장 강력한 본보기였기 때문이다.

뢰비는 현재 해방신학이 투신적인 활동가들 안에 살아 있으며, 라틴아메리카 해방신학자 가운데 어느 누구도 자신의 견해를 철회하거나 로마 당국의 비판을 받아들이지 않았다고 전한다. 레오나르도 보프가 수도회를 나와 사제복을 벗고 평신도 신분으로 복귀했으나, 이는 단지 더 나은 표현의 자유를 얻어 더 나은 조건에서 투쟁하기 위함이었다. 물론 신학자들 사이에 차이는 존재한다. 교회 내 민주주의를 위해 투쟁하는 것이 중요하다고 판단한 보프 형제(레오나르도 보프, 클로도비스 보프)가 있는 반면, 사회적 실천에 집중하기 위해 교회 안의 문제를 일정하게 유보하자고 말하는 구스타보 구티에레즈가 있다. 그러나 이들은 기본적으로 가난한 이들의 해방운동에 헌신한다는 점에서 서로 다르지 않다.

한편 해방신학은 예전처럼 정치적 투쟁에만 머물지 않고 영성과 대중종교에도 관심을 갖고 있다. '가난한 이들'의 개념도 단지 경제체제의 희생자들뿐 아니라 문화나 인종적 편견으로 억눌린 원주민과 흑인에게로 넓어졌고, 이중으로 억압받는 여성에게도 관심을 넓혔다.

그러나 무엇보다 중요한 것은 해방신학에 의해 영감을 받은 이들이 기초공동체를 확산시키면서 대중적 지지와 사회적 영향력을 유지하고 있다는 점이다. 여기서 라틴아메리카 교회와 한국교회의 차이점이 분명하게 드러난다. 한국교회는 '신학적 성찰'이 부족할 뿐 아니라 이를 실천하는 '기초공동체'마저 거의 없다. 몇몇 가톨릭 사회운동 단체가 있지만 그 영향력은 아주 작고, 활동가도 손에 꼽을 만큼 적다. 그리고 교구에서 마련한 사회교리학교 등에서 새롭게 사회교리를 습득하고 있는 평신도들은 여전히 가톨릭운동의 '주체'가 아니라 '대상'에 머물고 있다.

강우일 주교에게 배우자

해방신학의 효과는 한국에도 잘 알려진 1994년 1월 멕시코 치아파스에서 시작된 사파티스타 봉기에서도 나타났다. 사파티스타는 멕시코 내 민주주의의 부재, 지주와 군대 · 경찰 · 지역당국이 가하는 원주민 공동체 억압, 농촌에 대한 신자유주의 정책 그리고 미국과 멕시코 정부의 북미자유무역협정 체결을 규탄했다.

당시 멕시코 언론과 정부는 조선, 중앙, 동아일보 등이 제주 해군기지 건설에 저항하는 문정현 신부 등 가톨릭 사제들을 비난하듯이, 예수회 신부들이 사파티스타를 부추긴다고 비난했다. 특히 크리스토발 데 라스 카사스 교구의 사무엘 루이스 몬시뇰을 '하느님의 게릴라'라고 몰아세웠다. 로마 그레고리안 대학에서 공부하고 1965년에 치아파스에 부임한 루이스 몬시뇰은 『해방의 성서신학』이라는 책을 출간하기도 했는데, 그는 예수회 신부들과 도미니코회 수녀들의 도움을 받아 7,800여 명의 원주민 교리교사를 양성하고, 2,600여 개의 기초공동체를 세웠다.

이들은 원주민들을 의식화하고, 원주민이 자신의 권리를 위해 투쟁하도록 격려했다. 그래서 1993년 10월, 주멕시코 교황대사인 프리지오네 몬시뇰은 멕시코 당국의 요청을 받아 루이스 몬시뇰을 소환해 스스로 사임하도록 명령했다. 그런데 루이스 몬시뇰이 로마 당국의 조치에 항의하며 불복하는 동안에 불쑥 사파티스타 봉기가 발생했다. 이를 진압할 수 없었던 멕시코 정부는 사파티스타 민족해방군과 협상하기 위해 중재자로 루이스 몬시뇰을 부르지 않을 수 없었다. 그만큼 해방신학은 대중과 사목자를 결합시켰다.

마찬가지로 한국 보수진영에서 4.3항쟁을 상기시키며 제주 해군기지 건설을 줄곧 반대해 왔던 강우일 주교를 '정치 주교'로 말하길 서슴지 않고 있음은 시사적이다. 강우일 주교가 자신의 활동에 대한 신학적 논거를 밝혀 왔고, 한국교회 안에서 소공동체운동을 가장 강조해 온 주교 가운데 하나라는 점 역시 의미하는 바가 크다.

강우일 주교는 2012년 9월 15일 소공동체 도입 20주년을 맞이해 전주 전동성당에서 열린 모임에서 "소공동체의 존재 가치는 하느님의 계명을 오늘의 현실 속에서 실천에 옮기기 위해 함께 고민하고 연구하고 기도하고 연대함에 있다."고 강조했다. 아울러 "예수는 단순히 새로운 종교적인 가르침이나 교리나 깨달음을 전하러 오신 분이 아니라 옛날 세상을 완전히 뒤집으러 오셨다."고 말했다.

> 교회는 궁극적으로 영원한 생명을 향한 순례를 시작한 이들의 모임이지만 항상 세상 속에서 살아야 하고, 세상을 하느님 나라로 변화시키기 위하여 존재하고, 세상 속에서 일어나는 모든 문제에 관심을 갖지 않을 수 없다. _ 강우일 주교

명료한 신학이 분명한 실천을 낳는다

강우일 주교의 이러한 태도가 추기경이나 다른 주교들의 환영을 받고 있는지 의심스러운 현실이다. 라틴아메리카의 경우에도 바티칸은 해방신학의 흐름을 달가워하지 않았다. 바티칸 당국은 사회적으로 투신했던 주교들이 은퇴하거나 죽었을 때, 각국에 주재하는 교황청 대사들이 '믿을만한' 사람이라고 천거한 성직자들을 그 자리에 임명했다. 이 새로운 주교들 가운데 여러 명이 오푸스데이

Opus Dei 소속이다. 오푸스데이는 1928년 스페인의 에스크리바 데 발라게르 신부가 창립한 단체로, 스페인 내전 이후 프랑코 독재체제에 적극적으로 참여한 것으로 알려져 있다. 요한 바오로 2세 교종은 오푸스데이 소속 일곱 명의 사제를 페루의 주교로 임명했고, 네 명을 칠레의 주교로, 두 명을 에콰도르의 주교에 그리고 콜롬비아, 베네수엘라, 엘살바도르, 아르헨티나, 브라질의 주교로도 임명했다.

한편 바티칸 당국은 급진적인 성직자나 신학자들에게도 다양한 조치를 내렸다. 바티칸은 니카라과의 카르데날 형제 신부나 아이티의 아리스티드 신부의 경우처럼 소속 수도회에서 내쫓기도 하고, 엄격한 통제로 스스로 사제직에서 물러나도록 압력을 행사했다. 후자의 대표적 사례가 레오나르도 보프다. 그는 1992년 가르치는 것을 금지당했고, 가톨릭잡지 〈보제스Vozes〉의 편집장 자리에서 해고되었다. 또한 바티칸은 진보적인 경향을 띤 신학교들의 문을 에누리 없이 닫았다. 예를 들어 1989년 브라질의 제2북동부 지역 신학교Serene2와 헤시피신학교Irter를 폐교 조치했다. 당시 서울대교구장이던 정진석 추기경은 공교롭게도 1989년 2월 16일자 공문을 통해 "오푸스데이 성직자치단이 지난 1월 21일자로 서울대교구장의 승인을 받아 교구에 진출했다."고 밝혔다.

1972년 이후 보수주의자들이 장악한 라틴아메리카 주교회의의 대안으로 '라틴아메리카 수도회연합회CLAR'가 부상했지만, 연합회가 카를루스 메스테르스 등의 해방신학자들과 추진한 '말씀과 삶 Palavra Vida'이라는 민중적 성서연구 프로젝트 역시 바티칸에 의해 금지 당했다.

이러한 움직임은 요한 바오로 2세와 베네딕토 16세 교종이 엘리트주의적이고 비밀스러운 네트워크인 오푸스데이뿐 아니라 포콜

라레와 성령쇄신운동과 같은 대중운동을 전폭적으로 지원한 것과 대비된다. 뢰비는 당시 바티칸의 목표가 "라틴아메리카 교회의 급진적이고 해방론적인 진영을 해체하거나 주변화, 중립화시키는 것이었다."고 전한다.

이런 점에서 오푸스데이가 한국교회 안에 성공적으로 안착하고 있는 것처럼 보이는 것은 심각한 우려를 낳고 있다. 한국 오푸스데이는 1987년 서울대교구장이던 김수환 추기경에게 거부당했으나, 1998년 처음으로 당시 청주교구장이던 정진석 주교의 구두 승인을 받은 것에 이어 2009년 대전교구의 유흥식 주교에게 승인받았고, 다시 2011년에는 서울대교구의 정진석 추기경이 공식 승인함으로써 한국 오푸스데이 확산에 박차를 가하고 있다. 이러한 흐름은 사회교리를 둘러싼 최근 흐름과 대치되는 교회 안의 또 다른 흐름이다. 이들은 정치와 종교를 분리시키고 '일상의 성화'를 강조하면서 스스로는 재벌과 군부, 정치권력과 야합해 온 역사를 지니고 있기 때문이다.

이러한 교회 환경의 변화는 한국교회를 갈등국면으로 몰아넣을 가능성을 높이고 있다. 여기서 가늠자 역할을 할 수 있는 것은 '신학적 명료함'과 '기초 대중의 확보'다. 자기 활동에 대한 신앙적 확신을 고무시킬 수 있는 신학적 전거를 마련하고, 이러한 신앙을 내면화한 사제와 활동가, 신자들의 효과적인 네트워킹이 향후 한국교회의 향방을 좌우할 것이다. 1970년대에도 주교들 사이에 갈등이 많았으나, 당시 보수적 인사들은 유신정권의 폭압 속에서 명분을 찾을 수 없었고 대구대교구 등 일부 교구에서만 영향력을 확보할 수 있었다.

한편 정의구현전국사제단의 결성은 진보적 사제운동을 강화했고, 당시 발표된 사제단의 성명서들은 신학적으로도 상당한 깊이를 지닌 것이어서 그리스도교인으로 자처하는 한 반박하기 어려웠다. 그래서 다시 한 번 한국교회 신학자들의 진지하고 성실한 신학적 담론을 요청한다. 그리고 교회의 진보진영이 좀더 명료한 신학적 기반 위에서 사회적 이슈를 다룰 준비가 되어 있는지 묻고 싶다. 그 작업을 강우일 주교 등 몇몇 사람에게 미루고 있는 한국교회 신학자들은 이제 직무유기에서 벗어나야 한다. 신앙과 실천은 명료한 신학으로 해명되어야 한다.

행동하는 신앙, 해방하는 신학

　가톨릭 사회교리는 1891년 레오 13세 교황이 「새로운 사태」(노동
헌장)를 반포하면서 시작되었다. 「공산당선언」 이후에 급속도로 노
동자들이 교회를 떠나는 상황에서 노동자들은 교회를 유산자들의
편이라는 점에서 적대적 관계를 보았다. 이 당시 상황을 가장 잘
보여주는 사례가 가톨릭노동청년회를 설립한 조셉 카르댕 추기경
의 경험이다.

　조셉 카르댕은 신학교 생활을 하면서 방학이면 집에 돌아왔지
만, 이미 노동자가 된 그의 친구들은 그를 벗으로 대하지 않았다.
가톨릭 사제와 가톨릭 신학생은 그들의 조롱거리가 될 뿐이었다.
그래서 어린 나이에 조셉 카르댕은 노동자들을 위해 평생을 헌신하
겠다는 회심의 과정을 밟는다. 그가 교계의 극심한 반대를 무릅쓰
고 노동사제로 사는 것을 포기할 수 없었던 이유가 거기에 있다.
그는 교회 안에 노동청년의 세계를 구축해 등을 돌렸던 '선한' 벗들
을 다시 동지로 불러들이고자 갈망했다.

　결국 교회는 20세기 초 산업사회 안에서 섬처럼 떠돌던 처지에
서 벗어나기 위해, 방어적 차원에서 '노동자에 대한 배려'를 「새로

운 사태」라는 회칙을 통해 선포하였다. 부자들의 탐욕을 경계하고 부자들에게 가난한 이들에 대한 도움을 호소했다. 적어도 이 회칙 발표는 노동자의 단결권(노조 설립)을 인정했다는 점에서 획기적인 사건이었다. 그러나 레오 13세 교황의 뜻은 적절히 관철되지 못했으며, 독일의 케틀러 주교 등 일부 고위성직자에게만 영향을 미쳤다.

세상 안에서 세상의 가장 가난한 이들과 일체감을 표명했던 가장 극적이고 보편적인 사건은 제2차 바티칸공의회였다. 공의회는 이제 가난한 이들의 슬픔과 고통, 기쁨과 희망을 제 것으로 삼기로 작심했다. 제2차 바티칸공의회를 소집했던 요한 23세 교종은 역대 교황 가운데 유일하게 농부출신이다. 훗날 교황이 된 안젤로 론칼리는 사제 서품 후 첫 소임이 노동운동을 지지하고 지원하던 이탈리아 베르가모 교구의 테데스키 주교의 비서였다는 점은 의미 있는 일이다.

테데스키 주교와 론칼리 비서신부가 라니카 제련소 노동자 파업을 지지하고 성금을 모으자, 우익신문들은 "주교의 자선금은 파업에 대한 축성이며 공공연한 사회주의운동에 대한 강복"이라고 비난했다. 그러자 론칼리 신부는 반박문을 통해 레오 13세 교황의 「새로운 사태」를 인용해 노조활동을 옹호하고, "그리스도의 특별한 사랑은 권리를 박탈당한 힘없고 박해받는 사람들의 몫이기 때문에 주교와 본당 신부들은 '정의의 문제'를 위해 일해야 하며, 고통당하는 사람을 마땅히 도와주어야 할 의무가 있다."고 역설했다.

그가 교황이 되어 「지상의 평화」를 발표하고, 공의회를 소집해 '교회의 비전'을 다시 제시했다. 요한 23세 교종이 베르가모 신학교 시절, 교회사를 전공하고 '근대주의 혐의가 있다'는 이유로 블랙리스트에 올라와 있었다는 것은 오늘날, 일부 주교들의 눈총에도 불구하고 사회참여에 나서는 사제들에게 희망의 근거가 된다.

가톨릭사회교리 부활시킨 보수 정권

그러나 사회교리와 복음의 급진성을 결합해서 발생한 해방신학이 출현하면서 교회 내 갈등이 증폭되었다. 여전히 보수적 입장을 대변하는 주교들과 요한 바오로 2세 교종 이후 등장한 전통주의적 관점이 결합해서 해방신학을 단죄하고 나섰기 때문이다. 라틴아메리카의 군사독재 상황에서 출현한 해방신학은 1968년 메데인 주교회의와 1979년의 푸에블라 주교회의를 통해 라틴아메리카의 공식적 신학으로 자리잡았으나, 교황청의 입장은 달랐다. 결국 6.8혁명을 '혼란'으로 경험한 라칭거 추기경이 주도하여 「자유의 전갈」(해방신학의 일부 측면에 관한 신앙교리성 훈령, 1984)과 「자유의 자각」(그리스도인의 자유와 해방에 관한 신앙교리성 훈령, 1986)을 통해 해방신학이 계급투쟁을 선도하거나 마르크시즘에 경도되는 것을 비판했다.

그러나 다행스럽게도 '가난한 이들을 위한 우선적 선택'이라는 해방신학의 대표적인 입장은 철회되지 않았으며, 해방신학자들에 대한 견제에도 불구하고 교회 전통에 안에 자리 잡았다. 2004년에 교황청 정의평화평의회에서 출간한 『간추린 사회교리』는 수많은 사회회칙들을 요약하는 가운데 비교적 급진적인 내용은 빼버렸지만 '가난한 이를 위한 우선적 선택'이라는 테제는 남겨 두었다.

그러나 여전히 '가톨릭사회교리'는 인권지수가 바닥을 치고 부패지수만 상승한 이명박 정부 이후로 한국 사회에서 여전히 '해방적이며 진보적인' 가르침으로 남아 있다. 교회가 『간추린 사회교리』에서 언급한 내용만 귀담아 들어도 한국 사회에서 예언직을 수행하는데 모자람이 없을 정도다. 그러나 한국교회는 '너무나 로마적인' 교회라는 말을 들으면서도 '사회교리'만큼은 잘 배우려 하지 않는다. 한국교회가 사회교리를 가장 많이 입에 담은 시기는 1970년대였다. 민주화 운동에 교회가 깊이 연대할 때 발표했던 성명서에는 어김없이 사회교리 문헌이 사회참여의 교회적 근거로 뒷받침되었다.

그러나 형식적 민주주의가 이뤄지고, 1990년대에 돌입하면서 교회는 사회적 관심을 중단하고 교회 확장에만 부심했으며, 그 결과 사회교리는 먼지만 뒤집어쓰고 있었다. 이러던 차에 이명박 정부는 한국교회가 잊혀진 사회교리를 부활시키는 데 가장 큰 공로를 쌓았다. 초기 산업 사회의 벌거벗은 자본주의의 탐욕이 노동자들의 목숨 줄을 잡아 흔드는 그 최악의 상황에서 「새로운 사태」가 발표되었듯이, 한국 사회에서 이명박 정부는 용산참사, 4대강, 강정해군기지, 한미FTA로 이어지는 탐욕의 극단을 보여주는 '새로운 사태'를 야기시킴으로써 한국교회가 사회교리를 다시 읽게 만들었다. 박근혜 정부의 국정원 사태와 세월호 참사 이후 광화문 천막미사에서도 마찬가지다.

생명평화의 시대에 부활하는 정의평화위원회

여기서 다시 한 번 짚고 넘어갈 것은 2010년을 전후해 한국교회 안에 새로운 기운이 싹텄다는 점이다. 1970년대부터 1990년대까지 이른바 '정의구현전국사제단'이 폭압적인 시대 상황을 반영하듯 결기 있게 민주화운동을 이끌어왔다면, 2010년을 전후해서는 당시 정의구현전국사제단이 틈입할 수 없었던 교구, 이른바 보수적인 주교들이 교구장으로 군림하던 대구, 수원, 대전교구에서 젊은 사제들이 나름 조직적인 움직임을 보이기 시작했다는 것이다. 이들은 때로는 정의구현사제단과 더불어, 때로는 독자적으로 행동하며 교회의 예언직을 수행하기 시작했다. 그 결과물이 곧 다양한 이슈를 중심으로 모이는 '천주교연대'다.

천주교연대의 출현은 사실상 이미 예견된 것이었다. 1980~90년대에 한국 사회 안에 조금씩 움트기 시작한 환경문제에 대한 관심에 대해 '정치적 민주주의'가 시급하다고 판단했던 정의구현전국사제단은 사실상 무심했으며, 결국 환경문제에 대한 관심을 표명하던 일부 사제들은 '환경사제단'이라는 이름으로 그동안 이합집산의 과정을 겪었다. 그러나 2000년대에 들어서 환경문제와 반전반핵평화운동이 주요한 이슈로 대두되면서 사정이 달라졌다. 정의구현전국사제단의 아이콘으로 작동하던 문규현 신부가 부안 핵폐기장 유치 반대운동으로 몸살을 앓고, 평택 미군기지 반대운동, 지율 스님의 천성상 터널 반대운동 등으로 환경평화 이슈가 대두되고, 이제는 '생명평화'가 일상적인 용어가 될 정도이다. 이참에 최초의 천주교연대가 4대강 공사 반대이라는 환경이슈를 중심으로 결집하였다. 환경이슈는 정치적 급진성과 상관없이 또는 상관성을 지니고 전면에 대두되고, 대체로 보수적인 입장에 서기 쉬운 주교 등 교회 장상들을 설득하는 데 성공했다.

특히 제주 해군기지를 둘러싼 천주교계의 반응과 천주교연대 결성은 시대상을 반영하는 상징적 의미를 지닌다. 제주 해군기지 문제는 반전평화의 성격과 환경보존 이슈가 통합된 자리이며, 예외적으로 주교회의 의장이었던 강우일 주교가 강력히 호소하고, 정의구현전국사제단의 또 다른 아이콘인 문정현 신부가 투신하고, 정의구현전국사제단 뿐 아니라 교회 공식기구인 정의평화위원회와 새롭게 젊은 사제들을 중심으로 포진해 있는 '천주교연대'가 결합했기 때문이다.

특별히 제주 해군기지 문제가 불거지는 가운데, 각 교구에서는 명패만 걸려 있던 정의평화위원회들이 실질적으로 회생하고, 급기야 2011년 주교회의 차원에서 '사회교리 주간'을 설정했다. 이는 사회교리가 한국교회에서 처음 '공적으로' 승인된 시점으로 보아야 한다. 물론 이전에도 서울대교구 등 일부 교구에서 사회교리학교를 운영해 왔지만, 최근 들어 대전교구와 수원교구, 인천교구 등에서 사회교리학교를 열어 왔으며, 다른 대부분의 교구에서도 사회교리학교를 개설하거나 준비하고 있다.

이는 강우일 주교가 이미 언급했듯이, 교리의 두 가지 측면이 통합되는 것이다. 즉, '믿을 교리'만 강조해 오다가, 그 교리가 몸을 입고 나타난 '행할 교리'로서 사회교리가 강조되기 시작한 것이다. 이전까지의 교회가 본당 구조 안의 신심행위에 주목해 왔다면, 이제는 그 신심이 지역사회와 한국 사회 안에서 육화될 기회를 얻은 것이다. 본당의 담을 헐고 세상에 제 몸을 나누어 주는 성체성사의 신비가 이루어지는 시점이다.

가톨릭사회교리, 갈 길이 멀다

그러나 문제는 그렇게 간단하지 않다. 한국교회가 사회문제에 눈을 돌려야 한다는 목소리를 높이고 있지만 여전히 '사제 중심'이며 교도권에 대한 '순종'을 강조하고 있다는 점이다. 그러나 같은 4대강 문제를 둘러싸고 강우일 주교와 정진석 추기경의 입장이 갈렸던 점에 비추어 볼 때, 무작정 '교도권에 따르라.'는 명령은 무리한 요청이 된다. '교도권'이라 해도 무류적 요청이 아니기 때문에 신자들 스스로 숙고하고 식별하는 태도가 필요하다.

또한 민주주의와 생명평화 문제에 대한 교회의 가르침은 높이

살 수 있겠지만, 정작 교회 내부로 시선을 돌리면 교회 안의 권위주의와 사제중심주의로 평신도들, 특히 여성들의 자리는 여전히 비좁은 현실을 감안해야 한다. 즉, 교회 내 민주주의와 생명평화는 여전히 아득하기만 하다. 또한 병원 등 교회 내 사업장의 노동조합은 여전히 어려움에 처해 있으며, 교회기관 단체에서 근무하는 직원들은 노동조합조차 허용되지 않는다. 이는 곧 사회교리를 교회 바깥에만 적용할 뿐 교회 내부에는 적용하지 않으려는 태도다.

그러나 더 큰 문제는 한국 사회의 모든 문제의 중심에 있는 탐욕과 성장과 개발주의적 태도가 교회 안에서도 관철되고 있다는 점이다. 서울대교구는 4대강 사업에 대한 묵인과 동시에 명동성당 재개발에 공력을 들여서 급기야 완공했다. 2011년 12월 6일 정진석 추기경은 자신의 영명축일 미사 강론에서 "올해부터 본격적으로 시작한 교구청 신축공사는 효과적인 복음화를 위한 것으로 제2차 바티칸공의회 정신의 연장선에 있다."고 말하면서, 2020년까지 신자 200만 명을 더 모으는 게 목표이기 때문에 "늘어나는 신자들을 뒷바라지하기 위해 사무실이 절실히 필요하다."고 전했다. 여기서 '세상의 슬픔과 고통, 기쁨과 희망'을 나누고자 했던 공의회 정신은 '교회의 양적 성장'으로 둔갑하고 있다.

또한 수원교구의 교구청과 정자동 주교좌성당을 가보면, 그 엄청난 규모에 압도되고 만다. 이런 태도의 뒤편에는 성장주의가 도사리고 있는 것이다. 각 교구장마다 항상 되뇌이는 것은 '신자 수 증감' 문제이며, 신자들은 묵주기도 1천만 단 바치기 운동에 동원되고 있다. 이런 물량주의를 버리지 않고서야 벌거벗은 가난을 살며 특별히 가난한 이들에게 먼저 복음을 전했던 예수와 닮은 교회가 될 수 없으며, 한국 사회의 성장주의와 물량주의, 개발주의를 비판할 도리가 없다.

한국교회 안에 스며든 상업주의

한편 '평화드림'이라는 주식회사는 서울대교구가 보여준 상업화의 전범이다. 평화드림의 자회사인 '평화상조' 홍보 팸플릿에 교구의 추기경과 주교와 몬시뇰까지 나서서 홍보대사를 자처하는 모습은 낯 뜨거운 광경이다. 인천교구에서도 평화드림을 벤치마킹해서 '바다의 별'이라는 주식회사를 설립했다. 가톨릭사회교리가 힘을 발휘했다면, 교구에서는 오히려 그라민 은행 같은 서민 소액대출 기관이나 사회적 기업 등을 후원하고, 사회적 책임투자에 대한 인식을 높이는 것이 교회로서 마땅한 일이다.

예전에 마더 데레사가 그러했던 것처럼, 현재 한국교회 안에서 가장 중요한 브랜드로 자리 잡은 아이콘은 '김수환 추기경'과 '이태석 신부'라는 아이콘이다. 김수환 추기경의 경우에, 그분이 1970년대 사회민주화운동에 헌신한 것은 '의도적으로 외면'하고, 가난한 이들에 대한 관심을 부각시키면서 '옹기장학회'와 '바보재단', '장기기증운동'을 강조하며 '모금용' 천주교 홍보책자의 표지로 사용하고 있다. 이태석 신부 역시 부산교구 송도본당의 '참사랑 실천 걷기대회'처럼 선교활동에 활용되고 있다. 이들을 천주교의 브랜드로 만들어 추진하는 사업들은 대부분 선교, 빈민구제, 장학사업 등에 한정되어 있다는 점에서 김수환 추기경과 이태석 신부의 사회적 영성에 미치지 못한다. 이태석 신부가 작사작곡한 노래인 「묵상」의 가사는 오히려 '세계 평화'를 노래하고 있다.

> 십자가 앞에 꿇어 주께 물었네
> 추위와 굶주림에 시달리는 이들
> 총부리 앞에서 피를 흘리며 죽어가는 이들을

왜

당신은 보고만 있냐고

눈물을 흘리면서 주께 물었네

세상엔 죄인들과 닫힌 감옥이 있어야만 하고

인간은 고통 속에서 번민해야 하느냐고

조용한 침묵 속에서 주님 말씀 하셨지

사랑, 사랑, 사랑

오직 서로 사랑하라고

난 영원히 기도하리라

세계 평화 위해

난 사랑하리라

내 모든 것 바쳐

예수에 대한 위험한 기억

마지막으로 해방신학의 입장을 대변해 온 레오나르도 보프 신부가 1992년 6월 28일 사제직을 버리고 평신도가 되면서 전 세계의 교우들에게 보낸 편지의 한 구절을 소개한다. 보프 신부는 "하느님이 사람의 머리에 생각을 심으셨거늘 하느님만 못한 주교가 이를 표현하지 말라 함은 있을 수 없는 일이다."라고 말했던 쿠바의 사상가 호세 마르티의 말을 상기시키면서 이렇게 말한다.

1970년대부터 여느 그리스도인들과 함께 나는 복음을 사회 불의와 억눌린 이들의 외침을 생명의 하느님과 관련지어 설명하고자 애써 왔습니다. 이리 해서 생겨난 것이 해방신학이라는 처음으로 보편성을 띤 라틴아메리카 신학입니다. 해방신학을 통해서 우리는 그리스도 신앙의 해방력을 되찾고 예수에 대한 '위험한 기억'을 오늘에 되살리고자 했습니다. 그럼으로써 그리스도교를 권력자들의 이익에 묶어 두고 있는 쇠사슬을 깨뜨리고 싶었던 것입니다.

교회 안에 있다고 무엇이나 다 옳은 것은 아닙니다. 이 세상 안에는 모든 것을 싸잡는 일이란 없다는 것을 증언하기 위하여 예수는 죽기까지 하셨습니다. 넘어서는 안 될 한계선이 있으니 인간의 권리와 존엄과 자유가 그것입니다. 줄곧 허리를 굽히고만 있는 사람은 필경 병신이 되고 사람 구실을 못하게 됩니다.

보프 신부는 자신의 삶을 고취하는 동기는 "가난한 이들에게서 시작되는 하느님 나라를 위한 투신, 복음에 대한 열정, 이 세상의 고통 받는 이들과 함께 느끼는 연민, 억눌린 이들의 해방을 위한 책임, 비판적인 사고와 극도로 비인간적인 현실 사이의 매개 그리고 끝으로 아시시의 프란치스코 성인이 밝히고 실천한 것처럼 창조계의 어느 존재에 대해서나 자상하게 돌보는 다정한 마음들"이라고 전한다.

이처럼 보프는 자신의 길이 하느님 안에서 복음을 따르는 길이라고 확신했기에 정치권력과 종교 권력에게서 방해받고 박해받는다 해도 기죽지 않는다. 그래서 "무엇이 보람없으랴. 혼이 기죽지 않을진대."라고 말하고 있다.

선의를 위한 전쟁은 없다

가톨릭교회의 그리스도교 평화주의

프란치스코 교종은 권고문 「복음의 기쁨」에서 '공동선과 사회 평화'의 장을 따로 마련했다. 교종은 "평화는 단순히 '힘의 불안한 균형으로 전쟁만 피하는' 것이 아니다. 평화는 하느님께서 원하시는 질서, 더욱 완전한 정의를 인간 사이에 꽃피게 하는 질서에 따라 하루하루 노력함으로써 얻어지는 것"이라고 말한다.

> 사회 평화는 사회의 일부가 다른 이들에게 강요하여 얻은 화친이나 단순한 폭력의 부재로 이해되어서는 안 됩니다. 평화가 가난한 이들을 침묵시키거나 구슬리는 사회구조를 정당화하려는 구실로 쓰인다면 이는 거짓평화입니다. 이러한 사회구조에서 기득권을 누리는 이들은 그들의 생활 방식을 거리낌 없이 고수할 수 있는 반면에, 다른 이들은 어떻게든 살아남으려고 애써야 합니다. 부의 재분배, 가난한 이들의 사회통합, 인권에 대한 사회의 요구는 배부른 소수를 위한 잠시뿐인 평화나 허울뿐인 서면합의를 이룬다는 구실로 짓누를 수 없습니다. 인간 존엄성과 공동선은 자신의 특권을 좀체 포기하지 않으려는 이들의 안위보다 훨씬 드높은 것입니다. 이 가

치들이 위협받을 때 예언자적 목소리를 드높여야 합니다. (218항)

프란치스코 교종이 세계평화를 위해 내놓은 기준 가운데 '시간이 공간보다 위대하다.'는 것은 특별히 팔레스타인을 공간적으로 점령하고 있는 이스라엘에게 주는 시사점이 크다. 교종은 「복음의 기쁨」에서 "사회 정치 활동에서 보는 잘못들 가운데 하나는 공간과 힘을 시간과 진전보다 더 중시하는 것"이라며 "공간을 우선시 한다는 것은 자신을 내세우는 권력이 공간들을 독점하고 모든 것을 현재에 가두어 두려는 무모한 시도"라고 비판했다. 교종은 "우리에게 필요한 것은 사회 안에서 새로운 진전의 열매를 맺도록 다른 사람들이나 단체들과 함께 하는 활동들을 우선시 하는 것"이라고 말했다.

또한 '일치가 갈등을 이긴다.'는 기준도 의미심장하다. 교종은 "갈등 앞에서 어떤 사람은 그냥 바라보다가 아무 일도 없는 것처럼 제 길을 가거나 갈등 속에 들어가 포로가 된 채 방향감각을 잃고 그들 자신의 혼동과 불만을 제도에 투사하여, 일치를 불가능하게 만든다."고 지적했다. 여기에 교종은 제3의 길을 제시하는데, "갈등을 받아들여 해결하고, 이를 새로운 전진의 연결고리로 만드는 것"이라며 "행복하여라, 평화를 이루는 사람들!"(마태 5,9)이라는 성경 구절을 덧붙였다. 한편 이런 평화는 '협상'이 아니라, "다양성을 인정한 가운데 이루어지는 화해"라고 강조했다. 여기에 교종은 2012년 콩고 주교회의가 발표한 국가안전상황에 관한 메시지를 제시했다.

우리의 민족적 다양성이 우리가 가진 부요입니다. ... 오로지 일치를 통하여, 마음의 회개와 화해를 통하여, 우리는 우리나라를 발전시킬 수 있을 것입니다.

제2차 바티칸공의회의 평화론

두 차례의 세계대전을 경험한 제2차 바티칸공의회의 교부들 역시 「사목헌장Gaudium et spes」을 통하여 평화 문제에 관하여 단호한 입장을 표명하고 있다. 인류는 참된 평화를 찾아서 새로이 회심하여야 하며, 평화의 건설자들은 "하느님의 아들이라 불릴 것이므로"(마태 5,9) 행복하다고 선언한 복음의 메시지가 새로운 빛을 발하게 된다고 말한다. 따라서 공의회는 "진실하고 숭고한 평화의 뜻을 해명하며 전쟁의 야만성을 단죄하고, 평화의 주 그리스도의 도우심으로 정의와 사랑에 뿌리박힌 평화를 확립하고 평화의 수단을 강구하기 위해 모든 사람들과 협력하도록" 열렬히 호소한다.

「사목헌장」은 평화는 단순히 전쟁의 부재만이 아니며 정의의 실현이라고 말한다. 하느님께서 인간들에게 당부한 더 완전한 정의가 실현되는 것이 평화라는 것이다. 그리고 이 평화는 한 번에 얻어질 수 없으므로 언제나 꾸준히 건설해야 한다고 말한다.

지상의 평화는 이웃에 대한 사랑에서 생겨나며 하느님 아버지에게서 나오는 그리스도의 평화의 모습이며 결실이다. 육화하신 성자께서는 평화의 임금으로서 당신 십자가를 통하여 모든 사람을 하느님과 화해시키시고 한 백성, 한 몸 안에서 모든 사람의 일치를 회복시키셨으며, 당신 육신 안에서 미움을 죽이시고, 부활하시어 영광을 받으시고, 사랑의 성령을 모든 사람의 마음속에 부어 주셨다. 그러므로 모든 그리스도인은 사랑 안에서 진리대로 살면서(에페 4,15 참조) 참으로 평화를 사랑하는 사람들과 일치하여 평화를 찾아 건설하기를 간절히 바란다.

권리를 옹호함에 있어 폭력을 쓰지 않고 약자에게도 가능한 방위 수단을 택하는 사람들을 동일한 정신으로 칭찬하지 않을 수 없다. 단, 그 방어수단이 타인이나 타 공동체의 권리와 의무를 침해하지 말아야 한다. 인간이 죄인인 한, 전쟁의 위험이 인간을 위협하고 또 그리스도께서 다시 오실 때까지 그러하겠지만, 인간이 사랑으로 결합되어 죄를 극복한다면, 폭력도 극복할 수 있을 것이다. 그 때에는 "나라마다 칼을 쳐서 보습을 만들고 창을 쳐서 낫을 만들리라. 민족들은 칼을 들고 서로 싸우지 않을 것이며, 다시는 군사 훈련도 하지 아니하리라."(이사 2,4)고 하신 성경의 말씀이 채워질 것이다.

_ 「사목헌장」, 78항.

공의회에서는 "전쟁 행위는 모두 다 하느님과 인간 자신을 거역하는 범죄이므로 단호히 단죄하기를 주저하지 말아야 한다."고 강력히 말한다. 힘의 균형을 위해 필요하다고 역설하는 군비경쟁도 진실한 평화의 길이 아니며 오히려 전쟁요인만 증대된다고 보았다. 실제로 군비경쟁은 인류의 막심한 상처이며 또한 가난한 사람들을 견딜 수 없게 해치는 일이라고 선언한다.

우리는 그릇된 희망에 속지 말아야 한다. ... 현대가 지닌 불안의 소용돌이 속에 현존하는 그리스도의 교회는 이렇게 경고하면서도 굳은 희망을 버리지 않는다. 교회는 현대를 향하여, 기회야 좋든지 나쁘든지 몇 번이고 되풀이하여 바오로 사도의 메시지를 전하며, 마음을 고치기 위하여 '지금이 바로 그 자비의 때이며 오늘이 바로 구원의 날'(2코린 6,2)이라고 외치고자 한다." _ 「사목헌장」, 82항.

도로시 데이와 토머스 머튼의 평화주의

요한 23세 교종의 회칙 「지상의 평화」와 제2차 바티칸공의회의 「사목헌장」에 가장 큰 영향을 끼친 인물을 꼽으라면 도로시 데이와 토머스 머튼을 지나칠 수 없다. 1933년 가톨릭일꾼운동을 창립했던 도로시 데이는 제2차 바티칸공의회가 시작된 1963년에 '평화를 위해 일한 어머니' 50명과 함께 로마 순례를 떠나 요한 23세 교종을 알현하였다. 공의회 마지막 회기였던 1965년에는 제2차 바티칸공의회가 모든 전쟁에 반대하는 평화주의 선언을 내놓기를 청원하며 로마에서 19명의 가톨릭 신자들과 함께 열흘간 단식했다. 도로시 데이는 "예수가 제일 먼저 행한 기적은 가나의 혼인잔치에서 행한 기적이었으며, 배고픈 군중들에게 빵을 먹이신 기적이었고, 예수가 마지막으로 행한 기적은 예수를 체포하려는 사람들에게 맞서서 베드로가 그들 가운데 한 사람에게 입힌 상처를 치유하신 것이었다."라고 말했다. 예수는 날카롭게 명령하셨다. "칼을 치워라. 칼을 쓰는 사람은 칼로 망하는 법이다." 도로시 데이는 그 말씀이 베드로에게만 하신 것이 아니라 예수를 따르는 모든 이에게 하신 말씀으로 알아들었다.

한편 토머스 머튼은 1961년부터 〈가톨릭일꾼〉 신문에 「전쟁의 뿌리는 두려움」이라는 연재물을 투고하기 시작하였다.* 이 글은 1962년에 4월에 『포스트 그리스도교 시대의 평화Peace in the Post-Christian Era』라는 책으로 묶여 나올 예정이었다. 그러나 토머스 머튼이 소속해 있던 트라피스트 수도원의 돔 가브리엘 소르테스 아빠스가 전쟁과 평화에 대한 글을 더 이상 쓰지 말라는 지시를 내렸다.

---

* 이 연재물은 나중에 책으로 출간되었다. 한국에서는 『머튼의 평화론』(분도출판사, 2006)으로 번역되었다. 이 글은 이 번역서를 주로 참고하였다.

결국 토머스 머튼은 원고를 한정본 책으로 만들어 비밀리에 돌리게 되었는데, 훗날 바오로 6세 교종이 된 밀라노의 몬티니 추기경도 받아볼 수 있었다. 또한 1962년 12월에는 공의회 토의자료로 교황청에 사본이 들어갔으며, 1965년에 발표된 제2차 바티칸공의회의 문헌인 「현대 세계의 사목헌장」에 중요한 내용들이 반영되었다.

이를 테면 "도시 전체나 광범한 지역과 그 주민들에게 무차별 파괴를 자행하는 모든 전쟁 행위는 하느님을 거스르는 범죄이다. 이는 확고히 또 단호히 단죄받아야 한다."(「사목헌장」, 80항)고 하였으며, 또한 공의회에서는 "양심의 동기에서 무기 사용을 거부하는 사람들의 경우를 위한 법률을 인간답게 마련하여, 인간 공동체에 대한 다른 형태의 봉사를 인정하는 것이 마땅하다."(「사목헌장」, 79항)는 내용을 포함시켜 양심적 병역거부를 지지했다. 사목헌장의 이러한 내용은 이미 1963년 초에 교종 요한 23세가 발표한 회칙 「지상의 평화」를 통해 확인된 것이었다. 이렇게 도로시 데이가 스페인 내란 당시부터 줄곧 견지해 오던 그리스도교적인 절대적 평화주의가 교회 안에 공적으로 받아들여졌다.

토머스 머튼이 〈가톨릭일꾼〉 신문에 '평화론'을 쓰기 시작한 1961년은 존 F. 케네디가 미국 대통령이 된 지 2년, 소련의 흐루시초프가 집권한 지 4년, 피델 카스트로가 쿠바에서 혁명을 일으킨 3년째 되던 해였다. 무엇보다 핵무기 위험이 증폭되던 시기에 '평화'라는 말 자체가 '빨갱이'들의 언어로 받아들여지던 미국 사회에서 머튼은 평화론을 전개했다. 당시 머튼은 군비증강과 핵전쟁의 위험을 예감하며 "핵전쟁의 생존자들은 차라리 죽은 사람들을 부러워하게 될 것"이라고 개탄했다. 머튼은 "우리가 핵전쟁으로 끌려들어가는 이유는 바로 우리 스스로가 혼란에 빠져 있고, 우리의 내면이 공허하며, 우리의 자아가 불만에 가득차 있기 때문"이라고 지적하며 "우리는 자신의 폭력성을 자제해야 할 이유가 없기 때문에 평화로운 세계를 건설하도록 도와주는 내적 동기가 결여되어 있다."고 말했다.

여기서 머튼은 초대 그리스도인들의 종말론적 평화주의와 콘스탄티누스 전환 이후의 '정당한 전쟁론'을 대비시켜, 전쟁에 대한 그리스도인들의 각성을 촉구했다.

초기 그리스도인들은 '그리스도의 평화'를 단순히 '로마 지배하의 평화'(팍스 로마나)에 대한 영적 축성으로 여기지 않았다. 예수가 베드로에게 "그 칼을 칼집에 꽂아라."(요한 18,11)하시고, 칼을 잡은 자는 칼로 망한다고 경고한 것은 단순히 전쟁을 금지한 것이 아니었다. 예수는 전쟁을 축복하지도 금지하지도 않았다. 예수는 전쟁을 아예 당신 왕국 바깥에 있는 것으로 간주했다. 그리스도인들은 이미 로마제국에 속하지 않았기 때문에 황제를 신으로 섬기라는 국가의 명령을 거부하고 차라리 목숨을 내놓은 순교자의 피로부터 성장했다. 그들의 삶은 믿음과 유순과 온유와 인내와 정결의 삶이다. 그들은 다름 아닌 하느님의 권능에만 의존하며, 국가가 아니라 하느님께만 복종한다. 국가는 스스로를 우상화하여 하느님을 모독할 뿐이다. 따라서 그리스도인의 전투는 비폭력적이고 영적이었으며, 이러한 태도는 유례없이 새로운 것이었다. 그리스도인들은 '짐승'(로마제국, 이교도)을 지키기 위해 기꺼이 싸우다 죽을 생각이 없었다.

초대 그리스도인 모두가 단순명료한 평화주의자였다. 물론 로마 군대 안에도 그리스도인이 있었다. 이들 중에는 병사로 있다가 그리스도인으로 개종한 사람이 많았는데, 처음에는 "하느님께서 각자를 부르셨을 때의 상태대로"(1코린 7,17) 병사로 남아 있었는데, 그때만 해도 제국 군대가 일종의 경찰로서 팍스 로마나를 지키는 존재라고 여겨졌기 때문이다. 그러나 병사의 신분을 이상적이라고 여기지는 않았다. 군대에 복무하면 어쩔 수 없이 공식적인 우상숭배에 가담해야 했다. 막시밀리아누스처럼 이 황제숭배를 거부하다 순교한 병사도 있었고, 투르의 마르티누스처럼 전투에 나가 살인을 하라는 명령을 거부한 병사도 있었다. 전승에 따르면, 마르티누스는 "나는 그리스도의 병사이므로 타인을 죽일 수 없다."고 말했다. 그리스도인들은 전쟁에서 싸우기보다 차라리 기꺼이 생명을 바치겠다고 한 최초의 사람들이다.

알렉산드리아의 클레멘스는 그리스도인들을 '평화의 병사'라며, "이들은 하느님의 말씀과 그리스도의 덕성만이 유일한 무기"라고 말했다. 유스티누스는 『호교론』에서 "우리는 이전에는 서로가 서로를 죽이던 사람이었지만 이제 우리는 적과 전쟁을 벌이지 않을 뿐만 아니라 재판관 앞에서 거짓말도 하지 않고 그리스도를 고백하면서 기꺼이 죽겠노라."고 말했다. 테르툴리아누스는 예수가 베드로에게 칼을 거두라고 하셨을 때 "예수께서는 모든 병사의 무장해제를 명하신 것이나 마찬가지다."(『우상숭배론』)라고 말했다.

한편 오리게네스는 『켈수스 논박』(3세기경)에서 로마제국 쇠퇴의 원인을 그리스도교에서 찾은 켈수스의 입장에 반론을 제기했다. 켈수스는 그리스도인이 자신들을 남들과 다른 집단으로 여기고 자신들만 특별히 계시된 진리를 깨달았다고 믿는 것을 견딜 수 없이 미워했다. 그리스도인들은 전통적인 문화와 종교를 거부하고, 스스로 다른 인간들로부터 고립되어 살아가는 '반항아'라고 보았다. 무엇보다 그리스도인들은 무책임하고 이기적이므로 '반사회적 집단'이라는 것이다. 공적인 삶에 참여하지 않고, 시민의 의무도 다하지 않았고, 특히 병역의 의무를 기피했다고 비판했다.

이런 비판에 맞서 오리게네스는 이렇게 설명했다.

그리스도인은 적에 맞서서 자신을 방어하라고 배우지 않았다. 또한 그리스도인은 사람들을 온유하게 대하고, 그들을 사랑하라는 하느님의 계명을 지켰다. 전쟁을 치를 능력이 있다 하더라도 말이다. 하느님께서 언제나 그리스도인을 위해 싸워 주셨고, 때로는 그리스도인의 원수들과 그리스도인을 죽이려 드는 자들을 막아 주셨다.

오리게네스는 사람들이 일치를 이루고 살수 없으므로 전쟁이 일어날 수밖에 없다는 켈수스의 전제를 반박하며 "언젠가는 모든 인간이 로고스 안에서 일치할 때가 올 것"이라는 그리스도인의 믿음을 선포했다. 이어 "우리는 하느님이 계약을 알지 못하던 시절의 전통적 관습을 따르지 않고 이제는 다른 어떤 나라에 대해서도 칼을 겨누지 않으며 더 이상 전쟁 기술을 익히지도 않는다. 우리 주님이신 예수님을 통해 평화의 자식이 되었기 때문이다."라고 말했다. 그리스도인들이 황실에 봉사한다면 무력을 통해서가 아니라 기도로 평화를 보존하는데 힘써야 한다는 것이 오리게네스의 생각이다. 이를 머튼은 "기도라는 무기는 서로 상대방을 겨누지 않는 대신, 인간들을 서로 가르고 싸우게 만드는 악의 세력 그 자체를 겨눈다."고 해석했다.

정당한 전쟁론에 대한 유감

한편 그로부터 200년 뒤에 나타난 아우구스티누스는 콘스탄티누스 대제 이후 제국 안에서 신앙의 자유가 허용된 뒤에 '정당한 전쟁론'을 주장했다. 히포의 주교였던 아우구스티누스는 이교도들의 침략을 보면서 불가피한 전쟁을 논했다. 아우구스티누스는 지상의 이기적 사랑과 천상의 영적 사랑을 나눈 것처럼, 권력과 이익을 향한 이기적이고 덧없는 사랑으로 이루어진 지상도시와 영적 자비로 이루어진 천상도시를 구분했다. 지상의 도시는 외견상 질서를 가질 뿐 사악한 목적을 위해 공모하는 강도떼거리의 질서이지만, 천상의 시민인 그리스도인들도 지상의 도시에 사는 동안 피해 갈 수 없는 게 있다고 보았다.

> 그리스도인은 하늘나라에서 '장가드는 일도 시집가는 일도 없을 것'(루카 20,35)이지만 이 세상에서는 재산도 소유하고 결혼도 하고 자식도 낳아 기르게 된다. 그뿐만 아니라 그리스도인은 성직자나 수도자로서 완전히 영적 삶에 자신을 바치지 않는 이상, 자기가 사는 지상도시에서 벌어지는 전쟁에도 참여해야만 한다.

아우구스티누스 정당한 전쟁론을 피력하며 "이때에 전쟁을 수행하는 방식도 정당해야 한다."고 주장했다. 그는 결국 평화를 구축하기 위한 전쟁을 '정당한 전쟁'으로 보았는데, 사랑의 계명을 어기지 않으면서 전쟁을 치를 수 있는 방안이 있다고 생각했다. 그것은 바로 행동의 '동기'였다. 전쟁의 동기가 정당한 명분과 적에 대한 사랑에서 비롯된 것이라면, 이런 경우에 폭력은 불의가 아니라는 것이다. 이른바 "사랑은 선익을 위해 행하는 자비의 전쟁을 배제하지 않는다."고 말한다. 그러나 '선익'에 대한 판단이 상황에 따라 사람에 따라 서로 다를 수 있다는 게 문제다 "좋은 의도라면 폭력적 수단을 써서 선을 이룰 수 있다."는 아우구스티누스의 '정당한 전쟁론', '정당한 폭력 허용론'은 십자군 전쟁과 이단 심문의 빌미를 제공해 주었다. 머튼은 이렇게 말한다.

> 그 결과 우리는 오랜 세월 동안 왕과 군주와 주교와 사제와 재상들

이 백성들에게 사랑에서 우러나온 마음으로, 내적 좋은 의도를 잊지 말고, 무기를 들고 (다른 그리스도인들을 포함하여) 적들을 죽이라고 얼마나 촉구했던가를 잘 알고 있다. 이 같은 목적을 위해 얼마나 많은 묵주와 성물이 사용되었는지는 주님만이 아실 것이다.

그래도 당시에 수도자와 성직자에게는 전쟁 참여가 금지되었다. 하지만 북방 이교도들이 개종해 그들의 다혈질적 성격이 유럽문화에 이식되면서 수도자나 성직자도 간혹 적에 대해 칼로써 지극한 사랑을 베풀지 않으면 안 될 지경이 되었다. 십자군을 가득 태운 프랑크 왕국의 전함이 비잔티움의 함대로 돌격했을 때, 온몸이 피투성이가 된 어느 라틴 사제가 제의를 걸치고 뱃고물에 서서 적을 향해 화살을 날리는 광경을 본 비잔티움 병사들은 경악했다. 동로마의 비잔틴 병사들도 그리스도인이었기 때문이다. 하지만 여전히 10세기까지는 적군을 살해한 경우에 이런 병사는 전투가 끝난 뒤 40일 동안 단식을 해야 했다. 또한 병사들은 축일과 성주간에는 전투를 할 수 없었다.

실상 아우구스티누스의 전쟁관은 자의적으로 해석될 가능성이 매우 높았다. 16세기에 라틴아메리카의 스페인 정복군은 우상숭배를 행하는 문명을 없애야 한다는 신성한 사명을 띠고, 아메리카의 '미개한' 인종을 살육했다. 이 연장선상에 있는 공산주의에 대한 혐오와 적대감 그리고 공산주의자라면 양심에 거리낌 없이 쓸어버릴 수 있다는 그릇된 신념을 심어 주었다.

제2차 세계대전이 절정에 달했을 때 전투기 조종사들은 민간인을 직접 죽일 의도가 없는 경우라면, 도시 전체를 무차별 폭격할 수 있었다. 나치에 저항해 싸우던 연합군은 분명히 '정당한 전쟁'을 하고 있었으나 '무조건 항복'이라는 무자비한 전략으로 인해

폭격과 공습에 가일층 열을 올렸고, 결국 전쟁을 끝내기 위해서라면 히로시마와 나가사끼에 원자폭탄을 투하할 수도 있었다. 비록 순수한 동기로 정당한 방어 전쟁을 수행하기 시작했더라도 전쟁의 속성상 마찬가지로 '불의한 전쟁'으로 돌변하기 쉽다. 고의적으로 민간인에게 공습을 가하는 행위는 나치와 파시스트가 쓰던 행위였으나, 연합군들도 전쟁의 효과를 보기 위해 이 방식을 채택한다. 실제로 트르만 대통령은 원자폭탄을 투하할 곳을 선정할 때, 이러저러한 해군기지나 요새, 부대 주둔지를 선정한 것이 아니라, 그냥 '도시' 자체를 골랐다. 그 결과 히로시마 도시 전체가 '군사목표'로 취급받았다. 그들이 히로시마를 선택한 이유는 그전에 한 번도 건드리지 않았던 곳이라 원자폭탄의 실제 효과를 확인할 수 있었기 때문이다. 또한 민간인 거주지를 파괴함으로써 일본 국민의 저항의지를 완전히 꺾어놓겠다는 계산이 깔려 있었다. "불의한 침략자를 응징하고 미국인의 생명을 보호한다는 명분으로 원폭은 이렇게 경고 없이 민간인 도시에 투하되었다. '동기'만을 중시하다 보면, 이처럼 "더 큰 악을 막기 위해서라면 더 작은 악은 허용할 수 있다."는 생각까지 가게 된다. 이러다 보면, 결국 그리스도교 신앙이 주장해온 평화론은 '명령'(계명)이 아니라 '참고사항' 정도로 전락하게 된다.

'대가를 치른다.'는 말은 본래 그리스도의 희생과 같은 의미였다. 대속신앙 말이다. 더 고결한 어떤 선을 위해 자신의 이해관계를 떠나 고통이나 역경을 마다하지 않겠다는 뜻이었다. 그러나 오늘날 우리가 '어떤 대가라도 치를 수 있다.'고 할 때는, 실제 우리 편의 수많은 인명 피해를 예상할 뿐 아니라 전국의 2천만, 5천만, 1억, 2억의 인명 피해를 예상하고 있는 것이다. 토머스 머튼은 "그 어떤 대가라도 치를 수 있다니! 희생 번제의 연기에 취해 우리는 적국의 아이들을 희생 제물로 바칠 자세가 되어 있는 것 같다. 우리는 심지어 중립국까지 모조리 쓸어버릴 것이다. 우리는 전 세계를 죽음의 낙진으로 뒤덮을 것이다."라고 절망적인 평가를 내린다.

　세계평화를 위해 반드시 필요한 적응과 희생을 위해 힘들고 까다롭고 자존심 상하는 과정을 밟느니 차라리 그 누구라도, 그 어떤 것이라도 희생시키고 말겠다는 것이다. 설령 종교적 자유를 지킨다는 명분이 완전히 진실이라 하더라도 전 세계를 희생시키면서까지 그렇게 하겠다는 것은 부조리하고 부도덕한 태도다. 하지만 우리가 자유와 권리와 인간적 진실을 옹호한다고 말할 때, 실제로는 무책임한 행동과 흥청대는 삶과 돈벌이의 자유를 말하고 있는 게 아니라고 감히 말할 수 있을까?

　토머스 머튼은 전쟁의 이면에 자리 잡은 것은 사실상 대의명분과 다를 수 있다고 말한다. "우리가 지키려고 하는 게 무엇인가? 우리의 종교인가, 우리의 물질적 부인가? 아니면 종교와 돈을 우리가 완전히 동일시하게 되어서 그 둘을 구분하는 것이 이제 도저히 불가능한 지경에까지 이르렀는가"를 묻는다.

　토머스 머튼은 "콘스탄티누스 대제 이전에, 그러니까 진정한 의미의 그리스도인 병사들이 비폭력적으로 그리스도를 증거한 순교자이던 시절에, 그리스도교는 이미 중요한 승리를 모두 거두었다. 그러나 과연 십자군은 도대체 얼마나 성지 예루살렘을 정복할 수 있었던가" 묻는다. 따라서 머튼은 "우리 시대에 필요한 사람은, 말로 표현하든 표현하지 않든 사회적 행동 속에서 복음의 진리를 현양하는 그리스도인"이라고 말한다. 아울러 세상과 담을 쌓고 인

204

간사회에 대한 관심을 저버린 채 하느님과 관계된 일에만 온전히 자신을 바치겠다는 것은 '사이비 관상적 영성'이라고 비판하면서, "그리스도인은 자신의 행동으로 발언해야 한다."고 호소했다.

> 그리스도인의 정치적 행동이 투표장 안에서 끝나서는 안 된다. 그리스도인의 행동은 누구에게나 명백하게 드러나야만 하며, 그리스도교의 진리를 크고 또렷한 목소리로 말해야 한다. 또한 그리스도인은 그러한 진리를 자기희생으로 지킬 각오가 되어 있어야 한다. 악을 악으로 갚지 않는 것은 그리스도교적 용서의 덕스러운 표현이다. _ 레오 대교황

예수의 평화론

이와 관련해 예수의 예루살렘 입성에서 죽음과 부활까지 다룬 마커스 보그와 존 도미닉 크로산이 지은 『마지막 일주일』(다산초당, 2012)에는 주목할 만한 내용이 담겨 있다. 기원전 30년경 어느 봄날 예루살렘에 입성하는 두 행렬이 있었다. 이날은 그리스도교인들이 성지주일로 기념하는 유월절 첫날이었다. 첫 번째 행렬은 예루살렘 동쪽에서 당나귀를 타고 추종자들의 환호를 받으며 올리브 산에서 내려오고 있는 예수의 일행이었다. 예수는 나자렛 출신으로 농민들의 지지를 받으며 하느님 나라를 선포해 왔다. 그들은 갈릴래아에서 남쪽으로 약 100마일 정도 떨어진 예루살렘을 향해 줄곧 여행을 해 왔다.

맞은 편 서쪽에서는 이두메와 유대와 사마리아를 다스리는 로마 총독 본디오 빌라도가 예루살렘에서 서쪽으로 60마일 떨어져 있는 가이사랴 해변을 출발해 제국의 기병대와 보병을 거느리고 예루살

렘으로 들어오고 있었다. 책에서는 이 행렬을 두고 "예수의 행렬은 하느님 나라를 선포하는 것이었으며, 빌라도의 행렬은 제국의 권력을 과시하는 것이었다."고 적었다. 유대교의 중요한 절기들에는 수많은 대중들이 순례하기 때문에, 로마 총독은 그 기간에 예루살렘에 머무는 게 관행이었다. 빌라도가 이끌고 온 군대의 임무는 유대교 성전과 성전 뜰이 내려다보이는 곳에 위치한 안토니아 요새에 상주하는 주둔군을 지원하는 일이었다. 제국의 군대가 입성하는 모습은 이렇게 묘사되었다.

> 말을 탄 기병들, 보병들, 가죽 갑옷, 투구들, 병기들, 깃발들, 깃대 위에 앉은 황금독수리들, 금속에 반사되어 빛나는 태양, 그 소리는 또 어떤가? 행군하는 군화소리, 가죽이 스치면서 삐걱거리는 소리, 말고삐가 쩔렁거리는 소리, 진군의 북소리, 먼지의 소용돌이, 말없이 응시하는 눈들, 호기심을 가지고 보는 눈들, 놀라움으로 바라보는 눈들, 분노로 이글거리는 눈들.

로마의 '제국주의 신학'에서 황제는 단순히 로마의 지배자가 아니라 하느님의 아들이었다. 이런 신학은 기원전 31년부터 기원후 14년까지 로마를 다스렸던 아우구스투스 황제와 함께 시작되었다. 그의 아버지는 그의 어머니 아티아에게서 그를 낳게 한 아폴로 신이었다. 전해 진 비문에 따르면, 그는 지상에 평화를 가져다 준 '하느님의 아들'이며 '주님'이며 '구원자'였다. 죽은 뒤에도 하늘로 올라가 신들 사이에서 영원히 머무는 것이 목격되었다고 전해진다. 예수가 활동했던 14년부터 37년까지 로마의 황제였던 티베리우스도 그 중에 하나였다. 그러므로 빌라도의 위압적인 행렬은 '힘에 의한 평화'를 과시하는 제국의 신학을 잘 보여주고 있다.

그들은 황제의 탄생뿐 아니라 황제 자신이 '복음'이라고 선포했다.

그런데 예수의 행렬은 어떠한가? 예수는 마치 미리 계획된 정치적 퍼포먼스처럼 한 번도 멍에를 매지 않은 어린 나귀를 타고 추종자들과 같은 눈높이에서 교감하며 그들이 벗어놓은 겉옷을 밟고 지나간다. 예수는 즈카르야 예언자의 상징을 사용하고 있는 것이다.

> 딸 시온아, 한껏 기뻐하여라. 딸 예루살렘아, 환성을 올려라. 보라, 너의 임금님이 너에게 오신다. 그분은 의로우시며 승리하시는 분이시다. 그분은 겸손하시어 나귀를, 어린 나귀를 타고 오신다. 그분은 에프라임에서 병거를, 예루살렘에서 군마를 없애시고 전쟁에서 쓰는 활을 꺾으시어 민족들에게 평화를 선포하시리라. 그분의 통치는 바다에서 바다까지, 강에서 땅끝까지 이르리라. (즈카르야. 9,9-10)

마태오 복음에서는 예수의 예루살렘을 입성을 두고 직접 즈카르야 예언서를 인용해 "딸 시온에게 말하여라. 보라, 너의 임금님이 너에게 오신다. 그분은 겸손하시어 암나귀를, 짐바리 짐승의 새끼, 어린 나귀를 타고 오신다." (마태 21,5)고 전한다. 예수의 행렬이 선포하는 평화의 임금은 더 이상 전차와 말이 필요 없도록 전쟁을 추방하고 평화를 선포할 것이다. 그러나 예수의 행렬 맞은편에서 일어나고 있는 빌라도의 행렬은 제국의 권력과 폭력을 상징하는 것이었다.

교회는 도로시 데이와 토머스 머튼, 요한 23세 교종이 이미 전했고, 제2차 바티칸공의회가 선포했듯이, 무력에 의한 평화를 반대한다. 양심적 병역거부를 지지하며, 십자가에 사람을 매다는 폭력이 아니라 스스로 십자가를 지시는 비폭력을 통해 평화를 이루고자 한다. 이것은 폭력을 용인하는 것이 아니라, 폭력을 자비로 대함으로써 폭력의 '극악함'을 폭로하고, 그 적개심을 증발시켜 버리려는 하느님의 마음이다. 그리스도인은 빌라도의 '황제'인 하느님이 아니라 예수의 '아빠'인 하느님을 믿는다.

너희가 돈을 믿느냐

    교종 프란치스코는 사도적 권고 「복음의 기쁨」에서 '돈'을 새로운 우상이라고 말했다. 교종은 경제성장이 세상을 더욱 정의롭고 평등하게 만들 것이라는 낙수효과 이론을 먼저 비판했다. 이러한 경제질서는 '무관심의 세계화'를 만들어 내고, 결국 다른 이들을 배척하는 생활양식을 뿌리내리게 한다. 교종은 신자유주의가 "알게 모르게 다른 이들의 고통스러운 절규 앞에서 함께 아파할 줄 모르고 다른 이들의 고통 앞에서도 눈물을 흘리지 않으며 그들을 도울 필요마저 느끼지 못하게 만든다."(54항)고 지적하면서 '돈에 대한 물신주의'를 비판했다. 물신주의는 '비인간적 경제독재'의 결과이다.

    이스라엘에서 가장 참혹한 전쟁인 '유대전쟁'은 돈에 대한 로마인들의 탐욕이 불러 온 것이었다. 기원후 64년, 유다에 새로 부임한 로마 총독 게시우스 플로루스는 유다의 재산을 울궈 내기 위해 예루살렘 성전 안에 있는 보물을 직접 거두어 가겠다고 나섰다. 그러자 성전을 지키려고 했던 유대인들이 몰려왔고, 총독의 군대는 3천 명의 유대인을 살해했다. 유대인 통치자 아그리파 2세 역시 그녀들의 편을 들었다.

> 더 고결한 자유를 향한 열망에 부푼, 셀 수 없이 많은 민족들이
> 로마인들에게 복종했습니다. 그런데 우주가 다 복종하는 그들의
> 노예가 되는 것이 부당하다는 것입니까? ... 하느님의 도움을 믿는
> 것밖에는 도리가 없습니다. 그러나 그분 역시 로마인들의 편에 서
> 있습니다. 왜냐하면 하느님이 없다면, 그런 하나의 제국을 세우는
> 일이 불가능했을 것이기 때문입니다.

기원 후 70년, 유대전쟁 때는 수많은 사람들이 성벽 기슭에서
십자가에 매달려 처형되었다. 성 안에는 굶주림으로 떠는 사람
천지였으니, 하루는 사람들이 자기 아기를 굽고 있는 여인을 현장
에서 잡은 적도 있었다. 결국 예루살렘의 유대인들은 대부분 로마
군대에 의해 참살당했으며, 성전은 약탈당하고 불타올랐다. 살아
남은 자들은 검투사들의 경기를 위해 로마에 보내졌고, 나머지는
노예 시장에 팔려 나갔다. 그 후 로마 황제의 사유지가 된 유다에서
는 '정복된 유대'라는 글귀가 새겨진 기념주화가 발행되었다. 돈에
대한 탐욕 때문에 숱한 목숨을 앗아 간 로마제국이 '돈'에 기념사를
박아 넣은 것이다.

잠들지 않는 자본의 태평천국

자본의 질서는 군대처럼 일사불란한 메커니즘에 의해 운영된다.
이는 인간의 질서를 넘어서는 자율적 구조이다. 자본과 황제는
같은 지위를 얻는다. 아리스티데스가 로마의 지배 체제를 두고
"오직 한 사람이 수많은 사람들을 지배하고 사신들과 대신들을

자기 휘하에 두며 모든 것을 혼란이나 자극 없이 조용히 관철시킨다면, 그 어떤 질투도 존재하지 않으며 도처에서 정의와 존경심이 지배하고 모든 사람이 일한 만큼의 몫을 받게 된다." 하였지만, 오늘날 이러한 놀라운 현실을 창조해 내는 힘은 '자본'에 있다.

로마에서 황제는 제국에 우선하고, 제국은 자신의 우두머리인 황제만을 바라보고, 모든 명령권은 다시금 그로부터 시작되었다. 이처럼 오늘날 자본은 나라와 국경과 인종과 모든 가치에 우선한다. 만사만물을 지배하는 원리가 돈과 자본에서 비롯된다. 그 대행자가 기업이든 금융 기관이든 어느 투자가이든지 '돈'이 중심이 되는 것은 마찬가지다. 로마제국의 소원이 '황제 만세'였듯이, 오늘날 자산가들의 소원은 '자본 만세'이다. 그러나 돈의 혜택에서 제외된 사람들은 '요절'할 운명이다.

철학자 세네카는 클라우디우스 황제가 세상을 구원하기 위해 자신을 희생하고 있다고 말했다. "그는 잠들어 있는 모든 인간을 지키기 위해 깨어 있고, 모든 인간의 평안을 위해 긴장해 있으며, 모든 인간의 안락을 위해 힘들게 일한다. 황제는 이 땅에 현신한 이후 자기 자신을 포기했다. 그는 항상 자신의 궤도를 돌고 있는 천체의 별들과 같이, 한곳에 머무르거나 자신의 개인적인 일을 위해 행동하지 않는다." 오늘날 금융과 자본을 다루는 빌딩가의 형광등 불빛은 꺼질 줄을 모르고 밤을 밝힌다. 그리고 그들이 내쏘는 빛 때문에 사그라진 도시의 어둠은 돈 없는 불행한 중생의 마음속으로 스며든다.

이들 자본의 황군皇軍들은 언제나 유토피아를 광고한다. 그리고 이에 도전하지 않는 체제를 '평화'라 부른다. '자본의 태평천국'은 이런 방식으로 존재한다. 그러나 이 말 뒤에는 엄청난 그림자가 깔려 있다. 자본에 복종하든가, 아니면 죽음을 예비해야 한다. 브리

타니아의 칼가쿠스 장군은 로마에 맞서 적절하게도 이렇게 말했다.

(로마에) 복종하고 충성함으로써 그들의 거만한 폭력을 피할 수 있다고 생각하는 것은 잘못이다. 세계의 강도들은 땅에서 노획할 것이 더 나오지 않으면 바다까지도 샅샅이 뒤진다. 적이 부자이면 그들에게 탐욕을 불러일으키고, 적이 가난하면 그들은 명예욕을 내세운다. 그들은 동양이나 서양에 만족하지 않는다. 그들은 부와 가난을 동시에 열망한다. 그들은 약탈, 살인, 강도질에 '지배'라는 잘못된 이름을 붙였다. 그들은 세상을 황폐화시키는 것을 '평화'라고 부른다. 누구에게나 가족은 가장 소중한 법인데, 그들은 우리한테서 어린 아이와 가족들을 빼앗아 다른 곳에 노예로 팔았다. 우리의 처와 자매들은 친구와 손님임을 자처하는 자들에게 강간을 당했다. 소유물은 세금이 되었고, 땅의 결실들은 곡물세가 되었으며, 우리의 몸과 손은 채찍과 욕설이 춤추는 도로 작업장에서 갈갈이 찢겨졌다. 노예로 태어난 자들은 다시 한 번 팔려 나가 그들의 주인이 주는 음식을 먹고 자란다.

맘몬에 저항하는 하느님

이와 정반대의 진영에 계신 분이 하느님이시다. 그리고 그리스도교는 군대의 깃발 대신에 십자가를 들고 이른바 '맘몬'으로 상징되는 황제와 자본의 세력에 대항하는 영적 싸움을 지속한다. 교부 요한 크리소스톰은 이렇게 말했다.

우주의 주인이신 창조자께서 말씀하신다. "너희는 내가 주렸을 때 먹을 것을 주지 않았고."(마태 25,42)라고. 이 말씀을 듣고도 꿈쩍하지 않는다면 얼마나 무쇠 같은 심장인가? 그대들의 주님께서 저기 계시다. 그분께서 굶주림으로 죽어가고 있는데, 그대들은 폭식을 하고 있다. 끔찍한 일은 이것뿐이 아니다. 그대들은 폭식을 하면서 말없이 그분을 경멸한다. 그분께서 그대들에게 부탁하는 것은 아주 적은 양이다. 굶주림을 달랠 수 있는 **빵** 한 조각이다. 그분이 저기 계신다. 그분이 추위로 죽어 가는데 그대들은 비단옷을 입고 그분에게서 눈길을 돌리고 동정도 보이지 않으면서 무자비하게 제 갈 길을 간다. 이 같은 행동이 어찌 용서를 받을 수 있겠는가?

"쓰레기더미에서 울고 계시는" 예수를 외면케 하는 것이 맘몬의 힘이다. 예수는 맘몬이 하느님과 양립할 수 없다고 천명하신다. "아무도 두 주인을 섬길 수 없다. 한편을 미워하고 다른 편을 사랑하거나, 한편을 존중하고 다른 편을 업신여기게 된다. 너희는 하느님과 재물(맘몬)을 아울러 섬길 수 없다"(마태 6,24; 루카 16,13). 맘몬은 사람들 사이의 관계를 일그러뜨리기 때문이다. "죄 없는 사람을 빚돈에 종으로 팔아넘기고, 미투리 한 켤레 값에 가난한 사람을 팔아넘긴다"(아모 2,6). 이렇게 돈 또는 맘몬은 하느님의 정의와 하느님의 자비를 거스른다. "은전 서른 닢 때문에" 유다는 예수를 팔아 넘겼고, 부활의 기적을 보고 깜짝 놀란 병정들은 진실을 밝히지 않는다는 조건으로 많은 돈을 받았다. 그러므로 카이사르의 것(돈)은 카이사르에게 돌리고, 진실에서 우러나오는 사랑과 복종은 하느님께 돌리라고 예수는 권고한다(마태 22,31).

돈을 사랑하는 것은 모든 악의 뿌리

아울러 사도들은 "돈을 사랑하는 것은 모든 악의 뿌리"(1 디모 6,10)

라고 일갈하고 있으며, 구약 전체를 통하여 초대 교회에서까지 고리 대금업과 이자놀이는 사람들을 노예 상태로 떨어뜨리는 까닭에 단죄받았다. 야고보 사도는 더욱 강력하게 호소한다. "부자들에게 한마디 하겠습니다. 당신들에게 닥쳐올 비참한 일을 생각하고 울며 통곡하십시오. 당신들의 재물은 썩었고, 그 많은 옷가지들은 좀먹어 버렸습니다. 당신들의 금과 은은 녹이 슬었고, 그 녹은 장차 당신들을 고발할 증거가 되며, 불과 같이 당신들의 살을 삼켜 버릴 것입니다. 당신들은 이와 같은 말세에도 재물을 쌓았습니다. 잘 들으시오. 당신들은 당신들의 밭에서 곡식을 거두어들인 일꾼들에게 품삯을 주지 않고 가로 챘습니다. 그 품삯이 소리를 지르고 있습니다"(야고보 5.14). 오죽하면 야고보 사도가 "누구든지 이 세상의 친구가 되려고 하는 사람은 하느님의 원수가 됩니다."(야고보 4.4)라고 말했는지 생각할 필요가 있다.

그러므로 이 세상의 돈(資本)을 장악하고 돈으로 돈 먹기를 하려는 다국적 기업, 국제 금융 그리고 우리의 탐욕적 세계관은 복음 앞에서 단죄받는다. 하느님 나라에서 미래를 보장받지 못한다. "하느님께서 이런 포악한 자들을 힘으로 휘어잡으시리니, 한번 일어나시면 그들의 생명은 안개같이 사라지리라. 배를 퉁기며 살도록 내버려 두셔도 실상은 그의 걸음을 낱낱이 헤아리신다네. 물거품 같은 영화는 지나가서 자취도 없게 되고, 찐 나물처럼 쓰러져 뽑히고, 이삭처럼 잘려 버릴 것일세"(욥 24.22~24). 그렇게 될 운명이었다. 이런 상황 한가운데서 우리네 삶의 자리가 어디에 있는지 자문해 볼 차례다.

이미 우리 마음의 모래톱은 탐욕적 세계관에 깊숙이 깎여 내려갔다. 공공연한 맘몬의 화신(化身)뿐 아니라, 가난의 현재 진행형이자 잠재적 탐욕의 화신들이 들끓는 것이 이 세상의 참상이다. 그러나

달이 차면 기울게 마련이다. 만개한 자본주의 꽃은 그 빛이 현란할수록 목숨을 마감할 때가 가까이 왔음을 깨달아야 한다. 육신의 따스함보다는 나뭇가지를 스치는 바람 속에서 신운神韻을 읽으려 했던 시인의 마음이 고해苦海에 징검다리를 놓을 것이다.

내 언제고 지나치는 길가에 한 그루 남아 선 노송老松 있어 바람 있음을 조금도 깨달을 수 없는 날씨에도 아무렇게나 뻗어 높이 치어든 그 검은 가지는 추추히 탄식하듯 울고 있어, 내 항상 그 아래 한때를 머물러 아득히 생각을 그 소리 따라 천애天涯에 노닐기를 즐겨 하였거니, 하룻날 다시 와서 그 나무 이미 무참히도 베어 넘겨졌음을 보았나니.

진실로 현실은 이 한 그루 나무 그늘을 길가에 세워 바람에 울리느니보다 빠개어 육신의 더움을 취함에 미치지 못하겠거늘, 내 애석하여 그가 섰던 자리에 서서 팔을 높이 허공에 올려 보았으나, 그러나 어찌 나의 손바닥에 그 유현幽玄한 솔바람 소리 생길 리 있으랴. 그러나 나의 머리 위, 저 묘막渺漠한 천공天空에 시방도 오고 가는 신운神韻이 없음이 아닐지니 오직 그를 증거할 선善한 나무 없음이 안타까울 따름이로다.

_ 유치환, 선한 나무

성모 마리아와 더불어 어떻게 기도할까

"은총이 가득하신 마리아님"으로 시작되는 성모송을 자주 입술에 올려야 하는 묵주기도는 가톨릭 신자들에게 가장 대중적인 기도양식이다. 위급한 일이 생기면, "어이쿠! 어머니" 하듯이, 우리는 엄마이신 마리아에게 특별한 애정을 담아 기대고 싶어 한다. 아드님 예수와 우리들 사이에서 가장 친밀한 눈빛으로 우릴 받아들일 태세를 언제나 갖추고 계시는 분이 마리아라고 '정서적으로' 느끼기 때문이다.

사랑하는 사람들은 서로 친밀감을 확인하기 위해서 몸을 만지고 싶어 한다. 영성작가인 헨리 나웬은 이러한 스킨십이 "그들의 사랑을 더 실제적이며 깊은 차원으로 인도한다."고 말한다. 마리아는 이 세상에서 가장 많이 가장 자주 어린 시절 아드님 예수의 몸을 어루만졌을 것이고, 아드님 예수의 기저귀를 갈아 주고 필요한 음식과 음료를 나누어 주셨을 것이다.

사랑 안에서 이루어지는 깊은 일치를 경험한 마리아와 예수를 생각한다면, 우리가 마리아께 공경을 드리는 것은 곧 예수께 드리는 사랑과 다르지 않다. 이분들은 서로 온전히 연결되어 있기 때문이다. 그러므로 십자가 아래서 마리아는 당신의 자식을 받아들이듯 요한을 제 자식으로 삼으셨고, 요한 또한 마리아를 어머니로 받아들인 것이다. 이처럼 마리아는 우리가 바라는 것을, 때로는 어린애처럼 이기적인 요구일지라도 받아 주시려 애쓰실 분이다.

복을 비는 마음, 이웃에게로

그래서 묵주기도는 대개 청원기도다. 무엇인가 바라는 바가 있어서 우리는 묵주알을 굴리며 간절하게 마리아께 매달리곤 한다. 우리가 주로 바치는 묵주기도의 '지향'은 무엇일까? 교회공동체 안에서 바치는 공동기도가 아니라면 대개 내 자식을 위하여, 내 가족을 위하여 모든 묵주기도를 바친다. 우리 가족들의 건강과 안전과 성공을 위하여 비는 것이다. 가족을 위해 기도하는 것을 나무랄 수는 없지만, 문제는 우리가 바치는 기도의 90퍼센트가 자기 자신이나 가족의 범주를 넘어서지 못한다는 데 있다. 이를 두고 '개인 구복적 기도'라고 부른다.

복을 비는 것이야 종교생활에서 빠질 수 없지만, 개인의 복만 빌어서야 제대로 된 신앙이라고 말할 수 없다. 왜냐하면 그렇게 빌어서 소원이 성취되지 않으면 그 원망의 화살을 마리아께, 하느님께 돌리지 않으리라는 보장이 없다. 이렇게 저렇게 간청했건만 소원을 들어 주시지 않는 야속한 하느님을 믿을 수 없다는 푸념이 나올 수도 있다. 그것은 참 위태로운 신앙이다. 그리스도교 신앙은 부활의 기쁨만 아니라 십자가의 고통을 받아들여야 한다는 것을 이해하지 못하는 신앙이기 때문이다.

이런 분들은 "그리스도교는 노예들의 종교"라고 말했던 시몬 베유를 이해하지 못한다. 노예들의 안위를 염려하는 종교가 그리스

도교 신앙이다. 여기서 예수가 남루한 마구간에서 노동자였던 아
버지의 보호를 받으며 '비천한' 여인의 몸을 빌려 태어나셨음을
다시 기억할 필요가 있다.

우리가 어렸을 때는 뭐든지 자기중심적으로 생각하고 뭐든 요구
한다. 배고프면 밥 달라, 목마르면 물 달라 청한다. 엄마는 무조건
내 요청을 들어주려고 존재한다고 여긴다. 그러나 우리가 어른이
되면 엄마도 엄마 이전에 한 여자임을 깨닫게 된다. 한 여자로서,
한 아이의 어머니로서, 한 사내의 아내로 세상을 살면서 얼마나
힘든 날들이 많았을까, 생각하며 그분을 위로할 여지가 생긴다.
그리고 이젠 내가 원하는 것이 아니라 그분이 정말 원하시는 바가
무엇인지 헤아리게 된다. 성숙한 신앙이란 이제 내 사정에 얽매어
청하기 전에 그분 마리아가 원하시는 바가 무엇인지 생각해 보는
것이다.

예수가 원한 것을 원하시는 엄마, 마리아

마리아는 메시아이신 예수가 원하던 것을 원했기에 '거룩한 엄
마', 성모聖母가 되신 분이다. 그분은 예수와 더불어 하느님께서 원
하시던 바가 그대로 이뤄지기를 갈망했다. 그러면, 예수는 무엇을
갈망했을까? 마리아가 노래했던 마니피캇은 예수께서 공생활 벽
두에 나자렛에서 선포한 '희년' 선포와 내용이 크게 다르지 않다.

주님께서 나에게 기름을 부어주시니 주님의 영이 내게 내리셨다.
주님께서 나를 보내시어
가난한 이들에게 기쁜 소식을 전하고
잡혀간 이들에게 해방을 선포하며

218

눈먼 이들을 다시 보게 하고

억압받는 이들을 해방시켜 내보내며

주님의 은혜로운 해를 선포하게 하셨다.(루카 4,18-19)

때마침 프란치스코 교종이 '자비의 특별 희년'을 선포했다. 그리고 2015년 4월 11일에는 바티칸 성 베드로 대성전에서 "예수 그리스도는 아버지의 자비의 얼굴입니다."로 시작하는 교황칙서 「자비의 얼굴Misericordiae Vultus」을 발표했다. 가난한 이들에 대한 교종의 특별한 관심을 알 수 있는데, 이 교황칙서에서 프란치스코 교종은 "자비는 하느님께서 우리에게 보여 주신 행동을 나타내는 핵심 단어"라면서 "우리는 점점 우리의 삶에서 하느님 아버지의 자비를 드러내도록 요청받는다."고 밝혔다. 교회와 그리스도인은 '지금 여기에서' 망설임 없이 자비를 행하라는 요청이다.

마리아가 아드님 예수의 희년선포와 같은 맥락에서 노래한 마니피캇은 "통치자들을 왕좌에서 끌어내리시고 비천한 이들을 들어 높이셨으며, 굶주린 이들을 좋은 것으로 배 불리시고 부유한 자를 빈손으로 내치셨다."는 내용이다. 그런 하느님의 나라를 갈망하는 것이다. 이 나라에서 세상이 평화를 되찾고 만인이 자매형제로 사랑을 나눈다. 가족주의에서 벗어나 모든 이들을, 특별히 가난한 이들을 내 형제가족처럼 돌보게 된다. 그러므로 어른이 된 신앙인들의 기도는 조금씩 바뀌어야 한다. 무엇을 좀 해 달라는 기도는 좀 접어 두고, 내가 누군가에게 무엇이든 도움이 될 수 있도록 청해야 한다. 아픔일랑 제게 주시고, 세상에 그리스도의 평화가 오길 갈망하는 것이다. 내 고통my pain에서 벗어나 '세상의 고통the pain'을 없애기 위해 투신해야 한다.

온유한 사랑의 혁명을 믿는 자

프란치스코 교종은 「복음의 기쁨」에서 마리아를 '복음화의 어머니', '복음화의 별'로 표현하면서, 그분을 따라 걸어가라고 권했다. 만삭의 몸으로 발현한 멕시코의 과달루페의 성모처럼, 교종은 "마리아께서 탁월한 믿음으로 세상에 주님을 낳아 주셨고, 이제 '여인이 나머지 후손들, 곧 하느님의 계명을 지키고 예수님의 증언을 간직하고 있는 이들'(묵시 12,17)과도 동행해 주실 것"이라며, 성모 마리아처럼 신자 한 사람 한 사람은 "저마다 다른 방식으로 그리스도를 낳는다."고 선언했다.

교종이 말하는 '마리아 방식'의 신앙은 "온유한 사랑의 혁명이 지닌 힘을 믿는 것"이다. 우리는 묵주기도를 바치면서 마리아가 "바로 정의를 추구하는 우리에게 따스한 온기를 가져다주시는 분"이심을 기억해야 한다. 성모 마리아는 나자렛에서 기도하고 일하는 여성이며, "다른 이들을 돕고자 '서둘러' 당신 마을을 떠나시는 도움의 성모"라고 교종은 말한다. 그러니 우리 신자들도 '안온한 교회 안에'만 머물지 말고 묵주를 손에 쥐고 '서둘러' 지금 고통받고 있는 사람들 가까이 가야 한다. 그들 안에 머무시는 그리스도께서 지금도 우리를 애타게 기다리고 계신다.

그때 하느님은 어디에 계셨을까

　정오였다. 산 사람은 살아서 위장에 밥을 집어넣으러 식당에 앉아 있는데, 창밖이 일순간 어두워지며 비가 쏟아진다. 비정한 세상, 선박회사의 탐욕과 무능한 정부와 인정머리 없는 대통령이 304명의 목숨들을 바다에 수장시킨 시각이었다. 탐욕은 발뺌을 하고 '국가'가 사라진 그날, 아이들은 기울어가는 배에서 SNS로 타전하고, 감당하기 어려운 죽음을 준비하고 있었다.

　2014년 4월 16일 이후, 나는 세월호 선박 안에서 아이들이 스마트폰으로 촬영한 동영상을 끝까지 본 적이 없다. 볼 수가 없었다. 짐짓 광화문에도 가지 않았다. 먼발치에서만 세월호를 보는 법을 익혔다. 어린 딸을 키우는 아비로서, 딸 같은 그 아이들의 천진함을 알고 있는 아비로서, 그 무죄한 죽음에 동의할 수 없었다. 한 1년이 지나고 나서야 광화문을 찾았고, 팽목항에 다녀왔다. 아직도 현실 같지 않은 그날의 참담함을 되짚어 볼 수 있는 용기를 가져 본다.

　손목에 노란 추모 매듭을 묶고, 홀로코스트를 경험한 유대인처럼 묻는다. "그때 하느님은 어디에 계셨는가?" 제2차 세계대전 당시에 나치는 무자비하게 유대인을 학살했다. 『신은 낙원에 머물지 않는다』(북인더갭, 2013)라는 책을 쓴 엘리자베스 A. 존슨은 뮌헨 근처의 다하우 수용소에 방문했던 경험을 이렇게 적고 있다. 각종 고문 기구를 전시한 수용소 박물관에는 알베르토 마인스링어라는 이름의 수감자가 입었던 해진 줄무늬 옷 한 벌이 걸려 있었다고 한다. 그리고 바로 옆에 두 장의 종이가 진열되어 있다. 그가 입소할 때 쓴 글과 출소할 때 남긴 기록이었다.

1939년 입소기록에는 몸무게 114킬로그램이었고, 그의 종교는 가톨릭이었다. 그런데 1945년 출소기록에는 몸무게 41킬로그램, 종교란엔 "없음"이라고 적혀 있었다.

배고픔과 구타, 격한 노동과 죽음에 대한 공포로 알베르토의 몸이 마르는 것만큼 영혼도 그러했다. 대자대비하신 하느님에 대한 믿음 역시 저절로 증발해 버리고 말았다. 그래도 그는 살아남았지만, 300만 명의 비유대인들이 그처럼 고통을 겪고 죽었으며, 단지 유대인이라는 이유만으로 600만 명의 사람이 학살당했다. 이 고통의 현장에서 사람들은 물었다. "그때 하느님은 어디에 계셨냐?"고. 여기서 '자비로운 군주'의 이미지를 가진 하느님, 전지전능하고 무소부재하시며, 대자대비하신 하느님은 입을 닫아야 했다.

교회와 신학자들은 꿀 먹은 벙어리가 되었다. 만약 사랑 그 자체이신 하느님께서 이 무고한 생명들의 죽음을 막을 능력이 있지만 막을 생각이 없었다면 그 하느님은 '무자비한' 하느님이다. 아니, 이 무고한 죽음을 막을 능력이 없는 하느님이었다면 이 하느님은 '무능한' 하느님이다. 이처럼 무자비하고 무능한 하느님이라면 우리가 그분을 섬길 이유가 도대체 어디에 있다는 말인가. 독일신학자 몰트만은 "예수가 무고하게 십자가에서 돌아가실 때 하느님도 함께 돌아가셨다. 이처럼 유대인들이 가스실에서 학살당할 때 하느님도 그들과 더불어 학살당했다."고 전했다. 카를 라너는 하느님을 전능한 군주, 해결사 하느님이 아니라, "고통 받는 인간과 더불어 근심하는 존재"라고 말했다.

하느님은 죄 없는 이들과 함께 죽음으로써, 사람들을 죽음으로 몰아간 악의 실체를 고스란히 폭로하셨다는 것이다. 그렇다면 하느님의 백성들이 선택할 수 있는 길은 하나밖에 남지 않는다. 국가권력과 인간폭력에 저항하는 길뿐이다. 그 길만이 사람들 안에 계신 하느님을 살리는 길이다. 〈뜻밖의 소식〉 인터뷰 과정에서 만났던 단원고 2학년 고 박성호 군의 어머니 정혜숙 씨의 말이 그랬다. 처음에는 성호를 살려 달라고 하느님께 기도했지만, 결국 성호는 주검이 되어 물 밖으로 나왔다. 이때 정혜숙 씨는 이렇게 생각했다고 고백했다. "하느님께서 십자가에 못 박힌 예수님을 끝내 구해 주시지 않은 것처럼, 하느님께서는 성호의 구출도 원하지 않으신 것 같다."고.

304명의 무고한 죽음, 이 죽음이 가져온 것은 세월호를 둘러싼 악의 실체에 대한 폭로였다. 세월호가 침몰하면서 언론과 국가권력과 기업과 정치세력과 대통령마저 '악의 연대성' 안에서 촘촘히 얽혀 있다는 사실을 낱낱이 확인할 수 있었다. 이들은 '절대로' 진상규명을 원하지 않는다. 정부가 세월호특별법 시행령안을 통해 진상조사를 지휘 통제하려는 음모를 꾸민 이유는 너무도 분명하다. 조사 대상이 조사를 지휘한다는 어처구니없는 발상이 가능한 것은 권력의 몰염치와 두려움 때문이다. 악의 실체가 세월호를 매개로 고스란히 드러나는 것을 그들은 원하지 않는다.

하느님은 세월호에서 희생된 304위와 함께 물에 잠기셨고 '돌아가셨다.' 하느님은 4월 16일 참혹한 세월호 선체의 아수라장 속에서 아이들의 손을 잡고 함께 계셨다. 하느님의 죽음을 참담한 심정으로 애도하는 것은 그리스도인의 마땅한 의무이며, 하느님을 되살리기 위해 저항하는 것은 그리스도인의 당연한 권리다. 그러나 모든 그리스도인들이 세월호 문제 해결을 위해 참여하는 주교와 사제, 수도자와 신자들의 행동에 동의하는 것은 아니다. 세월호 참사의 절박함에 열심히 물을 타고, '정치개입'이라고 타박하고 나서는 이들도 있다. 지속적이고 안정된 경제성장을 위해 그만 세월호 문제를 덮어 버리자고 윽박지르는 이들도 있다. 이런 주교와 사제와 수도자와 신자들이 있다면, 이들은 은연중에 세월호 참사를 낳은 악의 세력에 동조하는 것이다. 악은 교회 밖에도 있고 교회 안에도 있다.

세월호 참사는 정치적 사회적 경제적 도덕적 문제이기 전에 '하느님'의 문제다. 신학의 문제다. 하느님을 죽음으로 몰아넣은 악의 구조를 밝히는 영적 투쟁이다.

그러나 안타깝게도 세월호 미사에 참여하면서 광화문 광장에서 느끼는 것은 '외로움'이다. 600만 신자 가운데 20~30명의 신자들만이 좁은 천막에 앉아서 미사를 봉헌한다. 십자가 위에서 예수가 절감했던 외로움이 이런 것이었을까, 하는 생각이 든다. 목련꽃이 지고, 화사하게 거리를 장식하던 벚꽃들이 지난밤에 눈발처럼 바닥에 떨어진 자리에, 오늘 아침 라일락이 다시 피어오르고 있다. 생명은 그렇게 여지없이 죽고 다시 살아나는데, 광화문 광장에 아름다운 연인들은 있을지언정 아름다운 영혼은 그다지 보이지 않았다. 염치없는 정치꾼들이 '도덕성 없는 능력'을 과시하는데, 영적 투쟁에 나선 이들은 보잘것없다. 욥은 죄 없이 고통 받으면서 "그분은 무고한 자들의 불행에 웃으시는구나."하고 말했다. 의인은 예나 지금이나 외로운 모양이다.

악이 절대 권력을 휘두르고 있는 동안 불행은 사라질 기미가 보이지 않고, 우리는 세상을 향해 "그래도 사랑은 있다."고 말할 수 있을까, 잠시 의심한다. "그래도 하느님은 여기 있지, 이 사람들 곁에." 라고 말하고 싶어진다. 유가족들이 삭발을 하고 안산분향소에서 광화문까지 자식들의 영정을 품고 걸어도 세상은 끄떡하지 않는다. 청와대로 가는 모든 길은 봉쇄되었다. 이때 시몬 베유가 한 말을 우리는 기억해야 한다. "이 암흑 속에서조차 영혼이 사랑하기를 그치면 하느님은 정말로 영영 없게 된다." "영혼이 사랑하기를 그치면 그때부터 그 영혼에게 이승은 지옥과 다를 바 없다." 우리의 믿음은 결국 사랑이 승리할 거라는 희망이다. 사순절 너머에 반드시 부활절이 있음을 믿는 것이다. 우리가 가엾게 죽은, 죄 없이 이승을 떠난 이들과 그 가족들 그리고 지금도 세상 어느 곳에선가 고통 받고 있는 사람들을 사랑하기를 그치지 않는 한, 하느님은 그들과 더불어 다시 살아나실 것이다. 세상의 악에 저항하는 영적 투쟁은 '사랑 있음'을 믿는 사람들 가운데서 다시 시작된다.

대구대교구, 독재정권 유착의 민낯

    참언론대구시민연대 사무국장인 허미옥은 대구를 "이효상의 후예들의 도시"라고 불렀다(《인물과 사상》 2003년 10월호). 도대체 이효상이 누구이며, 그가 무슨 일을 했던 것일까? 단박에 의문이 들 것이다. 허미옥은 〈시민의 신문〉에 정지환 취재부장이 쓴 「현대사 추적: 가톨릭대구대교구의 보수성 뿌리−지역감정 발언 원조 이효상의 후예들」(2003년 3월호)의 말법을 이어간다. 문제의 글을 다소 길지만 전문 인용한다.

> 대구교구는 가톨릭교구 중에서 보수적 성향이 가장 강한 곳으로 유명하다. 특히 영남지역에 정치적 기반을 둔 박정희 정권과 전두환 정권 당시에는 권력층과 깊은 유착관계를 맺기도 했다. 그것은 당시 가톨릭교계의 일반적 분위기와는 상당히 다른 것이었다. 유신정권에 비판적이었던 김수환 추기경과 정의구현사제단이 상징하듯 한국 가톨릭은 독재정권에 맞서거나 적어도 일정한 거리를 유지했다.
>
> 이러한 대구교구의 보수성과 권력유착을 대표하는 상징적인 두 명

의 인물이 있다. 박정희 정권 당시 8개월의 의원 경력에도 불구하고 국회의장에 임명됐던 이효상 씨와 전두환 정권 당시 가톨릭 사제라는 신분에도 불구하고 국가보위입법위원으로 활동했던 전달출 신부가 바로 장본인이다. 1980년 국가보위입법위원으로 참여한 신부는 두 명이었는데 모두 대구교구 소속이다.

아이러니한 것은 이효상 씨가 대구교구장인 이문희 주교의 부친이라는 점이다. 역사적 우연은 여기서 끝나지 않는다. 이효상 씨에게 박정희의 공화당에 입당하라고 권유한 인물은 당시 대교구장인 서정길 대주교였다. 전달출 신부에게 골프장 사업을 승인했다는 이문희 대주교의 확인서에 등장하는 바로 그 사람이다.

실제로 경향신문 정치부장 출신인 이상우 씨가 1985년에 발간한 〈비록 박정희 시대(2)〉(중원문화사)에는 이런 대목이 나온다. 5.18 후 이효상이 여야 정당의 선택을 놓고 망설이고 있을 때 당시 서정길 대주교의 권고가 크게 작용했다. 서 대주교의 이왕 정당에 들어가려면 새로 창당한 당을 택하시라는 권유를 받고 공화당을 택했다는 것이다.

한국 가톨릭의 정치적 성향은 장면 정권이 이끌던 민주당에 가까웠지만, 서정길 대주교와 이효상 씨는 지역적 기반이 같은 공화당을 선택함으로써 대구교구만의 독특한 전통을 수립한 셈이 된다. 특히 이효상 씨는 지역감정 조장의 원조로 불리는데, 1963년 5대 대선 당시 대구 수성천변 유세에서 이런 망언을 남겼다.

"이 고장은 신라 천년의 찬란한 문화를 자랑하는 고장이지만 그 긍지를 잇는 이 고장의 임금님은 없었다. 박정희 후보는 신라 임금님의 자랑스런 후손이며, 이제 그를 대통령으로 뽑아 이 고장 사람으로 천년만의 임금님을 모시자."

이효상 씨의 지역감정 선동 연설은 커다란 효과를 발휘했다. 이상

우 씨의 기록에 따르면, "연설이 끝난 뒤 청중들의 박수갈채가 터져
나왔던 것은 물론이고 선거 결과 경북에서는 박정희 후보의 압도적
인 지지로 나타났다."는 것이다. 그가 정치 신인임에도 불구하고
박정희 대통령으로부터 국회의장에 임명된 비결은 바로 여기에 있
었던 것이다. 그리고 그는 1968년 박 대통령의 영구집권의 길을
닦아준 삼선개헌 날치기 통과 당시 의사봉을 두드린 장본인이기도
하다.

인맥과 언론으로 이어지는 대구—대구교구의 보수성

이 글은 결국 대구교구의 서정길 대주교와 이효상 그리고 둘째
아들인 이문희 주교로 이어지는 대구지역 가톨릭교회가 박정희와
전두환 군사정권과 맺은 인연을 밝히는 대목이다. 덧붙이자면, 천
주교 대구교구는 한국교회에서 가장 강력한 영향력을 행사하는
언론매체를 소유하고 있었다. 한국교회의 기관지라고 말할 수 있
는 〈가톨릭시보〉(가톨릭신문의 전신)와 대구지역의 가장 유력한 일간지인
〈대구매일신문〉(매일신문의 전신)의 사주였다. 전두환 시절에도 대구교
구와 군사정권의 인연은 각별해서 1980년 11월 언론기관 통폐합
때에 〈대구매일신문〉은 대구에서 발행되는 〈영남일보〉를 통합 흡
수해서 대구에서 발행되는 유일한 일간신문이 되기도 했다. 앞서
정지환 취재부장도 지적한 바와 같이 5공화국이 낳은 악법을 쏟아
낸 국가보위입법회의에 참여한 천주교 측 인사들은 전달출, 이종
흥 신부 등 두 명 모두 대구교구 출신이다. 비록 2007년에 이문희
대주교가 은퇴하였지만, 대구교구에 뿌린 보수성은 서정길 대주교
와 이효상 및 이문희 대주교로 이어지는 인맥과 그들이 교회와
언론을 통해 대구에 끼친 영향력만큼이나 끈질기다.

대구교구가 소유한 〈매일신문〉을 두고 대구지역의 시민사회단체들은 대구의 〈조선일보〉라고 평한다. 「한국 사회의 변화와 대구 그리고 지역 언론」이란 글에서 김진국은 한나라당을 향한 대구 경북의 올인에 대해서 "그 누구도 상대가 납득할 수 있는 설명을 할 수 없다는 것이 대구의 문제요, 대구의 비극"이라고 말한다. 이를 두고 김진국은 "대구의 문제는 군부독재가 30여 년간 이어져 오는 동안 권력의 온갖 특혜와 특권 속에 안주해 오면서 사회 전체가 자생력을 잃어 버렸다는 데 있다."고 진단한다. 대구 지역사회의 헤게모니를 쥐고 있는 엘리트 그룹은 대구 사회가 안고 있는 내부 모순에는 절대 눈을 돌리지 않으려 하고, 이들과 결탁한 언론 역시 대구를 더욱 절망적인 도시로 몰아간다고 일갈한다. 그 중심에 있는 가톨릭교회의 〈매일신문〉이 과녁이 되고 있다(대구사회비평, 2004년 여름호 참조).

이 때문에 '매일신문 바로세우기 운동본부'까지 만들어졌는데, 대표를 맡고 있는 조현무는 "누가 뭐래도 매일신문은 지역패권주의자요 종교재벌 교육재벌인 사주(대구교구)의 이익을 대변하는 방패막이 저널리즘, 주민의 이익을 대변하지 못하는 시장 및 권력 지향적 저널리즘의 모습을 보이는 것이 사실"이라고 말한다. 대구의 〈매일신문〉은 정치 권력, 경제 권력과 손잡고 그들의 사적인 이해관계를 공적인 것으로 뒤바꿔 대중에게 강요하고 있다고 비판한다. 이를 두고 조현무는 한마디로 〈매일신문〉과 대구지역이 "박정희의 유령을 붙들고 늘어진다."고 표현했다. 그러나 대구지역의 섬과 같은 보수적 고립은 한국천주교회 안에서 대구교구의 고립과 맞물려 있다는 점에서 유사하다.

반공주의와 민주주의의 균형

해방 이후 정치적 맥락에서 볼 때, 한국교회는 '반공주의'와 '민주주의'라는 이데올로기를 둘러싸고 혼전을 거듭하면서 성장해 왔다. 한국교회에서 반공反共은 언제나 상수常數의 자리를 놓치지 않았다. 좌우 대립과 분단 상황은 이를 더욱 고착화시켜 왔다. 그러나 민주주의에 대한 신념은 정치적 이해관계에 따라서 다소 변수變數의 자리에 머물러 있었다.

한국교회가 반공이데올로기를 주장한 것은 일제강점기를 거슬러 올라가서 상수로 있었는데, 교황청은 일본제국주의와 무솔리니의 파시즘과 히틀러의 나치즘과 더불어 방공防共협약을 맺은 바 있으며, 이는 해방 이후 한국교회가 민족주의 세력보다는 반공을 주장하던 미군정과 이승만 정권에 그렇게 쉽게 연대할 수 있었던 이유를 설명해 준다. 이는 또한 한국교회가 장면의 민주당 정권과 4.19혁명의 결과를 무산시키고 집권한 박정희 군사정권에 그렇게 쉽게 동조했던 까닭도 설명해 준다. 가톨릭교회는 전통적으로 민주주의 보다 반공주의를 앞세워 왔다. 그리고 대구교구는 해방이후 지금까지 반공만을 상수로 선택한 유일한 그룹으로 남아 있다는데 대구교구의 비극이 있다.

해방공간에서 대구교구에서 운영하던 〈가톨릭시보〉 1949년 11월 10일자 사고社告는 이렇게 밝히고 있다.

우리 대한민국은 극동의 민주보루로서 우리 가톨릭은 천주를 거스르고 신을 부인하는 저 악마의 소산 공산주의에 대한 투쟁을 개시한지 이미 오래 전이다. 이렇게 우리는 벌써 다만 국민의 의무로서만이 아니라 또한 가톨릭의 전우로서 대한민국이 가장 필요로 하는 비행기의 헌납운동에 더욱 힘쓰자... 물론 우리는 국민으로서 또는 직장의 일원으로 그 외 또 여러 부분으로 이 국민운동에 벌써 많은 부담이 있는 줄 안다. 그러나 우리는 반공의 최후전사로 자인하는 가톨릭이다. 우리의 정신을 다시 한 번 표시하자. 우리는 가톨릭 신자이기에 누구보다 더 나라를 사랑한다는 것을.

그러나 한국교회의 전통적 맥락은 굴곡이 없던 것은 아니지만 기본적으로 반공과 민주주의 가치의 균형에 비중을 두고 있었다. 이는 장면과 이승만의 결별에서 극적으로 볼 수 있다. 이승만은 한국전쟁을 정권 안정화의 발판으로 삼고자 1952년에 형식적 민주주의 원칙마저 저버리고 '부산정치파동'을 일으킴으로써 미국식 민주주의 훈련을 받은 장면과 갈등을 일으켰다. 당시 노기남 대주교와 한국교회는 장면과 자신의 운명을 동일시하고 있었으므로 당연히 이승만에 대한 비판적 입장으로 돌아선다.

특히 이승만과 교회의 갈등은 1956년 정부통령 선거와 1958년 민의원 선거전에서 두드러져, 이승만을 지지하는 개신교 측과 장면을 지지하는 천주교 측은 마치 신 · 구교의 대리전을 치르듯 선거에 몰입했다. 급기야 이승만 정권은 가톨릭교회에서 운영하던 〈경향신문〉을 1959년 군정법령 제88조 위반으로 폐간시키기에 이르렀는데, 결국 여론에 밀려 무기정간으로 바뀐 뒤에 4.19혁명 이후에야 복간된다. 폐간 직전 〈경향신문〉은 20만 1천 9백여 부를 발행하는 영향력 있는 신문 중 하나였다.

한편 대구교구에서 발행하던 〈대구매일신문〉도 1955년에 필화사건에 휘말려 백주대낮에 최석채 주필이 테러를 당하고 신문사가 자유당이 주모한 청년단에 의해 피습 당했다. 당시 문제가 된 것은 최석채 주필의 「학도를 도구로 이용하지 말라」는 사설이었지만,

그 전에도 최 주필은 「한국의 정당정치」라는 논설에서 "야당 진출의 길을 틔워 독재화의 길을 막자."고 주장했다. 이 신문은 그 뒤로 더 유명해져 1960년 7월 7일부터는 제호를 〈매일신문〉으로 바꾸어 지역성을 탈피한 전국지를 지향했기에 그 영향력은 더 커졌다. 대구교구 역시 서정길 대주교와 이효상이 박정희 정권과 밀월관계를 설정하기 전까지는 반공과 민주주의의 균형이라는 한국교회의 일반적 흐름 속에 놓여 있었다.

군사정권과 결탁한 대구교구, "반공만이 상수, 민주주의는 변수다."

장면을 수반으로 하는 민주당 정권이 5.16군사쿠데타로 좌절된 뒤에 교회는 혼란을 재빨리 수습하고 군사정권의 입장을 지지했다. 5.16군사쿠데타는 헌정질서를 유린하고 민주주의를 유린한 폭거였지만, 군사정권이 6개항의 혁명공약을 천명하고, 특히 "반공을 국시의 제일의로 삼고, 지금까지 형식적이고 구호에만 그친 반공태세를 재정비 강화한다."는 명분을 내세움으로써 교회는 이에 동조하면서 해방공간에서 보여주었던 강력한 정치세력화에서 한발 물러섰다. 장면 내각은 국무회의를 열어 내각 총사퇴를 의결하였으며, 윤보선 대통령은 계엄령을 추인했다.

강력한 반공주의와 흔들리는 민주주의 사이에서 갈등하던 한국교회가 명백히 반공주의에 대한 선택을 강요받은 셈이다. 〈가톨릭시보〉는 「군사혁명과 반공정책: 반공은 국토통일보다 중요하다」라는 기사를 통해 "우리가 통일을 원하는 것은 국민 모두가 잘 살기 위해서인데 공산치하에서는 잘 살 수 없으므로 군사혁명정부가 국시를 반공으로 삼은 것은 현명한 정책이다. … 또 이 땅이

공산화되더라도 통일이 되어야 한다든가 공산당의 음모를 알면서
도 민주주의에 충실하기 위하여 언론집회의 자유를 주어야 한다는
것은 본말이 전도된 것"이라고 발표했다(가톨릭시보, 1961년 5월 28일자). 그
리고 군사정권의 시책에 적극 협력하는 모습의 하나로 '재건국민운
동 천주교 서울교구추진회'까지 결성한다.

공교롭게도 군사쿠데타를 주도한 박정희가 쿠데타 이후 1961년
6월 3일 언론사 가운데 가장 먼저 단독인터뷰를 한 곳이 〈(대구)매
일신문〉이었다. 당시 〈매일신문〉 서울분실에 주재하는 정경원 기
자와 인터뷰를 하면서 박정희는 자신이 대구 출신(정확히 경북 선산)이므
로 고향에 대한 배려 차원에서 대구의 유력한 신문과 인터뷰한다고
밝혔다. 이 자리에서 박정희는 5.16쿠데타의 직접적 동기를 "장면
정권이 국민의 뜨거운 염원을 팽개치고 무능과 부패로 일관해서
도저히 그들로서는 긴박한 위기를 타개할 힘이 없다고 단정했기
때문"이라고 했다. "이러다간 1년 후에는 공산주의가 시골 농촌까
지 침투할 것이라고 나는 분명히 판단했다."는 것이다.

한편 1962년 3월 10일 한국교회가 교황청 대리감목구에서 정식
교구로 승인되면서, 대구교구의 서정길 주교는 3월 25일자로 대주
교에 승품되었는데, 서정길 대주교는 〈천주교회보〉 편집장도 역임
하고 〈가톨릭청년〉에 왕성한 기고활동을 벌였던 이효상에게 막바
로 창당된 민주공화당에 들어갈 것을 권했다. 이는 당시 한국교회
의 일반적 정서와는 다른 길이었다. 장면 정권의 퇴각 이후 한국교
회는 정치적 태도를 정할 수 없었으며, 이후 한국교회의 지도부는
대체로 장면을 통해 정계에 입문한 김대중과 운명을 함께 하였기
때문이다. 이는 1970년대 이후 대구교구가 한국천주교 주교단의
입장과 상관없이 한사코 군사정권의 편에만 서서 발언하게 된 배경
이 된다. 대구는 보편교회의 입장을 떠나 '대구'라는 '지역교회'의

정치적 영향력에 몰입했다.

이효상은 줄곧 교직에 머물다 1960년에 무소속으로 참의원 의원으로 당선되면서 정계에 입문했다. 그러나 8개월 만에 군사쿠데타로 정계에서 물러나게 되지만, 1962년에 민주공화당에 입당한 뒤로 박정희 정권과 한국교회 특히 대구교구와 군사정권이 밀월관계를 유지하는데 결정적 역할을 하게 된다. 과거에 교회가 일치단결해서 장면을 정계에 내보내고 그를 통해 교회의 지위상승을 꾀했듯이 대구교구는 이제 이효상을 그런 식으로 밀어주기 시작했다. 이효상은 1963년 국회의장으로 피선된 뒤로 8년(6대·7대)동안 의장직을 지켰으며, 1972년에는 유신체제 아래서는 민주공화당 당의장 서리, 당 총재 상임고문 등을 맡으며 1979년 박정희 대통령이 죽을 때까지 17년 동안 요직에 있었다.

이효상은 1963년 대통령 선거에서 윤보선과 힘겹게 다투던 박정희 후보의 선거연설회에서 대구지구당 위원장 자격으로 사회를 맡아보면서 박정희에게 능력을 인정받았으며, 당시 계파로부터 자유롭다는 점에서 박정희의 신임을 받아 국회의장이 되었다. '박정희의 사람'으로 분류되는 이효상은 박정희 집권 전반부인 8년 동안 국회의장을 맡으면서 박정희 정권의 정치적 안정 기반을 마련한 1969년 3선개헌안을 날치기로 통과시켜 박정희에게 영구집권의 길을 열어 주었다.

한편 대구교구 소속의 〈가톨릭시보〉는 이미 교구를 초월한 신문임을 표방했으면서도 상당 부분 대구교구의 입장을 대변했다. 특히 정치적 사안에 대해 예민하게 반응했다. 이때 다시 등장한 것이 교회의 '정교분리론'이었다. 〈가톨릭시보〉는 1963년 3월 16일자 「정치체질 개선의 본뜻─우리는 전환기에 서 있는가」라는 사설에서 "교회는 현실정치에 직접 간여하기를 극력 피하고 있으며 교회 안에서 특히 공식장소에서 정치에 언급하거나 사담으로라도 교회 울타리 안에서 그런 것을 비친다면 좋은 표양이 아니"라고 지적하고, "정치의 실제 및 사례에 대한 불간섭원칙을 명심하고 교회의 발언은 항상 원리원칙에 입각한 간접적인 기본을 벗어나지 말아야 한다."고 말했다. 정치질서를 바꾸려 하기 전에 먼저 참 신자가 되자는 것이다. 실상 대구교구에는 최근까지 대사회적 문제를 다루는 '정의평화위원회'가 교구 산하에 없었다.

그 후 한국 사회와 교회가 민주화운동에 동참하는 과정에서 숱하게 들을 수 있듯이, 이효상으로 대변되는 대구교구와 〈가톨릭시보(가톨릭신문)〉, 〈매일신문〉 등 교계언론은 반공주의라는 상수만 붙든 채 민주주의의 가치를 완전히 상대화시키는 길로 접어든 것이다.

한국교회의 일반적 태도, "민주주의가 반공이다"

그러나 이러한 태도는 한국교회의 일반적 경향은 아니었다. 적어도 박정희 군사정권 초기에는 한국교회 지도자들이 박정희 정권에 부응하였다. 그러나 제2차 바티칸공의회를 경험하고, 1967년 강화 심도직물 사건과 원주 문화방송 부정부패 사건 등을 경험하면서 박정희 정권의 실상을 접하고 다른 차원의 정치적 참여를 모색하고 있었다. 해방공간에서 보여준 교회의 정치세력화가 아니라 민중의 고난에 참여하는 방식의 사회참여였다. 즉, 반공주의와 민주주의를 똑같은 무게의 상수로 다루기 시작했다는 것이다. 이는 장면의 정치적 계보를 계승하는 것으로, 한국교회 안에서는 김대중을 통해 현실화되었다. 그러나 이효상을 앞세운 대구교구는 교구에서 소유한 언론 등을 통해 사사건건 교회의 이러한 흐름을 가로막고 나섰다.

당시 한국교회는 박정희 정권의 부정부패에 대해 강력히 항의하고 있었다. 특히 원주교구의 지학순 주교는 1971년 12월 5일 성탄교서를 통해 교회의 사회적 책임을 강조하고 불의와 과감히 투쟁할 것을 선포했다. 그러자 〈가톨릭시보〉는 이례적으로 지학순 주교의 교서를 조목조목 반박하고 나섰다.

> 교서는 신앙과 도덕에 대해서 가르치고 그리고 신앙과 도덕에 입각해서 활동하고 생활하도록 가르치는데 그 목적을 두고 있다. 그런 면에서 이번 지 주교의 교서는 교서라기보다 격문으로 느껴진다. 어딘가 선의善意가 결핍돼 있고 양순하고 겸손함이 결핍돼 있으며 정치적인 요소가 다분히 섞여 있다. 교서가 지녀야 할 품위보다 행동을 위한 선동이 앞서는 것이 지 주교의 교서인 것 같다. _〈가톨릭시보〉 1971년 12월 19일자.

이러한 교회 안의 서로 다른 태도는 1971년 4월 17일 제7대 대통령 선거를 둘러싸고 가시화되었다. 그해 3월 선거를 앞두고 민주공화당 경남지부 연차대회에서 이효상은 "이러한 시국에 대통령으로 모실 분은 박정희 씨 오직 한 분밖에 없다."면서, "후진국에 있어서 군부 세력의 지지를 받지 못하는 경우엔 흔히 쿠데타가 일어나는 것을 우리는 많이 보고 있다. 국가의 지도자는 군부의 지지를 받는 사람이라야 지도자가 될 수 있다는 것은 하나도 그릇된 판단이 아닌 줄 안다."고 말했다. 또한 국회의장이던 이효상은 1963년 대통령선거 때와 마찬가지로 지역감정을 유도하며 "경상도에서 전라도 표를 맞먹고도 백만 표를 더 박 대통령에게 주자."고 공공연히 연설했다. 이는 김대중과 교감을 나누고 있던 김수환 추기경이나 지학순 주교의 입장과 사뭇 다른 것이었다.

당시 대통령선거에는 5명의 후보가 나섰지만, 선거는 박정희와 김대중, 공화당과 신민당의 대결로 압축되었다. 그러나 박정희 정권은 1월 28일에 김대중을 선거법 위반 혐의로 입건했으며, 1월 28일에는 그의 집에서 폭발물이 터졌다. 한편 선거가 끝난 뒤에 선거감시 활동을 벌여온 '민주수호 기독청년협의회'가 보고대회를 통해 4.27 대통령선거가 공포 분위기 속에 치러진 관권선거였으며, 국민의 혈세가 국민의 주권을 매수하는데 남용된 입체적인 부정선거였다고 규탄했다. 이날 대회에 참석한 함석헌은 경상도의 표차가 8 : 2로 나타났다며, 이는 아직도 "경상도 사람들이 부족사회 의식을 벗어나지 못한 때문"이라고 개탄했다.

그러나 권력의 편에 서 있던 대구교구는 온전했지만 군사정권에 도전하는 한국교회 자체는 탄압에 직면해 있었다. 서울대교구가 발행하던 월간잡지 〈창조〉가 1972년 4월호에 김지하의 장시 「비어蜚語」를 25페이지에 걸쳐 게재했다는 이유로 중앙정보부와 경찰에 의해 판매금지당하고 편집인쇄인인 유봉준 신부 등이 중앙정보부에 연행되어 심문을 받기도 했다. 또한 1972년에 유신체제가 들어선 뒤에, 1973년에는 야당 지도자이며 천주교 신자였던 김대중이 도쿄의 한 호텔에서 납치되어 죽음 직전에 구출되는 사건이 터졌고, 서울대학교 법대 최종길 교수가 중앙정보부에 끌려가 고문 치사된 사건도 발생했다.

이러한 탄압 속에서 1973년 2월에는 전국 19개 수녀회의 장상들이 사회의식계발세미나를 열면서 "복음정신에 입각한 참다운 수도자로서의 기도생활과 함께 사회정의 구현을 위해 수녀들에게 부여된 시대적 사명을 재확인"했다. 그리고 12월에는 김수환 추기경을 비롯한 재야인사 30여 명이 시국수습 건의문을 채택하면서 '개헌 청원 100만인 서명운동'을 정식으로 전개했다. 광주대건신학대 신학생들도 11월 18일 사회정의를 요구하며 전교생 1백 64명이 삭발하고 교회 안팎의 불의를 고발하고 부정타파에 앞장설 것을 다짐했다.

유신헌법에 대한 개헌청원운동과 민주화에 대한 교회 안팎의 열망이 들끓자 1974년 1월 1일 대구교구 서정길 대주교는 교구 사목협의회 주최 신년교례회에서 "현 시국은 온 겨레가 하나로 뭉쳐도 난국을 헤쳐 나가기가 어려운 때"라면서, 최근 일부에서 주장하는 반체제 개헌 논의 등은 결국 혼란을 초래할 뿐이고, "정부와 국민이 서로 믿고 합심 협력할 때 이 나라에 안정과 번영이 온다."고 말했다. 이어 서 대주교는 유신체제가 출범한 지 얼마 안 되는 짧은 기간에 이에 대한 공과를 논란하는 것은 시기상조라고 몰아붙였다(가톨릭시보 1974일 1월 13일자). 그러나 이미 그때는 군사정권이 들어선 지 13년이나 흐른 뒤였다.

유신정권의 변호인, 이효상과 가톨릭시보

그동안 국가안보와 경제개발을 볼모로 삼아 박정희 정권은 초법적 권력을 휘두르며 헌정질서를 뒤집고, 대학에는 군인들이 진을 치고, 언론은 재갈이 물렸다. 수많은 민주인사들을 감옥에 보내며 박정희 정권은 종신집권 체제를 구축하고 있었던 것이다. 결국 1974년에 지학순 주교의 '양심선언'까지 나왔다. 지학순 주교는 양심선언을 통해 "유신헌법이라는 것은 1972년 1월 17일에 민주헌정을 배신적으로 파괴하고 국민의 의도와는 아무런 관계없이 폭력과 공갈과 국민투표라는 사기극에 의하여 조작된 것이기 때문에 무효이고 진리에 반대되는 것"이라고 밝혔다. 이에 1974년 7월 10일 천주교 주교단은 성명서를 통해 "지 주교님과 같이 우리나라가 참으로 훌륭한 국가 민족이 되기 위해서는 이 나라가 정의로운 나라가 되어야 한다는 데 완전히 뜻을 같이하며 이를 가르치고 증진하는 것은 바로 주교들의 의무로 자각하고 있다."고 밝히며 지학순 주교의 석방을 촉구했다.

그러나 대구교구의 〈가톨릭시보〉는 지학순 주교가 아시아 주교회의에 참석차 출국했다가 돌아와 현재 서울 성모병원 621호실에 입원 중이라는 사실만 보도했을 뿐, 양심선언이나 그 뒤로 이어진 시국기도회에 대해서는 일절 보도하지 않았다. 프랑스와 벨기에 대사, 심지어 교황청까지 나서서 공정한 재판을 요구했지만 〈가톨릭시보〉는 유신정권의 발표 내용 외에는 사실보도조차 하지 않았다. 이에 8월 27일 '가톨릭청년회'는 선언문을 통해 "가톨릭시보는 한국 가톨릭의 신문이다. 운영자인 대구교구 주교나 주간은 사견私見을 배제하고 한국 가톨릭의 의견과 특히 주교회의의 참뜻을 보도하는데 충실하고, 교회에 대해서 겸손하라."고 규탄했다. 이후 천주교정의구현전국사제단이 출범해 연이어 '민주회복을 위한 시국기도회'를 열었다.

1976년 3.1절기념미사가 명동성당에서 거행되어, 이 자리에서 7명의 천주교 신부와 문익환, 김대중 등 재야인사들이 서명한 '민주구국선언'을 낭독한 사건이 발생하였다. 이때에도 이효상은 이 명동사건에 대해서 "만일 존엄한 지성소가 정치의 선전장 혹은 정치의 소굴이 되었다면 이것은 간단히 묵과할 문제이겠는가?"라고 공박했다. 그는 1975년 2월 28일에 주교단이 발표한 성명을 인용하며 "우리의 기도가 이웃을 비난하거나 고발하는 기도가 되어서는 안 되겠고, 오직 스스로의 가슴을 치며 감히 하늘을 쳐다보지도 못하는 겸손된 기도의 모습을 견지해야 한다고 지침 제1항에 명시되어 있음에도 불구하고 악의에 찬 반정부적 설교와 소위 현실

고발이라 하여 현 정권을 비난하는 언사를 농했다는 것은 심히 유감이라 아니할 수 없다."고 말하며 주교단이 문제를 일으킨 사람들에게 책임을 물어야 한다고 압박했다. 이효상은 명동사건의 주동자들이 "꾸준히 기회를 엿보고 음모한 결과 이런 사건을 저지른" 상습범이며, "우리나라 신부 중 1.2퍼센트밖에 되지 않는 신부들이 온 교회의 명성을 이렇게 무너뜨릴 수가 있단 말인가?"하고 비난했다. 아울러 "나는 반공이 우리 대한민국의 최우선 공동선이라고 생각한다. 이 공동선을 위하여 당분간 김일성이가 무력남침을 포기할 때까지 우리의 자유의 일부를 애국으로 유보하는 것이 옳다고 생각한다."고 밝혔다.

전두환 정권의 수혜자는 매일신문

1979년 유신체제가 무너지자, 정국은 온통 헌법 개정 작업에 관심이 쏠렸다. 이에 한국 천주교 정의평화위원회는 1980년 1월 16일, 개정 헌법에 억제할 수 없는 인간기본권과 정의에 입각한 화해 및 평화의 원리가 반영돼야 한다고 주장했다. 공무원과 군의 정치적 중립을 엄격히 규정함으로써 평화적 정권교체 원칙을 설정하라는 것이다. 이에 12.12사태로 등장한 신군부는 1980년 2월 18일, 김수환 추기경을 개헌 등 정치문제와 안보문제 등 중요국가 정책에 관한 자문을 받기 위한 국정자문위원회의 자문위원으로 위촉하기도 했다. 그러나 정작 3월 13일 발족한 '개헌심의위원회'에는 이문희 주교와 아울러 교회 내 강력한 보수계 인사로 분류되는 수원교구장 김남수 주교를 위촉했다.

한편 전두환을 비롯한 신군부는 '군부에 의해 감독을 받는 민간 정부'를 지향하는 이원집정부제 안을 내밀어 민주화를 요구하던 분위기에 찬물을 부었다. 그리고 군부세력의 합법적 정통성을 획득하기 위한 돌파구로 5.18광주민중학살 사건을 저질렀다. 그 후 1980년 8월 27일에 통일주체국민회의에서 전두환은 2,525표 가운데 무효표 하나를 뺀 2,524표라는 기록적인 찬성을 얻어 제5공화국 대통령으로 당선되었다. 당시 해산된 국회를 대신해서 만든 국가보위입법회의에서는 각종 악법이 쏟아져 나왔다. 이 입법회의에는 대구교구의 이종흥, 전달출 신부가 위촉되었고, 1981년 3월 23일 주교회의 정평위원회는 이들 두 사제가 입법회의에 참석하는 것을 반대하는 건의서를 주교단에 제출했다. 사제들이 공직을 맡는 것은 교회법에 어긋나고, 교회의 일치에 역행하는 것이며, 종교가 정치의 도구로 이용될 가능성이 있다는 것이다. 그러나 주교단은 끝내 결론을 내리지 못했다.

전달출 신부는 〈대구매일신문〉과 〈가톨릭신문사〉 사장 출신으로 한국반공연맹 이사를 역임했으며, 평화통일정책자문회의 운영위원으로도 활동했다. 1991년부터는 '서정길 대주교 재단'의 이사장을 맡기도 했다. 〈신부 전달출 회장 회갑기념논총〉(1991년, 매일신문사)에 축하의 글을 실은 조선일보사 사장 방우영은 "전(달출)사장은 79년부터 83년까지 근 5년 동안 신문협회 부회장으로 같이 있으면서 어려움과 즐거움을 같이 나누었다."고 말했다. 방 사장은 전달출 신부를 "시류에 영합하고 권력에 아부하며 위선으로 가득 찬 흙탕물 같은 당시의 세태 속에서 그는 항상 나라를 사랑하고 나라를 걱정했다. 그는 늘 주장하였다. 혼란이 극에 달하면 반드시 악순환이 온다. 옳은 일이라도 한 발자국씩 쟁취해야지 모든 것을 요구하고 모든 것을 단번에 이루려고 하다가는 힘을 가진 자들에게 기회와 구실을 주고 결국 또 다시 불행한 사태를 초래한 나라는 후퇴하고 백성은 고통을 면할 수 없게 된다는 것을 그분은 항상 말해 왔다."라며 극찬했다.

1980년 11월 14일 한국신문협회와 한국방송협회가 각각 임시총회를 열고 전국 신문·방송·통신사의 통폐합 등 한국 언론계의 전반적인 구조 개편을 내용으로 하는 '건전 언론 육성과 창달에 관한 결의문'을 채택했을 때도 대구교구는 신군부 세력의 혜택을 받았다. 당시 신문과 방송은 보안사령부에 의해 강제 재편성되었는데, 지방지는 1도 1지 원칙이 적용되어 대구교구에서 발행되던 〈매일신문〉가 〈영남일보〉를 흡수해 대구의 유일한 일간지가 되었기 때문이다.

한편 1986년 5월 3일 인천집회 이후에 한국 사회는 대통령 직선제 쟁취와 민주정부 수립이라는 구호를 외치기 시작했는데, 그해에 이효상의 둘째 아들인 이문희 주교가 보좌주교 딱지를 떼고 7월 5일 서정길 대주교에 이어 대구대교구 제8대 교구장이 되었다. 유신체제가 시작된 1972년 10월 7일 당시 38세의 나이로 대구대교구 보좌주교에 오른 지 14년 만이다. 이문희 대주교는 경북대 정치학과 출신으로 아버지 이효상이 민주공화당에 입당한 1962년에 프랑스 리옹 신학대학 철학과를 졸업하고, 1965년 파리에서 사제품을 받았다. 그는 1986년 대주교가 되면서 〈가톨릭신문〉과 나눈 인터뷰에서 사제가 된 이유를 이렇게 밝혔다.

원래 나는 대학을 들어갈 때 정치가가 되려고 했다. 그런데 시간이 지날수록 정치나 경제 등은 누구나 할 수 있고 할 사람도 많은데, 인간들을 하느님과 가까이 있게 해서 우리의 정신세계를 풍요롭게 하는 신부님이 되려는 사람은 드문 것 같아 사제가 되기로 결심했다.

하지만 이문희 대주교가 정치로부터 자유로울 수 없었다는 것은 대구교구에서 아버지 이효상이 갖는 위상에 비추어 쉽게 짐작해 볼 수 있다. 더구나 14년 동안 보좌하던 서정길 대주교의 정치적 성향에 깊이 침식되었을 것이라 예상할 수 있다.

한국 사회가 직선제 개헌 논의로 다시 한 번 뜨거워졌던 시기에 전두환은 모든 개헌 논의의 중단을 골자로 하는 4.13호헌조치로 대응했다. 이에 광주대교구 사제단이 최초로 4.13호헌조치를 '반민주 반민중적 조치'로 규정하고 항의 단식농성에 들어갔다. 그 후 지속된 '직선제 개헌을 위한 단식기도' 행진에 5월 4일에는 대구교구 사제들도 이례적으로 참여했다. 대구교구 소속사제들은 "그 동안의 무관심과 무기력을 동반한 침묵을 반성하면서 속죄하는 마음으로 그리고 오늘과 내일의 온갖 고난에도 굴복하지 않을 것을 다짐하는 표현으로" 단식기도에 들어간다고 밝혔다. 교구장이 바뀐 직후라서 가능한 일이었겠지만, 결국 이문희 대주교의 반대로 참여사제들은 주교좌성당에서 쫓겨나 개별적으로 기도회에 참석한 것으로 알려졌다.

출애굽, 대구대교구

바티칸은 제2차 세계대전 이후에 공산주의를 방어하고 가톨릭정신에 바탕을 둔 국가를 건설하자는 기치아래 가톨릭교회의 정치세력화에 몰두했다. 그 과정에서 한국 사회와 교회 역시 숱한 내홍을 겪었다. 해방공간에서 남한에서는 노기남 주교가 '정치주교'라는 이름을 얻으면서까지 '가톨릭계의 면모'라는 슬로건으로 장면을 지지하고, 그를 통해 정치세력화를 꾀했다. 이 당시 교회는 공산주의로부터 받은 상처만큼이나 깊은 반공주의를 내세웠으나, 비교적 합리적 과정으로 민주주의를 선택했다. 특별히 한국교회는 정치세력화 과정에서 전략적으로 이승만 정권과 유착했으나, 결국 민주주의에 대한 원칙 때문에 이승만과 결별하고 4.19혁명으로 상징되는 민주화운동의 여정에 나섰다.

이러한 민주주의에 대한 신념은 5.16군사쿠데타로 좌절되고, 1960년대 말에 가서야 다시 불붙기 시작했다. 이는 정치세력화가 아니라 민주화를 위한 사회참여의 형식이었으며, 제도적으로는 정의평화위원회를 통해 구현되고, 실천적으로는 정의구현전국사제단을 통해 구현되었고, 정치적으로는 장면을 계승한 김대중에 대한 선택을 낳았다. 이 시기는 "가장 완전한 반공은 민주주의를 통해 이뤄진다."는 지학순 주교의 발언처럼 반공주의와 민주주의가 불안한 동거에 들어간 시기라고 할 수 있다. 이후 한국교회는 해방신학의 세례를 받으면서 반공주의조차 변수로 선택하는 과정을 겪으면서 발전한다. 이는 분단시대를 경험한 교회가 민주화 과정에 참여하면서 통일문제를 다룰 수 있는 역량을 갖추었음을 보여주는 것이다.

그러나 이러한 한국교회의 성장 과정에서 유독 대구교구만이 '지역교회'의 한계 안에서 군사정권과 한국 사회의 기득권 세력에 유착되어 있었다. 이는 무소속으로 정계에 입문한 이효상이 서정길 대주교의 엄호를 받으며 정치적으로 성장해 가는 과정과 맞물려 있다. 결국 대구교구는 한국교회의 공통의 경험에서 배제된 채 대구교구만의 독자적 길을 걸어감으로써 사실상 한국 사회 안에서 섬처럼 고립되어 있다. 더구나 이효상의 아들인 이문희 대주교가 서정길 대주교에 이어 보좌주교로 14년, 교구장으로 20년 넘게 봉직함으로써 이런 경향은 더욱 굳어졌다. 더구나 교회는 주교의 재치권을 '통치'라고 표현하고 있듯이, 교구장 주교의 성향이 교구 전체에 미치는 파급력은 적어도 표면적으로는 절대적이라 볼 수 있다. 또한 이효상과 〈매일신문〉이 갖는 대구지역 내 영향력 또한 대구 민심의 향방을 결정짓는 방향타로 작용했을 게 뻔하다. 그런 점에서 대구지역과 대구교구는 '저들만의 천국'을 지난 50여 년 동안 구가해 온 셈이다. 그래서 그 악몽으로부터 깨어나 개명開明한 세상으로 나오는 것은 대구교구 자체의 정화력 만으론 힘들 것이다. 마침 2010년 이문희 교구장 체제가 물러나고 조환길 주교로 세대교체가 이루어졌다. 그리고 대구대교구에도 정의평화위원회가 재출범하였다. 이제 믿기에 어려울 테지만, 하느님의 자비 안에서, 가난한 이들에게 해방을 알리는 기쁨의 성령은 대구에서도 서서히 불고 있음이 곳곳에서 감지되고 있다. 다행이다.

4. 슬픔은 영원한 사랑으로

햇빛에 마르는 이슬처럼
한없는 슬픔은
끝없는 사랑으로 치유됩니다.
그분의 사랑에 감전된 우리,
고단한 생애도
오랜 기다림도
새벽처럼 설레는 마음입니다.

청빈한 밥그릇의 고요함
시인 고정희의 반자본주의적 세계

흘릴 눈물이 있다는 것은 참 고마운 일이다. 시도 때도 없이 두
눈을 타고 내려와 내 완악한 마음을 다습게 저미는 눈물, 세상에
남아 있는 것들과 세상 밖으로 사라지는 모습을 보게 하는 눈물,
언제부턴가 눈물은 내 시편들의 밥이 되어 버렸고, 나는 그 눈물과
마주하여 지금 아득한 시간 앞에 서 있다. _ 고정희, 『지리산의 봄』, 自序.

시인 고정희高靜熙는 1991년 6월 9일 지리산에서 계곡 물에 휩쓸
려 타계하였다. 그는 유작시에서 이미 "오 하느님, 죽음은 단숨에
이슬처럼 사라져 푸른 강물에 섞였으면" 하고 자신의 죽음을 예감
하고 있으며, 어머니의 입을 빌려 "저 칼날 같은 세상을 걸어오면
서 몸이 상하지 않았구나, 다행이구나"(「독신자」) 하며 제 삶을 결산하
고 있다. 그녀가 토해낸 시편들은 하나같이 인간에 대한 깊은 자애
의 눈물이 배어 있으며, 세상에 대한 숨길 수 없는 연민과 자기
초월의 의지가 담겨 있다. 그가 맞붙어 싸웠던 거인은 바벨탑을
건설하는 자본주의의 망령이었다. 시인은 그 망령 때문에 주눅
들고 희생당하는 중생을 위해 투신하였다. 따라서 망령에게 상처

입고, 중생들의 슬픔에 동참하는 눈물이 시편의 밑바닥에 여지없이 흐르고 있다. 그의 시편을 따라 읽으면서 우리는 삶의 정수리를 꿰고 있는 진실을 묵상하는 시간을 가질 수 있다.

이 글은 고정희가 남긴 시편들을 가능한 원문 그대로 살리되, 산문체로 바꾸어 읽는 이들이 한 편의 에세이를 대면하는 것처럼 편집한 것이다. 이로 인해 시인의 영혼에 흠집이 나지 않을까 저어하는 심정이 크지만, 시인의 마음을 우리가 따라 배우는 데 도움이 되리라 생각하며 용기를 낸다.

악령은 시궁창에 있지 않다

시대별 유니폼 속에 단정하게 개켜 놓은 밥—이데올로기, 그 속에 스며 있는 우아한 노예 패션, 삐까 번쩍 포장한 프린세스 라인이며 로열박스 리본에 후르르르르 불을 당겨 이열치열 불마당을 만들고 싶어집니다. 하인들이 열고 닫는 대문을 보면 나는 이심전심 불지르고 싶어집니다. 우람한 대문으로 넘나드는 명부전의 자부심과 높다랗게 치솟은 치부의 쇠창살, 난공불락 이기주의 담쟁이덩굴에 화르르르 불을 당겨 우리의 소원은 평등 … 꿈에도 소원은 분배 … 해방의 모닥불 만들고 싶어집니다. 아아 우리를 배 아프게 하는 것을 보면 나는 불현듯 불지르고 싶어집니다. 당신이 갖고 있는 너무 많은 땅 문서, 너무 많은 돈 문서를 보면 나는 불지르고 싶어집니다. 당신이 차지한 너무 큰 하늘, 너무 위대한 밥그릇을 보면 나는 불지르고 싶어집니다. 당신이 생산하는 너무 많은 정경유착 면죄부와 하수인 리스트와 팔려 간 신부들의 정조대에 우르르 쾅 불을 당겨 따뜻하게 평화롭게 불감증의 시대를 청소하고 싶어집니다. _ 「우리를 불지르고 싶게 하는 것들」

시인은 자본주의를 사는 사람들에게 불안스레 "불원간 밥으로 환산되지 않는 것들은 이 지상에서 사라질 것"(『바이러스 엑스를 경보함』)이라고 경고한다. 그러므로 "악령의 자본이 시대를 제패한 후, 그대는 이제 꿈꾸는 것만으로는 안식의 밥을 갖지 못하네. 기다림이나 신념 따위로는 그대는 이제 편히 잠들 수 없네. 영혼의 방에 불을 끈 그대가 악령의 화려한 옷자락에 도취된 후, 품위 있고 지적이며 인자하고 또 매우 귀족적인 악령의 도술에 반해 버린 후, 궁핍한 인본주의는 죽었네. 사랑도 그대도 죽었네."(『악령의 시대, 그리고 사랑』)라며 음산한 자본주의 종말론을 펼치고 있다. 우리 시대의 자본은 이미 '재물'이라는 말로 다 담아 낼 수 없는 언표이다. 자본은 예수가 '맘몬Mammon'이라는 말로 인격화시켰듯이, 이 세상에 입성하여 만인을 다스릴 통치권자로 등장한다. 그는 새로운 신으로서, 사람들이 타인의 고통에 슬픔을 느낄 수 있는 모든 촉각을 마취시키면서, 어린 영혼들에게 새로운 시대의 선포를 알리는 '주님의 기도'를 받아 외우게 만든다. 이는 일찍이 로마 황제가 군사력의 힘으로 '로마의 평화'를 선포하고, 황제 숭배를 강요했던 것과 같다.

> 권력의 꼭대기에 앉아 계신 우리 자본님.
> 가진 자의 힘을 악랄하게 하옵시매
> 지상에서 자본이 힘있는 것 같이
> 개인의 삶에서도 막강해지이다.
> 나날에 필요한 먹이사슬을 주옵시매
> 나보다 힘없는 자가 내 먹이사슬이 되고
> 내가 나보다 힘있는 자의 먹이사슬이 된 것 같이
> 보다 강한 나라의 축재를 북돋으사
> 다만 정의와 평화에서 멀어지게 하소서.

> 지배와 권력과 행복의 근본이 영원히 자본의 식민 통치에 있사옵니다.
> _「새 시대 주기도문」

　그런데 문제는 우리 시대에 성령과 악령을 구별하기가 무척 힘들다는 데 있다. 시인에 따르면, 자본의 악령은 상당히 미묘해서 대단히 뛰어난 식별력을 요구한다. 악령은 인간의 모습으로, 대저 인간이 꿈꾸던 모습으로 나타나기 때문이다.

> 악령은 시궁창 모습으로 살지 않습니다. 악령은 마귀 얼굴로 다가오지 않습니다. 악령은 누추하거나 냄새 나는 손으로 악수하지 않습니다. 악령은 무식하거나 가난하지 않으며 악령은 패배하거나 절망하지 않습니다. 악령은 성내지 않으며 교만하지 않으며 무례를 범하지 않습니다. 악령은 아름답습니다. 악령은 고상하며 인자스럽고, 악령은 언제나 매혹적이며 우아하고, 악령은 언제나 오래 기다리고 유혹적이며, 악령은 언제나 당당하고 너그러운 승리자의 모습으로 우리를 일단 제압한 뒤 우리의 밥그릇에 들어앉습니다.
> _「다시 악령의 시대를 묵상함」

　여기서 시인은 악령을 식별할 수 있는 유일한 기호가 분열과 분단이며, 악령은 정복자의 승리를 지향하고, 전쟁과 학살을 통해 생존한다고 말한다. 그래서 악령이 깃든 곳에 거짓 행복, 거짓 평화, 거짓 통일이 있으며, 악령은 죽음에 이르는 '강시 천국'에서 완성된다고 보았다. 그리고 우리가 "아직 정복자의 승리에 축전을 보내고 그러므로 내가 아직 분열 분단 속에 살며 그러므로 내가 아직 학살의 역사 속에 있다면 내 시대는 바로 악령의 시대"라고 판단한다. 이 마당에서 우리는 이렇게 말해야 한다. "그대(하느님)를 향한 내 꿈을 불살라야 합니다. 그대를 악령과 바꾸지 않기 위해 서"(「다시 악령의 시대를 묵상함」).

행방불명되신 하느님께 보내는 출소장

자본의 악령이 지배하는 시대에 사는 그리스도인의 책무는 성령을 되찾아 오는 일이다. 하느님께 하소연하며, 하느님의 길로 교회가 더더욱 의연히 자리 매김하는 일이다. 그러나 교회마저도 악령에게 팔아 넘겨졌다면 어찌할 것인가? 우리의 고민은 여기에 있다. 누가 악령에게 대적할 것인가? 시인은 행방불명되신 하느님께 출소장을 보내며 기성 교회를 탄핵한다. "대답해 주시지요, 하느님. 당신은 교회로 돌아와야 합니다. 그리고 당신은 교회의 창고부터 열어야 합니다. 이 곤궁한 시대에 교회는 실로 너무 많은 것을 가졌습니다. 교회는 너무 많은 재물을 가졌고, 너무 많은 거짓을 가졌고, 너무 많은 보태기 십자가를 가졌고, 너무 많은 권위와 너무 많은 집을 독차지하고 있습니다. 너무 많은 파당과 너무 많은 미움과 너무 많은 철조망과 벽을 가졌습니다. 빼앗긴 백성들이 갖지 못한 것을 교회는 다 가졌습니다. 잘못된 권력이 가진 것을 교회는 다 가졌습니다. 그래서 교회는 벙어리입니다. 그래서 교회는 장님입니다. 그래서 교회는 귀머거리가 된 지 오래입니다. 그래서 교회는 오직 침묵으로 번창합니다"(「행방불명되신 하느님께 보내는 출소장」).

권력과 자본에 심취한 교회는 하느님의 백성을 저버렸다. 히브리인들의 하느님, 에집트에서 종살이하던 노예들을 해방시키고 당신의 백성으로 삼았던 분을 잃어버린 것이다. 결국 하느님을 실종시키고, 자본의 악령이라는 우상을 주님으로 섬기면서 종교 상품으로 타락한 교회를 시인은 아벨의 죽음을 들어 예언자적 직관으로 고발한다. 하느님께서 말씀하신다.

오, 아벨은 어디로 갔는가? 너희 안락한 처마 밑에서 함께 살기
원하던 우리들의 아벨, 너희 따뜻한 난롯가에서 함께 몸을 비비던
아벨은 어디로 갔는가? 너희 풍성한 산해진미 잔칫상에서 주린
배를 움켜쥐던 우리들의 아벨, 우물가에서 혹은 태평성대 동구 밖
에서 지친 등 추스르며 한숨짓던 아벨, 어둠의 골짜기로 골짜기로
골짜기로 거슬러 오르던 너희 아벨은 어디로 갔는가?
믿음의 아들 너 베드로야, 땅의 아버지 너 요한아, 밤새껏 은총으로
배부른 가버나움아, 사시장철 음모뿐인 예루살렘아, 음탕한 왕들
로 가득 찬 소돔과 고모라야, 너희 식탁과 아벨을 바꿨느냐? 너희
침상과 아벨을 바꿨느냐? 너희 교회당과 아벨을 바꿨느냐? 독야청
청 담벼락과 아벨을 바꿨느냐? 회칠한 무덤들, 이 독사의 무리들아
너희 아벨은 어디에 있느냐?
일흔 일곱 날 떠돌던 아벨을 보았느냐? 아흔 아홉 날 한뎃잠을
청하던 아벨을 보았느냐? 이제 침묵은 용서받지 못한다. 돌들이
일어나 꽃씨를 뿌리고 바람들이 달려와 성벽을 허물리라. 지진이
솟구쳐 빗장을 뽑으리라. 바람 부는 이 세상 어디서나 아벨의 울음
은 잠들지 못하리. 오 불쌍한 아벨, 외마디 소리마저 빼앗긴 아벨을
위하여 나는 너희 식탁을 엎으리라. 나는 너희 아방궁을 엎으리라.
나는 너희 별장을 엎으리라. 나는 너희 교회당과 종탑을 엎으리라.
_ 「이 시대의 아벨」

하느님은 민중 아벨의 죽음, 상품으로 팔아넘길 수 있는 육신과
지식을 갖지 못하고, 억압받고 착취당하며 소외받는 그늘에서 널
브러져 신음하고 있는 아벨의 참상 앞에서 오열하고 함께 고통

받고 계신다. 예수가 십자가 위 죽음에 이르는 고통 속에서 '하느님 없음'으로 절망했을 때에도, 그분은 그 자리에서 아들과 함께 고통을 받고 죽어 가셨듯이 말이다. 그래서 시인은 이렇게 전한다. "어젯밤에 전화선마저 뚝 끊어졌어요. 마지막 수신음이 무엇인지 아십니까? 폭풍우 치는 밤에 섬에서 들어본 하, 하느님의 비명 소리였어요"(「땅의 사람들」).

마음이 여리고 연민이 가득 찬 사람들은 이 비명 소리를 결코 외면하지 못할 것이다. "아 무거워라, 나의 등에 거꾸로 매달린 사람이여. 등골을 짓누르는 암흑의 그림자여. 겨울 야산들이 잠드는 언덕에서 가볍게 가기 위해, 나는 짐을 내려놓고 또 내려 났건만 내려놓을 수 없는 사랑의 청춘. 끝내 살 속에 무덤을 만들고 뼛속에 만리장성 쌓으니, 나는 네게 한 발짝도 다가갈 수 없구나. 숙명의 자투리에 나는 갇혀 있구나. 하늘에 별 떨기 검푸른 밤에도 나의 머리맡에는 저주의 낱말들이 웅성거리고, 상복을 입으신 하느님의 신음 소리 새벽 유리창을 덜컥덜컹 흔드시니, 사십 년 유랑하던 갈대밭 광야에 오늘은 강 하나 제 갈 길로 흘러갈 뿐이다. 아 보고 싶어라. 꿈에도 그리는 그대 살고 있는 땅, 나는 예서 한 발짝도 다가갈 수 없구나"(「땅의 사람들」).

이 안타까운 상황에서 시인이 느끼는 것은 하느님의 절망이다. "동서남북에서 하느님 우시는구나. 허리 휘어지는 빚잔치, 기둥 뿌리 무너지는 꽃잔치, 만조백성 허수아비 잔치에 입 없는 하느님 우시는구나. 적막강산 줄줄 우시는구나"(「천둥벌거숭이의 노래 9」). 이때에 인간을 구원으로 이끎으로써, 하느님마저 구원하는 사람이 있다. 그가 그리스도인이 아니어도 좋다. 절망적인 상태를 절망하는 자, 슬퍼해야 할 곳에서 눈물 흘릴 줄 아는 자, 다른 이들의 고통을 제 뼛속에서 공감하며 함께 아파하며 울부짖는 자, 끝없는 절망까지도 견뎌 내는 자만이 인간을 천상으로 인도한다. 악령에 의해 무뎌진 돌심장을 걷어 내고 살심장을 심을 줄 안다. 하느님 없이 하느님을 사랑한다. 시인은 한 사내를 만난 심경을 이렇게 고백한다.

> 그러나 친구여, 나는 오늘밤 오만한 절망으로 똘똘 뭉쳐진 한 사내의 술잔 앞에서, 하느님을 모르는 절망이라는 것이 얼마나 이쁜 우매함인가를 다시 쓸쓸하게 새김질하면서, 하느님을 등에 업은 행복주의라는 것이 얼마나 맹랑한 도착 신앙인가도 토악질하듯 음미하면서, 오직 내 희망의 여린 부분과 네 절망의 질긴 부분이 톱니바퀴처럼 맞닿기를 바랐다. _「서울 사랑—절망에 대하여」

스스로 부끄러움을 느끼는 자는 함께 구원받는다. 이 세상이 망가진 연유를 캐어 묻다보면, "네 탓이오!"를 연발하는 뻔뻔스럽기 짝이 없는 교회와 인생들에게서가 아니라, 자기 가슴을 먼저 쥐어뜯으며 머리에 재를 뿌리고 통곡하는 사람들 안에서 구원의 첫 빛살이 인류에게 날아든다. "한 세대 긁고 지난 칼자국이 어디 내 죄값뿐이랴만 내가 달과 마주서니 속물일 뿐이어서, 국화 한 다발도 속될 뿐이어서 달로 떠오르는 네 외짝 눈과 만나니 부끄럽구나. 한 평 땅 덮지 못할 내 빛, 무력한 근심이나 보태는 오늘"(「망월리 碑銘」)을 참회하는 눈물 속에 희망이 건져진다. "어둠이 완전히 창을 지워 버렸을 땐 넋장이 무너지듯 내 아픔도 깊어져 하염없는 슬픔으로 어깨 기침을 했다. 누군들 왜 모르랴. 어두워지는 건 밤이 아니라 속수무책의 한 생애, 무방비 상태의 우리 희망이거니"(「황혼 일기」).

이들은 절망의 끝내를 알고 있는 것이다. "그대 뒤로 하고 산을 내려올 때 툭 불거진 돌부리에도 내 생애 전부가 훅훅 휘둘렸다. 캄캄한 밤이었다"(「산지기를 노래함」). 그리고 이젠 그대, 하느님을 제대로 찾기 위하여 허튼 삶의 뿌리를 걷어 낼 준비를 한다. "이제부터 인생이 무어냐고 묻거든 허튼삶 삽질하는 힘이라고 말해둬. 이제부터 목숨이 무어냐고 묻거든 허튼넋 몰아내는 칼이라고 말해둬. 대쪽 같은 사람들아, 금쪽같은 사람들아, 각자 목숨에 달린 허튼밥 줄 가려내"(「몸바쳐 밥을 사는 사람 내력 한마당」).

상처받은 영혼을 위하여

고통을 피해 가서는 고통을 이겨 낼 수 없다. 더위를 피하기 위해 에어컨에 의지할 필요는 없다. 일시적으로 내 피부가 시원한 기운을 느끼겠지만, 세상은 에어컨이 뿜어내는 더운 바람에 더욱 기온이 상승하고, 온통 하늘이 터져 버릴 것 같은 용광로가 되는 법이다. 그러니 고통이 오면 고통 속으로 들어가야 한다. 고통을 받아들이고, 그 고통의 너머로 하늘이 열려 있음을 보아야 한다. 예수는 십자가를 통하여, 십자가를 거부하지 않고 수용함으로써 부활을 알게 되었다. 사람들에게 가난은 저주이지만, 그 가난에 투신하는 사람에게는 구원의 통로가 된다. 상처 속에서 그 치유의 힘도 나온다.

상한 갈대라도 하늘 아래선 한 계절 넉넉히 흔들리거니, 뿌리 깊으면야 밑둥 잘리어도 새 순은 돋거니. 충분히 흔들리자 상한 영혼이여, 충분히 흔들리며 고통에게로 가자. 고통과 설움의 땅 훨훨 지나서 뿌리 깊은 벌판에 서자. 두 팔로 막아도 바람은 불 듯 영원한 눈물이란 없느니라. 영원한 비탄이란 없느니라. 캄캄한 밤이라도 하늘 아래선 마주잡을 손 하나 오고 있나니. _ 「상한 영혼을 위하여」

시인은 치유자가 된 '상처받은 영혼'에 대해서 말한다. 그분은 갈릴래아의 예수였다. "불볕 같은 햇빛 아래 사내는 지쳐 쓰러지고 갈릴리 해변은 한없이 적막한 바람에 뒤덮이고, 아, 한 사내가 골고다 언덕에 다시 쓰러지고 있었습니다. 목말라 비틀거리는 사내는 자기 키보다 더 큰 나무 십자가를 메고 골고다로 골고다로 올라가고 있었습니다. 마리아, 그녀의 한에 절은 눈물과 가슴을 외면한 채 주검보다 무거운 고독에 짓눌린 마리아. 그녀의 폭탄 같은 오열을 외면한 채 사나이는 먼 곳으로 가고 있었습니다. 예수 그리스도, 그 사내는 대학을 다닌 적도 없습니다. 부귀를 누린 자도 아닙니다. 권력을 가진 적도 없습니다. 그럴싸한 명사를 만난 적도 없습니다. 가난한 거리와 버림받은 이웃과 냄새 나는 유대의 거리, 그 천한 백성들의 눈물과 한숨이 있었을 뿐입니다. 율법에 두 발 묶인 죄의 사슬에서, 무섭도록 외로운 삶의 멍에로부터 도망 치고 싶을 뿐인 불쌍한 무리들, 동정 받을 일밖에 없는 히브리의 단 하나 친구인 그리스도는 가진 것 없는 당신 주제에도 불구하고 끝없이 줘야 했습니다. 처음엔 기적을, 그 다음엔 정신을, 그 다음엔 영혼을, 그 다음엔 그의 전 생애와 주검까지도 죄 많은 유대에게 넘겨 줘야 했습니다. 마지막까지 세상 죄 다 짊어지고 피 한 방울 남김없이 다 쏟아 버린 그 사내가 성금요일 오후 세시 마지막 숨을 거둘 때 성당의 휘장이 갈라지고, 그를 본 영혼들은 한꺼번에 쩍, 금이 가고 있었습니다"(「히브리 傳書」).

예수를 본 영혼들의 가슴이 엄청난 충격 속에서 깨달음으로 달음박질 칠 수 있었던 것은 그의 죽음 때문이 아니라 그의 연민 때문이었다. 연민이 그 죽음을 달게 받아들일 힘을 예수에게 주었기 때문

258

이다. 연민은 비열한 배신과 우상 숭배의 늪에서도 인간을 구출한다. 탐욕의 피라미드에서도 민중 해방의 유토피아를 꿈꿀 용기를 준다.

구정동아, 구정동아, 아직도 내가 너를 짝사랑하는구나. ... 암탉이 병아리를 품어 안듯 내 너를 안으려 얼마나 애썼더냐. 네 얼굴을 마주 대하고 말할 날을 간절히 기다렸으나 그때마다 너는 거절하였다. ... 시대의 재난이 강물처럼 흐르는 시대에, 너는 망령보다 고약스런 거드름을 피우며 가난한 백성과는 상종조차 멀리하고 축재를 뽐내는 특권층이 되려느냐? 탐욕의 피라미드에 금테를 덧입히고 피묻은 바벨탑에 장식을 매달면서 교만의 기운이 문전마다 꽉 찼구나. ... 강남아, 가파르나움아 가혹하고 고통스런 환란의 시대에 내 백성의 피땀으로 호화스럼을 누린 자는 다 무서운 폐허에 떨어질 것이다! 정녕 나는 너를 어쩌란 말이냐. ...
제자들이 부자 동네에서 묻은 신발의 먼지마저 다 털고 난 후 예수의 발길을 재촉할 제 돌연 행색이 초라하나 두 눈에서 광채가 나는 한 여자가 다가와 예수의 발길을 가로막았다.
가난하고 힘없는 사람들의 이름으로 영광을 받으실 이여, 이 땅에서 등돌림을 조금만 늦추소서. 이 땅에서 연민을 거두지 마옵소서. ... 이 땅 어디서나 하느님 나라의 씨알인 죄없고 순결한 어린 영혼이 자라고 있습니다. 이것이 사람 사는 세상이옵니다. ...
땅바닥에 지팡이로 묵묵히 금을 긋고 계시던 예수께서 그 여자를 향하여 나즈막이 말씀하셨다.
자매여, 네 사랑이 믿음을 구했다. 그대 속에 인류의 어머니가 있노라. ... 가자, 그대 처마 밑에서 하룻밤을 묵으리라. 그대 거처를 근심하지 말라. 나는 대접받으러 온 것이 아니라 내 백성의 고난을 싸매러 왔다. 그대 고통이 서려 있는 처마 밑이면 족하다.

그리고 앞장서 일행과 함께 산동네 비탈길을 향하셨다. 찬란한 햇
빛이 그 뒤를 따랐다. _「구정동아 구정동아」

시인은 이 예수 사건 속에서 "그가 앉았다 일어선 자리에서 오월
의 초저녁 바람이 불었다. 나는 심장에 플러그를 꽂았다"(「땅의 사람들
7」)고 고백한다. 그리고 땅의 사람들, 암 하레츠의 자리로 내려오는
길만이 세상과 인간을 구원한다는 전범을 얻는다. "이제야 알겠네
머물일수록 찬란한 빛의 임재, 그러나 빛이 된 사람들아 그대가
빛으로 남는 길은 그대보다 큰 어둠의 땅으로 내려오고 내려오고
내려오는 일. 어둠의 사람들은 행복하여라"(「서울 사랑—어둠을 위하여」).

꿈꾸는 들판의 풀포기

인간에 대한 연민은 당연히 혁명을 낳는다. 악령을 거슬러 투쟁
하는 백성들의 성전聖戰은 먼저 자기 안의 악령을 쫓아내는 구마
행위로 나타난다. 이제 교회와 그리스도인들의 삶의 구석구석에
배인 자본주의의 묵은 때를 갈라내야만 한다. 이를 성경은 희년을
선포하라는 명령으로 알아들으며, 히브리 백성이 종살이에서 벗어
나 자유인으로서 하느님의 백성으로 다시 입적되는 날을 선포하는
것이다. 자기 갱신 없이는 어떤 해방도 허튼소리에 지나지 않는다.
그래서 시인은 하느님의 입을 빌어 말한다. "해방절은 자기 몸에
칼을 대는 혁명이다. 내가 너희에게 말한다. 하느님 나라 해방절
운동은 그리스도인이 몸에 칼을 대는 혁명이다. 교회가 곳간 문을
활짝 열어젖히고 닫지 않는 혁명이다. 주린 자가 다시는 주리지
않게 되는 혁명이요, 억울하게 갇힌 자가 다시 갇힐 일이 없는

혁명이다. 당연히 차지해야 할 사람의 밥그릇 당연히 지녀야 할 사람다움의 세상을 내 백성에게 되돌려 주는 혁명이다"(「해방절 도성에 찾아오신 예수」). 이 혁명은 봄비가 수문을 열고 대지를 적시듯이 온 들판으로 나아간다. 세상으로 전파된다.

> 가슴 밑으로 흘려보낸 눈물이 하늘에서 떨어지는 모습은 이뻐라. 순하고 따스한 황토 벌판에 봄비 내리는 모습은 이뻐라. 산천초목 호명하는 봄비는 이뻐라. 거친 마음 적시는 봄비는 이뻐라. 실개천 부풀리는 봄비는 이뻐라. 오 그리운 이여, 저 비 그치고 보름달 떠오르면 우리들 가슴속의 수문을 열자. 봄비 찰랑대는 수문을 쏴 열고 꿈꾸는 들판으로 달려 나가자. 들에서 얼싸안고 아득히 흘러 가자. 그때 우리에게 무엇이 필요하리. 다만 둥그런 수평선 위에서 일월성신 숨결 같은 빛으로 떠오르자. _ 「땅의 사람들 6」

그러나 단호하게 '그리스도의 평화'를 살아냄으로써 혁명을 이루어야 한다. 이를 '샤티아 그라하眞理把持'라 해도 좋고, 비폭력 저항 운동이라 해도 좋을 것이다. 자기 갱신을 통한 세계 변혁을 이루자는 것이다. 여기에 요청되는 것이 곧 예수의 '제자'됨의 삶이다. 이 세상의 구원과 해방을 위해 파견된 자로, "세상 속에 더 깊숙이", 그러나 "세상과는 전혀 다른 방법으로" 투쟁하는 삶이다. 시인은 이 길에서 "평화를 전하러 가는 너희는 돈주머니를 지니지 말며, 평화를 전하러 가는 너희는 양식 자루를 지니지 말며, 평화를 전하러 가는 너희는 여벌 신발도 지니지 말아라, 분부하신 그 말씀. 평화를 추수하러 가는 너희는 내 평화를 배척하는 집에 머물지 말며, 평화를 추수하러 가는 너희는 내 평화를 모르는 식탁에 앉지 말며, 평화를 추수하러 가는 너희는 신발의 먼지도 다 털어 버려라,

당부하신 그 말씀"을 기억해야 하며, "너희가 입으로는 평화를 원하면서 마음엔 두 주인을 섬기고 있구나. 진실로 평화를 원하거든 너만의 밥그릇을 가지지 말며, 진실로 통일을 원하거든 너만의 돈주머니를 챙기지 말며, 진실로 평화 통일을 원하거든 너만의 천국을 꿈꾸지 말아라, 이르시는 그 말씀"(「평화를 위한 묵상 기도」)을 경계로 삼아야 한다.

그리고 이 세상의 기준을 철저히 뛰어 넘어서야 한다. 세상은 상식을 진리라고 강변하지만, 진리는 오롯이 진리일 뿐이다. 지배 이데올로기에 주눅 들지 않고 상식을 거슬러 읽을 눈이 있는 자는 악령으로부터 자유로울 것이니, 그 자유가 진리로부터 나올 것이기 때문이다. 이렇게 역설을 사는 까닭에 서늘한 향기, 슬픈 깃털을 가진 사람들은, 하느님 '그대'를 사는 것이다. 아득한 능선을 따라 오르고 내려 아름다운 영혼으로 사는 것이다. "이 온몸을 싸고도는 이 서늘한 향기 뱀사골 산정에 푸르게 걸린 뒤 오월의 찬란한 햇빛이 슬픈 깃털을 일으켜 세우며 신록 사이로 길게 내려와 그대에게 가는 길을 열어 줍니다. 아득한 능선에 서 계시는 그대여, 우르르 우르르 우렛소리로 골짜기를 넘어가는 그대여, 앞서가는 그대 따라 협곡을 오르면 삼십 년 벗지 못한 끈끈한 어둠이 거대한 여울에 파랗게 씻겨 내리고, 육천 매듭 풀려 나간 모세혈관에서 철철 샘물 흐르고 더웁게 달궈진 살과 뼈 사이 확 만개한 오랑캐꽃 웃음소리 아름다운 그대 되어 산을 넘어갑니다. 구름처럼 바람처럼 승천합니다"(「지리산의 봄 1」). 이러한 작은 깨달음 속에서만이 "작은 풀꽃 하나가 지구의 회전을 다스리기 위해서 하늘과 땅 사이 뿌리 박고 섰나니"(「가을 보내며」)라고 노래할 수 있으며, 민중이 우주의 중심임을 알 수 있다. 그렇게 우리는 하늘의 숨결을 감지한다.

그 한 번의 따뜻한 감촉, 단 한 번의 묵묵한 이별 몇 번의 겨울을 버티게 했습니다. 사람과 사람 사이에 벽이 허물어지고 활짝활짝 문 열리던 밤의 모닥불 옆에서 마음과 마음을 헤집고 푸르게 범람하던 치자꽃 향기. 소백산 한쪽을 들어 올린 포옹, 혈관 속을 서서히 운행하던 별, 그 한 번의 그윽한 기쁨, 단 한 번의 이윽한 진실이 내 일평생을 버티게 할지도 모릅니다. _ 「천둥벌거숭이의 노래 10」

여기서, 인간은 자본의 굴레에서, 그 미혹에서 해탈한다. 상품화된 아름다움에서 아예 눈을 돌리고 질박한 풀꽃에 맺힌 이슬방울에 눈물 흘리며 감격한다. 노동의 땀과 휴식의 즐거움을 만끽한다. 그래서 인간은 한 그릇의 물과 한 움큼의 흙과 맑은 공기에 감사한다. "하루 일 끝마치고 황혼 속에 마주앉은 일일 노동자 그대 앞에 막 나온 국수 한 사발 그 김 모락모락 말아 올릴 때 무량하여라 청빈한 밥그릇의 고요함이여"(「그대가 두 손으로 국수 사발을 들어올릴 때」).

자본의 악령은 우리가 뒤를 돌아볼 여지를 주지 않기 위하여, 제 삶의 악마성을 발견할 겨를을 주지 않기 위하여 끊임없이 경쟁과 속도를 강요한다. 다른 이들을 돌아볼 틈새가 전혀 없는 인간은 이미 악령의 포로가 된 몸이다. 이러한 상황은 밥을 미끼로 하여 폭력으로 관철되는 가부장적 질서에 뿌리 내리고 있기에, 이 뿌리로부터 자유롭기 위하여 시인은 여성, 그 가운데서도 어머니의 마음에 천착한다. 그 너그러움과 자애에 천착한다. "산들이 마을로부터 무너지지 않는 것은 너그러움일 거야. 나무들이 뿌리를 창궁으로 치켜들지 않는 것은 너그러움일 거야. 생명 있는 것들의 너그러움, 부드러운 흙가슴의 너그러움, 어머니가 방생한 너그러움, 임신한 여자가 담보 잡힌 너그러움일 거야. 등뼈를 쓰다듬는 너그러움, 살기를 풀어주는 너그러움, 아아 우주의 너 · 그 · 러 · 움 ·

일·거·야"(「어느 날의 창세기」).

　그 너그러움은 여백을 남긴다. 다른 영혼이 자리 잡을 공간을 마음속에 마련해 놓는다. 그 안에 온갖 창생創生이 들어와 앉고, 성령이 빛을 내뿜는다. 시인은 어머니가 다른 생명으로 건너간 뒤에야 이 여백의 크기를 가늠할 수 있었다. "무덤에 잠드신 어머니는 선산 뒤에 큰 여백을 걸어 두셨다. 말씀보다 큰 여백을 걸어 두셨다. 오 모든 사라지는 것들 뒤에 남아 있는 둥근 여백이여, 뒤안길이여. 모든 부재 뒤에 떠오르는 존재여. 여백이란 쓸쓸함이구나. 쓸쓸함 또한 여백이구나. 그리하여 여백이란 탄생이구나. 나도 너로부터 사라지는 날, 내 마음의 잡초 다 쓰러진 뒤, 네 사립에 걸린 노을 같은 아니면 네 발 아래로 쟁쟁쟁 흘러가는 시냇물 같은 고요한 여백으로 남고 싶다. 그 아래 네가 앉아 있는"(「모든 사라지는 것은 뒤에 여백을 남긴다」). 그 여백 안에서 일생을 꿈꾸는 사람은 '하느님께서 이루시는 참 평화'의 일꾼이 되며, 하느님께 영원으로부터 영원까지 수납된다. "오 하느님, 칼을 쳐서 밥을 만들고 창을 쳐서 떡을 만들던 손 그가 여기 잠들었나이다. 우리가 주릴 때 먹을 것을 주고 우리가 목마를 때 마실 것을 주며 우리가 곤궁했을 때 기댈 등 주던 몸 그가 여기 잠들었나이다. 하늘 문 열으소서. 그의 영혼을 손잡으소서"(「하관」).

풍찬노숙 예수

밤늦은 시각, 인사동 거리를 지나다가 그를 만났다. 그가 내게 담뱃불을 빌리지 않았다면, 그는 그저 행려자의 한 사람으로 얼핏 기억되었을 것이다. 그러나 그는 내게 "아저씨, 담뱃불 좀 빌릴 수 있을까요?" 하고 물었고, 나는 지나쳐 가던 길을 멈추고 그에게 라이터 불을 댕겨 주었다. "고맙소." 그가 한 말이었다. 내가 잠깐 그의 눈빛을 스치는 동안에, 같이 가던 동료는 그의 모습을 유심히 바라볼 수 있었던 모양이다. 십여 미터를 걷다가 친구가 말했다. "우리 저 사람하고 같이 차 한 잔 하고 가는 게 어때?"

그는 길바닥에 앉아 떡볶이를 안주 삼아 소주잔을 기울이고 있었고, 우리가 그에게로 다시 돌아섰을 때, 그는 이제 막 일어서려던 참이었다. 이런 일은 흔치 않은 경험이어서, 나는 더듬거리며 "차 한 잔 하고 가시죠..." 하고 말을 건넸다. 그는 순간 망설이다가 "좋소." 하였다. 우리가 어느 지하 카페에 들어섰을 때는 이미 그는 술에 취한 상태였다. 차 한 잔을 나누려던 것이었는데, 그는 "술 안 될까요?" 하였다. 우린 지하 카페에서 그에게 칵테일을 시켜 주었고, 그는 단숨에 들이키고는 맥주를 더 마시고 싶어 했다. 나는 그가 그날 무슨 말을 하였는지 기억할 수 없다. 나는 그저 그 사람에게 술을 그만 할 것과 삶을 포기하지 말 것을 권유하는 등 진부한 이야기를 늘어놓았던 것 같다. 단지 지금도 생생하게 기억나는 것은, 그래서 가슴 한쪽에 그래도 묵직하게 남아 있는 것은 그가 카페에서 노래를 불렀다는 것뿐이다. 내가 젊어서 즐겨 불렀던 「너를 부르마」였다. 지금은 구겨진 얼굴이지만 김지하의 시에 붙인 노래였다.

> 음 너를 부르마
> 음 너를 부르마
> 불러서 그리우면 사랑이라 하마
> 사랑이라 하마
> 아무데도 보이지 않아도 내 가장 가까운 곳
> 나와 함께 숨 쉬는 공기여
> 시궁창에 버림받은 하늘에도
> 쓰러진 너를 일으켜서 나는 숨을 쉬고 싶다
> 내 여기 살아야 하므로 이 땅이 나를 버려도
> 새삼스레 네 이름을 부르마
> 내 그 이름을 부르기 전에도
> 그 이름을 부른 뒤에도
> 그 이름 잘못 불러도 변함없는
> 너를 부르마
> 자유여 민주여 내 사랑이여

서글픈 노릇이다. 딱한 마음이다. 못내 안쓰러웠다. 그래도 웬만하면 잘들 지내고 있는데 모두가 안녕하신지, 묻는 것 같았다. 그는

266

사뭇 눈매가 강한 듯 하였지만, 눈빛은 더할 나위 없이 맑았다. 그가 상대방을 꾸짖듯 말할 때마다 나는 '부끄럼' 많은 소년이 되거나 자책감에 생채기를 내었다. 저이는 나보다 진실했다. 저이는 나의 옹졸함과 턱없는 선심을 야유하는 것 같았다. 제 삶에 진실로 직면하는 사람의 얼굴이 아·름·답·다.

문 닫을 시간이 지났다는 카페 주인의 성화에 못 이겨 우린 자리에서 일어났다. 그는 한사코 주인에게 "고맙다."는 인사를 해야 한다며 비틀거리는 걸음으로 주인의 손을 잡고 연거푸 고맙다고, 안녕히 계시라고, 복 받으시라고 말하곤 돌아섰다. 어두컴컴한 실내에서였지만 물기를 느낄 수 있었다. 내 친구는 그에게 그림을 한 장 줄 수 없냐고 물었다. 그의 종이백에는 '달마 대사' 그림 두 점이 돌돌 말린 채 담겨 있었다. 이미 많이 구겨져 있었으나, 달마 대사의 그림은 훌륭했다. 내 친구는 그 그림을 한동안 책상 유리판 밑에 곱게 깔아 두었다. 헤어지기에 앞서 친구는 말없이 그 사람을 꼭 껴안아 주었다. 우리가 돌아서서 가는 동안, 그는 내내 카페 입구에 서서 우릴 바라보고 있었다. 그는 지쳤지만, 쓰러지지 않는 수행자 같았다.

얼마가 지났을까? 그를 잊을 만할 때쯤 친구가 그의 안부를 전해 왔다. 가끔씩 그 사람이 생각날 때마다 '오늘밤은 따뜻한 방에서 잘 수 있었으면 좋겠다.'고 바랐다는 것이다. 그런데 인사동에 갔다가 다시 그 사람을 볼 수 있었다고 한다. 이젠 아예 큼직한 배낭을 짊어지고 다니는 폼이 아예 짐을 챙겨서 집을 나온 모양이라고 했다. 아예 노숙露宿하기로 마음먹은 모양이라고 했다. 좌판에서 찐 계란을 들고 나와 뒤돌아서서 껍질을 까고 있는 모습을 보았다는 것이다. 참으로 우연도 인연인 셈이다. 친구는 그가 우리보다 더 건강하다고, 더 강한 사람이라고 말했다. 그리고 나는 더욱 부끄러웠다. '안전함'을 항상 염두에 두고 살아온 날이 나를 겉보기와 다르게 비겁한 존재로 만들고 있는 것은 아닌지 생각해 보았다. 생에 대한 혁명을 꿈꾸는 사람과 주어진 형편을 추스르는 데 머물러 있는 사람은 한 생애의 끝에서 다른 경지를 갖고 다음 생애를 맞이해야 할지도 모른다.

가난뱅이가 세운 교회

"예수 그리스도는 하느님 아버지의 자비의 얼굴입니다." 프란치스코 교종이 '자비의 특별 희년'을 앞두고 발표한 교황칙서 「자비의 얼굴」 첫 구절이다. 교종은 지난 3월 13일 희년을 선포하면서 하느님의 거룩한 본성이 곧 자비이며, 예수 그리스도가 온 인격으로 드러낸 것 또한 '하느님의 자비'라고 말했다. 프란치스코 교종이 보여 준 지난 2년간의 행적을 한마디로 요약하자면 하느님의 자비를 드러내는 것이었다. 오죽하면 "형제들의 고통 앞에서 중립은 없다."는 자못 강경한 발언까지 나왔겠는가. 그만큼 교종이 바라본 세상의 참상은 가난한 이들에게 '무자비'였기 때문이다.

세월호 참사와 람폐두사의 난민들을 비롯한 이들의 고통은 경제 독재와 무자비한 정치권력에서 비롯되었다. 이 희생자들에게 하느님은 없었다. 자비의 희년이란 그들에게 하느님을 돌려주자는 데서 나왔다. 연약한 이들에 대한 권력의 무자비와 무관심이 한국 사회에서는 '박근혜 현상'을 낳았다. 최근 JTBC에서 방영한 '썰전'에서 이철희 두문정치전략연구소 소장은 박근혜 대통령에게 '국방대'란 별명을 붙여 주었다. '국민의 안전을 방치하는 대통령'이란 뜻이다. 자신의 안전에만 몰두하는 권력을 둔 한국 사회는 그만큼 불행하다. 이 마당에 예수가 정치, 경제 권력이 멸시하던 '노숙자'

였다는 사실을 기억하는 것은 교회의 건강상 오히려 좋은 일이다. 예수 역시 하느님의 자비가 필요한 사람이었다.

예수는 가진 것이 너무 없었다. 그래서 머리 둘 곳조차 없었다(마태 8,20; 루카 9,58). 그는 제자들과 함께 갈릴래아의 거리를 돌아다니며 설교를 하였고, 즉석에서 빵을 모아 음식을 나누어 먹었으며, 잔칫집에서 얻어먹기도 했다. 그래서 사람들은 예수를 "먹보요 술고래"라고 비난하기도 했다. 그가 언제나 푸짐하게 음식을 먹었기 때문에 그런 별명이 붙었다고 여겨서는 안 된다. 대체로 굶고 대체로 거르고 대체로 위장을 비워 두셨기에, 먹을 음식이 생기면 침만 발라도 밥이 목구멍에 넘어갈 정도로 맛있게 먹을 수 있었다. 허기가 반찬이다. 언제 다시 음식을 먹을 수 있다는 기약이 없기에 한 번 먹되 양껏 먹었을 것이다. 부자들은 먹고 싶을 때 먹고 골라서 먹지만, 가난한 사람들은 끼니때 마다 먹을 수 있는 '일용할 양식'을 구했으며 주는 대로 먹는다.

물론 예수는 돈도 없었다. 당연히 세금조차 제 돈으로 낼 수 없다. 복음서에 성전세를 둘러싼 예수 이야기가 나온다(마태 17,24-27). 세금장이들이 성전세 문제를 걸고 들어왔을 때, 예수가 따로 베드로에게 물었다. "세상 임금들이 관세나 인두세를 누구한테서 받아 내느냐? 자기 자녀들한테서 받느냐? 남한테서 받느냐?" 당연히 '남'한테서 받아 낸다고 베드로가 대답했다. 그러자 예수는 "그렇다면 자녀들은 세금을 물지 않아도 되지 않겠느냐?"고 말했다. 결국 하느님의 성전에서 하느님의 자녀들이 세금을 치러야 할 이유가 없다는 뜻이다. 그러나 예수는 다툼을 피하기 위해 한 걸음 양보하여 세금을 냈다. 어디서? 복음서에선 낚시한 물고기의 입에서 은전을 꺼내 주었다고 전한다. 그는 결코 돈을 휴대하지도 않았으며, 있다면 여유 있는 여인네들이 내어 놓은 보조금에 의존했을 따름이다. "… 헤로데의 집사 쿠자스의 아내 요안나와 수산나였다. 그리고 다른 여자들도 많이 있었다. 그들은 자기들의 재산으로 예수님의 일행에게 시중을 들었다"(루가 8,1-3).

예수가 잡히던 날 밤에도 그들 일행은 겟세마니 동산에서 노숙을 하고 있었다는데, 이런 보잘것없는 사람이 기실 메시아였다는 것, 하느님의 아드님이었다는 것을 믿는 게 그리스도교 신앙이다. 그리고 예수와 함께 노숙 생활을 하며 갈릴래아의 호숫가와 성읍들 그리고 유다 땅을 두루 돌아다녔던 가난뱅이들이 교회를 세웠다. 그러니 예수가 평소에 하시던 말씀, "너희가 내 형제들인 이 가장 작은 이들 가운데 한 사람에게 해 준 것이 바로 나에게 해 준 것이다."(마태 25,40)라는 말은 진실이다.

가난한 이가 가난한 이를 돕는다

세월호 참사를 기억하는 광화문 천막에 모이는 사람은 정부 각료들도 아니고 재벌도 아니고 그렇다고 고위 성직자도 아니다. 참혹한 죽음으로 하느님의 자비를 청하는 안산 단원고 아이들처럼 가난한 갑남을녀들이다. 가난한 사제들이다. 이처럼 발가벗겨진 채 십자가에 달리신 분이 이 세상 사람들을 온통 사랑하신다는데, 나름대로 갖춰 입은 우리가 세상을 사랑할 방법이 왜 없을까? 예수는 한 율법학자가 "마음을 다하고 지혜를 다하고 힘을 다하여 하느님을 사랑하는 것과 이웃을 제 몸같이 사랑하는 것이 모든 번제물과 희생 제물을 바치는 것보다 훨씬 낫습니다."라고 대답하는 걸 보고, "너는 하느님 나라에 가까이 와 있다."고 칭찬했다(마르 12,33-34). 그러니 교회당의 격식과 전례보다 더 아름다운 하느님의 자비와 정의를 실천할 수 있는 기회를 제공해 주는 가난한 이웃이 우리를 구원한다. 날마다 경전을 읽으며 주일마다 교양 있는 강론을 듣고 예배하느라 자선할 여유가 없는 사람은 도리어 구원의 걸림돌인 경우가 많다.

초기 교회 교부들은 한결같이 재화의 공공성과 분배를 촉구하며, 하느님의 정의를 실천하기 위해 주교관 옆에 구빈원을 설치하였다. 아우구스티누스 교부는 "그대가 가난한 이들에게 베풀고 있다는 것이 사실인가? 그대가 베푸는 것은 그대의 것이 아니라, 그대와 그대의 동료와 종복이 함께 공유해야 할 그대 주인(하느님)의 것이다. 그러기에 그대는 그대의 혈족인 사람들의 재난에서 각별히 겸손을 배우지 않으면 안 되는 것이다."라고 말했다. 세상의 모든 재화는 하느님께서 만인을 위해 선물로 주신 것이라고 교회 전통은 가르친다. 그러므로 우리가 타인을 도울 때는 지극히 겸손한 마음으로 행해야 할 것이다. 우리의 소유가 아니라 본래 하느님의 소유인 재화를 나누는 것이기 때문이다. 그래서 대 바실리오 교부는 루카 복음을 읽으며 이렇게 강론했다.

어떤 사람이 남의 옷가지를 훔치면 우리는 그를 도둑이라고 부른다. 그렇다면 발가벗은 사람에게 옷을 입혀 줄 수 있음에도 마다하는 사람도 똑같이 불러야 옳지 않은가? 찬장에 들어 있는 빵은 굶주린 사람의 몫이다. 입지 않고 옷장 안에 걸어 놓은 외투는 외투가 필요한 사람의 것이다. 신장에서 곰팡이 슬고 있는 신발은 신발이 없는 사람의 것이다. 여러분이 욕심 부려 쌓아 놓은 돈은 가난한 사람의 것이다.

여기선 공동의 재화를 혼자서 독점하는 것이 곧 '범죄'라고 가르친다. 요한 크리소스톰은 "자신의 물자를 나누지 않는 것, 이것이 강도질이다. 내가 하는 말에 놀랄지 모른다. 하지만 놀라지 말라. 내가 하는 말은 성경이 증언하고 있나니, 성경은 비단 남의 재산을 갈취하는 것만이 아니라 그대의 재산을 남들과 나누지 않는 것 역시 강도질이요 탐욕이요 도둑질이라고 말하고 있다."고 강조했다. 암브로시오 교부는 나봇의 포도원(1열왕 21장)을 다룬 해설서에서 이렇게 덧붙였다.

> 그대는 벽을 포장할지언정 헐벗은 사람은 모른 체한다. 저들이 발가벗은 채 그대의 집 앞에서 울부짖어도 그대는 들으려 하지 않는다. 발가벗은 사람이 울부짖건만, 그대는 마룻바닥을 어떤 대리석으로 포장할까를 궁리하느라 여념이 없다. 가난한 사람은 돈이 필요해도 손에 넣을 길이 없다. 인간은 빵을 구걸하건만, 그대의 말은 황금 재갈을 물어뜯느라 이를 바득거린다. 남들은 먹을 것조차 없어도 그대는 호화로운 장신구를 치렁거리며 우쭐댄다. 아 부자여, 그대는 얼마나 끔찍한 판결을 벌어들이려는 것인가? 사람들은 굶주리는데 그대는 곳간을 닫는다. 사람들은 흐느끼는데 그대는 반지를 돌리고만 있다. 수많은 영혼을 죽음에서 구할 힘이 있으면서 의지가 없는 그대, 불행한 인간이여! 그대의 반지에 박힌 보석 값이면 수많은 사람의 생명을 구하고도 남으련만.

이 설교에 걸려 넘어지지 않는 사람은 행복하다. 가난한 이들은 다른 가난한 이들의 아픔에 공감하면서 구원받을 특권을 누린다. 그러니 그들은 당연 행복하다.

자비의 희년, 이천 년 전에 이미 시작되었다

프란치스코 교종이 선포한 '자비의 특별 희년'은 신명기법전에서 제정한 희년법을 계승한 것이다. 만사를 하느님의 뜻에 따라서 평등한 제자리로 돌려 형제적 관계를 구조적으로 회복하기 위한 제안이요 장치다. 그리고 여기엔 당연히 약자를 위한 구체적 방안이 제시되어 있다. 수고한 사람과 땅과 짐승이 휴식을 취하고, 억눌려 살던 노예들이 자유를 얻으며, 빼앗긴 땅을 도로 되찾고, 약자들이 기쁨을 얻게 된다.

이 희년법은 당연히 예수의 복음 선포에서도 핵심을 이루는 것이다. 예수가 선포한 하느님 나라란 지상에서 희년을 선포하고 그대로 사는 세상이다. "주님의 성령이 나에게 내리셨다. 주께서 나에게 기름을 부으시어 가난한 이들에게 복음을 전하게 하셨다. 주께서 나를 보내시어 묶인 사람들에게는 해방을 알려 주고, 눈먼 사람들은 보게 하며, 억눌린 사람들에게는 자유를 주며, 주님의 은총의 해를 선포하게 하셨다"(루카 4,18-19). 이대로만 산다면, 만인이 기뻐하며 노루처럼 껑충껑충 뛸 것이다. 만인이 만인에게 가족이 되기 때문이다.

이 정신이 피터 모린과 도로시 데이에 의해 시작된 가톨릭일꾼운동에서 '환대의 집'이란 이름으로 계승되었다. '환대의 집'은 교부들의 전통을 이어받아 소외된 이들을 맞아들이고, 갇힌 이들을 방문하며, 굶주린 사람들을 먹이고, 집 없는 이들에게 방을 제공해야 한다는 취지로 문을 열었다. 이 집은 언제나 가난한 이들과 병든 이, 고아, 노인, 여행자, 순례자 그 밖의 곤궁한 사람들에게 열려 있었다. 이 집은 가난한 이들에게 따뜻한 안식처이면서 독서실과 직업 훈련을 제공하고, 기도와 토론과 공부를 하는 곳이다.

누구나 환영하는 이 집에선 항상 커피가 난로에서 끓고 있었고, 있는 재료를 아무거나 넣고 끓이는 '잡탕 찌개'가 굶주린 사람들을 기다려 주었다.

도로시 데이는 기증받은 물건을 아낌없이 사람들에게 나눠 주었는데, 어느 날 멋쟁이 여자가 내놓고 간 다이아몬드 때문에 일어난 에피소드는 감동적이다. 도로시 데이는 이 다이아몬드를 늘 이곳으로 식사하러 오던 노파에게 주었는데, 이를 보고 어느 직원이 화들짝 놀라며, 이 반지를 금은방에 가져다 팔았으면 그 노파의 일 년 집세를 내는 데 쓸 수 있었을 것이라며 투덜거렸다. 도로시는 노파 역시 인격을 가진 사람이므로 반지를 마음대로 처분할 수 있으리라고 말했다. 팔아서 일 년치 방값을 낼 수도 있고, 바하마로 여행을 떠날 수도 있고, 그 멋쟁이 부인처럼 반지를 손가락에 끼고 다닐 수도 있다고 했다. 도로시가 그 직원에게 되물었다. "하느님께서 부자들만 즐기라고 다이아몬드를 창조하셨다고 생각해요?" 얼마나 멋진 말인가. 찾아오는 낯선 누구라도 고귀한 인격으로 대접하려는 태도야말로 밥 한 그릇 보다 더욱 값지다.

정말 보잘것없다고 여겨지는 사람들을 '예수처럼' 환대한다면, 그네들 안에 깃든 성령을 발견하는 눈을 갖는다면, 그 사람은 참으로 행복하다. 환대의 집은 이처럼 교회의 고위성직자들에게는 '가난한 그리스도'를 만나게 해서 회개할 기회를 주고, 가난한 이들에게는 사람다운 존엄성을 되찾게 해 주며, 마음이 착한 사람들에게는 세상을 위해 일할 공간을 제공해 준다. 이 얼마나 은총 가득한 성소인가? 사실상 자비의 희년은 따로 없다. 자비의 희년은 예수께서 나자렛 회당에서 이사야 예언서를 읽으실 때 이미 시작되었고, 자비의 '특별'희년은 그 사건을 기념할 뿐이다.

보리당 보리당 보리보리 당당

그게 언제였던가? 하늘이 차가울 만큼 맑았던 이십여 년 전 한겨울이었다. 인천 제물포역 지하상가를 막 벗어나려다 낯익은 얼굴과 맞닥뜨렸다. 김윤경, 서강대 사학과 동기다. 그녀는 〈청지淸芝〉라는 교내 여학생 잡지를 발간하는 서클에서 활동했던 친구였다. 내가 군대에 가기 전에, 약 2년여를 함께 학창 시절을 보냈지만, 그녀에 대한 기억은 별로 없었다. 그녀는 다소곳이 말없는 학생이었으며, 남의 눈에 두드러진 구석이라곤 별로 없었던 것 같다. 아, 지금은 교사 생활을 하고 있는 내 친구가 한동안 그녀를 좋아해서 쫓아다니며 고민을 토로했던 바로 그 당사자이기도 했다는 걸 기억해 냈다. 그저 그뿐이었다. 개인적으로는 단 한 번도 대화를 나눠본 적이 없었다. 이 친구를 4~5년이 훨씬 지난 뒤에 우연히, 서울도 아닌 내 고향 인천에서 마주친 것이다.

신앙이 관념이 아니라면

내 생각에는 내 친구처럼 그녀도 역사 교사가 되어 있어야 했지만, 정작 그녀는 인천 주안공단에 '위장' 취업한 활동가였다. 시간이 지나고 얼굴이 잊혀져도 인상이 남아서 서로가 내버려 두었던 시간의 공백을 채워 준다. 그녀는 나를 곧 알아보았고, 다방에 가서 그녀의 이야기를 듣는 동안에, 나는 줄곧 당장에 떠오르지 않는 그녀의 이름을 기억해 내느라고 애를 먹었다. 한 번쯤 친구의 이름을 불러 주어야 하지 않을까, 하는 생각에서였다.

하필이면 이름도 베아트리체였던 그 다방에 앉자마자, 그녀는 대학 졸업 후의 내 진로를 물어 왔다. 사제가 되기 위해 신학교에 갈까 고민 중이라는 답변에 대뜸 "종교는 관념"이라는 화두부터 들이대며 마음을 고쳐먹으라고 설득하기 시작했다. 학생운동을 시작하면서부터 줄곧 나는 신앙 때문에 선배와 동료들로부터 관념론자라는 낙인에서 자유롭지 못했다. 그네들이 종교를 부정적으로 보는 것은 단순하게 종교가 신이라는 관념적 존재에 기초한다는 철학적 차원에서 제기된 문제만은 아니었다. 역사적으로 제도교회가 기득권층과 지배 권력의 이익에 봉사하면서 혜택을 누려 왔다는 혐의에서 면제받을 수 없었기 때문이다. 따라서 나는 제도교회의 몰염치한 부도덕성을 무조건 변호할 처지가 되지 못하였다. 단지 '해방신학'을 거론하며, 민중해방운동에 동참했던 라틴아메리카의 혁명적 그리스도인의 사례를 들어가며 해방의 도구이기도 한 복음에 관해서, 실천적 신앙 운동에 관해서 말하는 것으로 그나마 면피免避할 만한 구석을 찾았다. 그 후로 이런저런 이야기를 나누는 동안, 그녀가 예전에 알던 연약한 여성이 아님을 알았다. 시대와 삶이 그녀를 단련시켰고, 이른바 1980년대가 낳은 시대의 고통이 그녀를 성장시킨 것 같았다.

내 연락처를 알려 주고 헤어진 뒤, 꼭 일 주일 뒤에 그녀가 죽었다는 소식을 들었다. 연탄가스 중독이었다. 나와 헤어진 뒤 얼마

되지 않아서 그녀는 월세 방을 옮겼고, 이사한 날 밤에 연탄불을 지피고 잠들어서 영영 목숨을 거두었다. 민중운동 활동가이기 전에, 이십대 여성으로서 꽃다운 사랑을 누구와도 미처 만개해 보지 못한 채, 그녀는 그렇게 이승을 하직했다. 비정한 우주 그리고 하느님이 원망스러웠다. 그녀가 사라진 세상에서 이젠 제대로 말로 답변할 수 없으니, 두고두고 신앙이 관념이 아님을 증명해 보여야 저승에서라도 그녀에게 떳떳한 말 한마디 건네 줄 수 있을 것이라고 생각했다.

못된 도적도 하느님이라고

쿠바 혁명의 영웅 체 게바라는 라틴아메리카의 그리스도인 해방 전사들 속에서 신앙이 혁명적일 수 있음을 확인하였다. 무신론자로서 민중에게 기쁜 소식이 되려고 온 생애를 불사르며 살다 죽은 게바라에게 하느님은 민중의 또 다른 이름이었다. 그가 즐겨 애송했다는 레온 펠리페의 시 한 편이 그의 비망록에 적혀 있었다.

> 그리스도, 제가 당신을 좋아하는 연고는
> 당신이 별나라에서 내려오셨기 때문이 아니외다.
> 당신이 내게 가르치기를
> 인간은
> 피와
> 눈물과
> 불안과 광명을 막고 닫혀진 문들을 여는
> 열쇠와
> 연장을 가졌노라고 하셨기 때문이외다.

그러하외다. 당신은 인간이 하느님이라고…
당신처럼 십자가에 달린 가련한 하느님이라고,
골고타에서 당신 왼편에 섰던 못된 도적도
역시 하느님이라고
우리에게 가르치신 까닭이외다.

_『해방신학』, 구띠에레즈, 분도출판사에서 재인용

체 게바라에게는, 유신론과 무신론 논쟁은 부질없는 것이었다. 중요한 것은 "나를 움직이는 힘이 사랑인가?" 하는 질문에 대한 우리의 답변이다. 체 게바라는 「쿠바에서의 인간과 사회주의」라는 글에서 이렇게 말했다.

좀 우습게 들릴지 모르나, 무릇 혁명가란 강력한 사랑에 따라 움직여야 한다. 사랑이 없이 혁명가란 있을 수 없다. … 이런 조건과 더불어 혁명 지도자들은 크나큰 인간미를 간직하고 또 정의와 진실에 대한 예민한 감수성을 지녀야 한다. 그래야만 극단적 교조주의에 떨어지지 않고, 냉혹한 이론에 치우쳐 민중과 동떨어지는 일이 없다. 혁명가들은 자기네 사랑이 하나의 귀감이요 원동력이 되도록 매일같이 노력하지 않으면 안 된다.

이를 두고 해방 전사였던 네스토 파즈는 더욱 적절하게 말한다.

나는 해방을 위한 투쟁이 구세사의 예언자적 노선에 근거를 두고 있다고 믿는다. … 정의의 채찍이 착취자들의 머리 위에 떨어질 것이다. 자기가 품은 사랑의 힘이 자기를 충동질하여 이웃을 죄악에서 해방시켜야 함을 망각한 그리스도인들에게 채찍이 떨어질 것이다. 사랑이 결핍된 곳에 채찍이 떨어질 것이다. 우리는 예수의 피와 부활로 말미암아 모든 속박에서 벗어난 '새로운 인간'을 믿는다. 우리는 사랑을 기본법으로 하는 '새로운 땅'이 오리라고 믿는다. 그러나 '신인간'과 '신천지'는 오로지 이기주의에 뿌리박은 낡은 체제를 깨뜨리는 데서 가능하다.

그들은 모두 민중 해방의 대의에 헌신하다가 죽음으로써 선의의 사람들에게 아직도 기억되고 있다.

무주에서 무슨 일이 일어났는가

『정글』이라는 작품으로 유명한 업튼 싱클레어는 『힘의 예술』(종로서적, 1979)의 「민중당원 회의」라는 글에서 붉은 영웅들과 그리스도교적 순교자들이 모두 예언자 전통 위에 서 있음을 풍자적으로 잘 보여준다. 그들은 살아서 철모르는 바보로 취급받았으며, 죽어서야 경축되거나 저주받았다. 그러나 이와 상관없이 민중의 역사가 그들의 제단 위에서 진보하였음을 부정할 수는 없다. 신문 기사처럼 씌어 있는 이 글을 우리 사정에 맞추어 적절하게 손질해 보았다.

보리당 창당 준비 박차 … 무주에서 공청회 열어

남방의 예언자 집단, 다수 득표로 2016년 4월에 지복년至福年 오리.

_ 개벽일보 2015.8.15.

대책없는 그리스도교 광신자들이 무주구천동無主九泉洞에서 어처구니없는 정당 발기 대회를 열었다. 서울, 대구, 부산, 광주, 목포,

전주, 대전, 청주, 원주, 춘천, 안동에서 도시 탈출을 감행한 무리들이 쏟아져 들어왔다. 상주, 함창, 여주, 이천, 해남, 함평, 김제, 영광, 단양, 사북, 변산, 당진, 감곡, 괴산 등지에서도 시골뜨기 광신자들이 몰려들었다. 이들은 하나같이 화폐 기피증이 돋은 사람들인데 세종稅從이며 이황吏皇이며 이이利利의 얼굴만 봐도 사방팔방 구역질을 해대는 종자들이었다.

거리엔 그들이 타고 온 자전거와 스쿠터, 경운기 소리로 왁자하고, 그들이 북적거리는 산장山莊 복도는 온통 욕지기로 혼을 빼놓을 지경이었다. 아홉 곳에서 샘이 솟는다는 구천동九泉洞, 땅 임자가 따로 없어 자리 잡고 먼저 천장을 올리면 하룻밤 노숙을 면할 수 있다는 고장인지라 떠돌이, 굼벵이, 뭐든 새로운 것이라면 마다 않는 각종 매니아들까지 꽉 들어찼다. 게다가 정치 웅변가와 연설광, 돌팔이 의사와 동성애자, 머리가 긴 사내들과 머리 짧은 계집애들, 빈털터리와 땅과 사랑의 자유를 부르짖는 빨치산들로 난장판을 이루었다.

몇 년 동안이나 그네들은 이 대회를 기다려 왔는데, 이 집회야말로 금권 재벌 정치가들의 손아귀에서 정권을 탈취할 수 있는 영웅적인 회의가 될 것이다. 오늘 이 무주구천동에 오지 못한 사람이 있으니, 이들은 사전에 순검에게 발각되어 재벌과 금융 마피아들이 정신병원에 가두어 버렸기 때문이다.

본회의는 내일 아침 10시에 열리는데, 오늘밤엔 모든 연설가들이 자신들의 정당을 만들기 전에 대중들에게 호소하고 지지를 요청하는 공청회가 밤새 열린다. 청중이 따로 없는 거실에서 모든 참석자들이 걸상 위에 올라가 일제히 떠들기 시작했다.

맨발인 예레미아隸愛美耶는 내일 회의에서 지명 연설을 하도록 내정되어 있었다. 넥타이도 없이 대충 걸쳐 입은 남방은 옷깃이 제

맘대로 꾸깃꾸깃 구겨져 있었다. 그는 밀밭 때문에 부르짖었다. 우리 농촌의 밀밭을 뿌리 뽑고 외국에서 수입한 농약 대량투입형 밀가루를 죄다 큰돈 주고 사먹는 현실을 개탄하려는 것이었다.

또 한편에서는 강진岡眞에서 올라온 '슬픔의 이사야異思也'가 있었는데, 그는 끔찍하리만큼 처절한 모습이었다. 턱수염은 허리와 바지, 심지어는 발끝에 닿을 듯이 헐떡거린다. 가죽만 덧씌워진 메마른 팔뚝을 휘저으며, 그의 별명처럼 "슬프도다, 슬프도다, 슬프도다. 여기에도 슬픔, 저기에도 슬픔. 슬프도다 저들, 부정한 법령을 공포하여 빈민을 감옥에 집어넣는 자들. 그들은 군대와 경찰과 용역에게 완장을 채우고, 가난하고 별 볼일 없는 이들에게는 수갑을 채우는구나. 고아는 복지원에 넘겨지고, 과부들은 희생당하며, 노동자들은 일자리를 빼앗기는구나. … 눈물 훔칠 자리조차 죄다 솎아내는 비정한 자들아, 이젠 너희가 걸림돌이 되리라."

이 말이 떨어지기가 무섭게 청중이 그의 머리 위에 풀씨와 옥수수 가루를 뿌려대는 바람에, 낮은 조명 아래서도 이사야의 얼굴 주위에 후광이 비치는 것 같았다. 그는 주저하지 않고 하느님의 영감을 얻었다고 단언하고서는 청중에게 선포하였다. "주님께서 기름 부으시어 나를 깨끗하게 하셨으니, 가난하고 겸손한 이들에게 복음을 전파케 하려는 것이다. 그분은 나를 보내시어 상한 영혼을 위로케 하고 감옥에 갇힌 자들을 해방시키려고 작심하셨다."

보리당 보리당 보리보리 당당

천둥 같은 목소리라는 점에서, 상주 함창含娼에서 올라온 예언자 미가彌家말고는 이사야에 버금가는 사람은 없었다. 미가는 '애통하는 미가'라고 해서, 서울에서도 소문이 자자한 곡소리로 독설을 퍼붓는 무뢰한으로 통했다. 이마가 훤히 벗겨진 이 늙은이가 사과 궤짝 위에 올라서더니 한바탕 연설을 쏟아냈다.

그들은 서울공화국을 피로 건설하였고, 지천으로 솟구친 마천루는 부당행위로 세웠다. 그래서 대통령은 재벌의 하수인이 되고, 장관은 뇌물이 있고 없음에 따라서 결재하며, 순검은 노점상의 푼돈을 뒤지고, 교사는 품삯 때문에 가르치며, 예언자는 돈을 위해 예언하며, 신문은 시장을 위해 존재한다. 따라서 이젠 공화국 수도를 갈아 엎어 논밭으로 만들어야 하겠고, 마천루는 잿더미로 만들어야 하겠다. 돈 세던 엄지손가락에 쟁기를 들리고, 방아쇠를 당기던 검지손가락에 똥통을 들려야 하겠다.

거기에 모인 사람들은 이처럼 불쌍한 통곡인痛哭人이거나 새로운 세상을 바라는 혁명아들이었다. 그 자리에는 유명한 광주 망월동에서 예까지 맨발로 걸어 왔다는 '귀신같은 엘리야藜理也'도 있었고, 재야인사로 이름난 '분노한 아모스暗號數'도 있었다. 그리고 죄인들을 간단히 계곡물에 적셔서 거듭나게 한다는 자칭 세례자라는 '요한鬥恨'도 있었다. 세례는 특히 찌는 듯이 더운 날씨에 몇 사람에게서 그 효험이 나타난 적이 있기는 하다. 세례를 베푸는 예언자는 강원도 골짜기의 옥수수 밭을 망치는 메뚜기를 잡거나, 아카시아 숲에 있는 벌들이 공급하는 야생의 벌꿀을 먹으며 살아간다고 알려져 있다. 그러나 분명한 것은 그 예언자가 식량 주머니를 차고 다니는 것을 본 사람이 아무도 없다는 점이다. 현지 조달을 생명으로 하는 원단 행려자였다. 그가 산장 마룻바닥에 앉아 어수룩한 멍청이 청년들과 더불어 꽈배기 과자를 안주 삼아 쐬주를 마시고 있다. 그 밖에도 호세아好世牙, 하바국河巴國, 욥葉 등 여러 명 있어, 내일 본회의

282

에서는 모두 아홉 명의 예언자가 연설하기로 되어 있었다.

무주구천동에서는 내일 새로운 정당을 발족시킬 예정이다. '보리당菩提黨'이 바로 그것이다. 사전에 배포된 보도자료에 따르면, 이 정당은 예언자들에 의해 운영되며, 수행자 가운데 직원을 천거하여 무보수로 일한다. 그렇다면 이 정당의 정강은 무엇인가? 경향 각지는 자급자족을 원칙으로 하고, 부족한 물산物産은 사용 가치에 따라 서로 교환해야 한다. 그러나 필요한 만큼만 생산하고, 남겨진 것으론 다른 나라 백성을 무조건 돕는 게 당연하다. 모든 마을마다 자전거를 달리게 하고, 시내에선 자동차를 타지 못한다. 공공요금은 공무원들이 메뚜기와 푸성귀로 살아가는 한이 있다고 해도 누구나 누릴 만큼 값싸야 한다. 모든 금전에 대한 이자는 금지되어야 하며, 하느님의 예언자는 이를 어기는 사람을 '고리대금업자'라고 부르며 천민 대우를 할 수 있다. 그들의 정강 정책 가운데 세부 항목 하나를 보면 다음과 같다.

> 만일 그대의 형제가 가난해져서 그대와 더불어 쇠퇴하게 된다면 그대는 그를 구하지 않을 수 없다. 두 말할 것도 없이, 그가 비록 이방인이거나 불법 체류자이거나 간에 그대와 함께 살아야 할 것이다. 그대는 그에게서 어떠한 이득이나 그 밖의 것을 취하거나 늘리지 말아야 하며, 형제와 더불어 살도록 하신 그대의 하느님을 두려워해야 한다. 그대는 어떠한 돈이라도 빈자에게 비싼 이자를 받고 꾸어 주지 말며, 그대의 양식을 이용하여 이윤을 챙기지 말아야 한다. 하느님이 거저 주신 것은 필요한 이에게 거저 주어야 한다.

보리당의 보도자료에는 자신들이 생산한 모든 물건이 자신의 노동력만으로 이뤄진 것이 아니라, 우주를 창조하신 분이 선물로 주신 하늘의 빛, 땅의 거름, 바람, 비 그리고 공기 사이에서 이뤄지는 우주적 춤의 결과임을 잊지 말라고 굵은 펜으로 밑줄 그어져 있었다. 그리고 만일 이렇게 하고도 부족하다면, 어떤 형태의 계약에 의한 것이든, 노예 제도는 법률로써 금지되어야 하며, 2016년에 시작하여 매 십 년마다 모든 빚은 탕감되고 모든 사람은 새 출발을 하여야 한다.

이 모든 정강들이 회의에서 통과될 때마다 참석한 괴짜들은 동의하는 뜻으로 "보리당 보리당 보리보리 당당菩提黨 菩提黨 菩提菩提 黨黨"이라고 연호할 예정이다. 아마도 이 정강 정책이 수정 없이 언론에 발표된다면, 현재 기득권을 가지고 있는 보신당保身黨의 총재銃在는 도대체 이 과격분자들의 몸가짐이나 광신적인 태도에 대해서 어떻게 논평하고 대응할지 주목된다. 그들은 아마 이렇게 서로 물으며 날을 샐지도 모른다.

"무주에서 무슨 일이 일어났소?"

예수, 그 불한당

무슨 일을 칠 녀석들이 항상 기득권자들에게는 골칫거리였다. 그런데 어찌하랴, 예수 역시 그런 불한당들이 아우성치던 시대에 그 또한 불한당의 한 사람으로 '메시아'라는 칭호까지 얻었으니 말이다. 그가 만약 로마제국과 헤로데 안티파스와 원로원으로부터 '메시아'라는 칭호를 얻었다면 별 문제려니와, 갈릴래아와 유다의 거지 떼에게 '주님' 소리를 들었던 것이라면, 이는 분명 불온한 것으로 역사가 기록했을 것이다. 역사 기록은 항상 지배자의 독점적 특권이었으니 말이다.

예수는 기원전 4년 또는 기원후 6년경에 태어났을 것이라고 추

284

정되고 있다. 마태오복음에 따르면 예수가 헤로데 대왕 생존시에 태어났다는데, 헤로데가 이승을 떠난 것은 기원전 4년이었다. 또한 루카복음에서는 아우구스투스 황제의 명령으로 총독 퀴리니우스가 실시한 '호구 조사', 즉 납세자 등록을 행할 때 예수가 베들레헴에서 태어났다고 전하는데, 그것은 기원후 6~7년 사이에 이루어진 일이었다.

여기서 기원전 4년이란 폭군 헤로데 대왕이 죽고 나서 생긴 정치 공백을 틈타 민중의 분노가 폭발하고, 이 때문에 로마 총독인 바루스가 군대를 동원하여 소요를 진압하던 때였다. 그 후 총독이 헤로데의 재산을 몰수하려는 계획을 세우자 예루살렘 주민이 다시 봉기하였다. 바루스는 다시금 군대를 동원하여 반란군 지도자의 하나인 갈릴래아 사람 유다의 본거지인 세포리스(나자렛 부근)를 쑥밭으로 만들고, 예루살렘으로 진격해 가면서 곳곳에 2천 명이나 되는 유대인들을 십자가형에 처했다.

한편 기원후 6년경에는 유다 전역에 걸쳐 납세 거부 운동이 일어났다. 갈릴래아의 유다가 바리사이파인 사독과 함께 다시 나타나서 "이 인구 조사는 우리를 노예화하기 위한 방법에 지나지 않습니다. 우리의 자유를 지킵시다! 하느님을 우리의 주님으로 받아들였으면서도 로마인들에게 세금을 바치고 멸망의 주를 섬기는 것이 부끄럽지도 않습니까?"라고 설교했다. 메시아에 대한 기대가 부글부글 끓어올랐으며, 파산하고 절망한 유대의 민중이 규합하여 부자들을 인질로 붙잡았으며, 그들의 집을 약탈하고, 로마 주둔군과 거기에 협력했던 자들을 단도短刀로 습격했다.

예수는 그러한 민중 소요의 격동기에 태어났으며, 고향인 나자렛은 갈릴래아의 촌읍으로 반란의 진원지 세포리스에서 남동쪽으로 6킬로미터 떨어진 지점에 있었다. 아마도 나자렛의 많은 젊은이

들이 이 봉기에 참가했을 것이며, 이래저래 전쟁의 와중에서 많은
주민이 목숨을 잃거나 노예로 팔려 갔을 것이다. 따라서 나자렛은
반역의 고향으로 천대받는 땅이었다. 오죽하면 사람들이 "나자렛
에서 무슨 신통한 것이 나올 수 있겠소?"(요한 1,4)라고 했을까? 나중
에 나자렛과 아무 상관도 없는 바오로 사도 역시 '나자렛 도당의
괴수'로 고발된 적이 있었다.

> 우리가 알아본 결과, 이 자는 몹쓸 전염병같은 놈으로서 온 천하에
> 있는 모든 유대인들을 선동하여 반란을 일으키려는 자이며 나자렛
> 도당의 괴수입니다.(사도 24,5)

　이 땅에서 성장한 예수가 불한당不汗黨으로 성장한 연유는 이러하
지 않았을까? 헤로데 안티파스(기원전 4~기원후 37)는 갈릴래아를 통치
하면서 세포리스를 수도로 건설하였다. 예수는 아마도 이 대규모
건축 사업에 목수 등의 장인匠人으로 동원되었을 것이며, 이 때문에
예수는 일찍부터 떠돌이 생활에 익숙했을 것이다. 그저 몸뚱이밖
에 가진 게 없는 사람들은 짐꾼이나 건축 노동자, 거렁뱅이로 사회
밑바닥 백성을 이루고 있었다. 이들은 예나 지금이나 쓰레기 취급
을 받는다. 이들에게 '타는 목마름'이 없을 수 없다. 그 원망怨望이
마리아의 태교胎敎 노래에 그대로 실려서 복음서에 전한다. 마니피
캇Magnifikat, '마리아의 노래'다. 이 노래는 권세 있는 자, 교만한 자,
부유한 자를 내치시고 비천한 자, 배고픈 자가 구원되는 새로운
역사가 시작되리라고 예견한다. 라틴아메리카의 독재자들이 '혁명
을 일으키는 바이러스'가 들어 있다고 했던 이 노래는 민중의 열망
을 담고 있다.
　이 열망을 채우기 위해서 예수는 거렁뱅이처럼 태어나고, 후레

286

자식으로 키워지고, 불한당처럼 거리를 떠도는 신세를 감당해야 하였다. 하느님은 가련한 민중을 상징하는 '여종의 비천한 신세'를 돌보아 주셨기에, 마리아에게 희망의 싹이신 메시아 아기씨를 안겨 주셨다. 그리고 이 메시아는 거룩한 성전이 서 있는 예루살렘이 아니라 유다의 고을 가운데 가장 보잘것없는 베들레헴에서 탄생할 것이었다(마태 2,6; 미가 5,2). 또한 메시아는 궁전이 아니라 비천한 말 밥통(구유) 위에서 찾아지며(루카 2,7), 유대인 가운데 가장 천박한 사람 가운데 하나인 목동들의 경배를 받으며(루카 2,8-20), 기껏해야 동방박사들, 이방인 점술사들의 경배를 받으실 분(마태 2,1-12)이다. 스스로 머리 둘 곳조차 없다고 고백했던 떠돌이가 예수의 신원이다. "목자 없는 양과 같이 시달리며 허덕이는 군중을 보시고 불쌍한 마음이 드셨다."(마태 9,36)는 분이다.

그리고 이런 천박한 불한당들은 한결같이 "그 사랑 때문에" 평생을 떠돌다가 국가 안보의 이름으로 군대와 경찰의 추적을 받고 체포되어 으슥한 곳에서 암살당하거나 또는 백주 대낮에 거리에서 처형당했다.

시인이며 예언자, 휘트먼

미국은 가장 야만적인 개척 정신을 가장 천박한 자본주의로 발전시킨 짐승들과 20세기의 가장 아름다운 영혼을 낳은 희한한 나라이다. 시인 월트 휘트먼Walt Whitman은 『풀잎들』이라는 시집을 자기 돈으로 출판하였는데, 평론가들은 휘트먼을 "예술에 대해서는 마치 돼지가 수학을 모르는 것만큼이나 모른다."고 평했으며, 그에게 "공개 사형 집행인의 채찍을 맞을 만한 사람"이라는 극언을 서슴지 않았다.

휘트먼은 롱아일랜드의 외진 농민 가정에서 태어났다. 그의 아버지는 목수였다. 휘트먼은 열두 살에 어느 사무소의 사환으로 일하기 시작한 뒤로 인쇄술을 배우고, 교사가 되었으며, 어떤 의미로 보면 설교자도 되었다. 그는 노예 폐지론자이자 금주론자인 괴짜였다. 느린 몸놀림, 센 고집으로 이곳저곳을 떠돌면서 여러 계층의 사람을 만났으며, 흥미를 가지고 인생을 관찰하면서 성공에는 마음 쓰지 않았다. 그는 신문 편집이라는 좋은 일자리를 얻은 적도 있었지만, 노예 제도에 대해서 생각을 달리하였기에 신문을 그만두어야 했다. 그 후로 휘트먼은 새로운 생활양식으로 살기 시작했는데, 생계유지를 위해 손노동을 하고 남는 시간에 문학과 인생을 공부했다. 가족들은 그를 사랑했지만 그의 생각을 이해할 수 없었다. 그가 한가롭게 자신의 영혼을 불러일으킬 때마다 그를 게으르다고 여겼다.

휘트먼은 삶의 다양한 모습을 알고 싶어 했다. 그들과 더불어 공감하고 이야기 나누기를 바랐다. 그는 거룻배를 타는 노동자들과 함께 일했고, 버스 운전사들과 친구가 되었으며, 아메리카를 알려고 뉴올리언스까지 천천히 여행을 하기도 했다. 그는 신중하게 독서를 했는데, 자신과 다른 생각을 가진 작품을 통해서도 배울 것을 찾았다. 이를테면 지루할 따름인 그리스도교의 '호교론'을 읽고서 오히려 합리주의자가 되었다. 이런 과정을 통하여 휘트먼은 교양 있는 소수의 엘리트와 구분된 민중에 대해 잘 알게 되었다. 그는 이들 속에서 궁핍한 생활이 주는 지혜와 경륜의 힘을 느꼈다.

그는 시인이자 예언자이며 신비주의자였다. 상하귀천 없이 모든 삶이 거룩한 것이며, 한 분이신 하느님께만 속한 형제자매임을 깨달았다. 인종과 상관없이 만인이 평등한 형제임을 1,900년 동안 예언자들이 밝혀 왔으며 예수가 이를 공언했지만, 언제나 그리스도인들이 이 뜻을 욕되게 만들었다고 생각했다. 시집 『풀잎들』에서 보듯이, 가장 흔하며 가장 작은 것들이 가장 위대한 인간 정신을 상징한다고 보았다. 휘트먼 자신 역시 그 풀잎들 중 하나라고 여겼다. 그는 시집을 낼 때, 고상한 신사들을 야유하듯이 이 시의 위대성을 스스로 격찬하고, 넥타이도 매지 않은 작업복 차림으로 찍은 자기 사진을 실었다. 따라서 평론가들은 휘트먼을 건달로 치부했고, 때로는 경찰을 불러 괴롭히기도 했다.

성性에 대한 문제에서도, 무시무시할 정도로 침묵을 지키면서 슬쩍슬쩍 훔쳐보곤 하던 앵글로 색슨 족의 치졸한 성적 관행을 무시하였다. 휘트먼은 누구보다도 성을 솔직 담백하게 생활의 일부로 묘사했다. 이 시집이 보내진 컬럼비아의 각 대학에서는 책의 이 부분이 손때가 많이 묻어 너덜너덜해졌음에도 불구하고, '신사'들은 이 책을 비난하기에 바빴다. 그러나 휘트먼은 금욕적이며 절제력을 갖춘 높은 도덕성을 지녔다. 남북전쟁이 일어나자, 그는 자원 간호사가 되어 워싱턴으로 갔다. 그는 병원을 찾아다니며 고통 받고 무시당하는 병사들을 위로하고 친절을 보여주었다. 그의 천재성은 우정을 위한 것이며, 가련한 민중은 그를 사랑했다. 그는 평생을 가난하게 살았으며, 중풍으로 발을 절룩거리면서도 자신의 삶과 글을 통하여 미국 노동운동 지도자들에게도 영감을 던져 주었다. 그는 "내 외침은 싸움을 부르는 외침이다. 나는 활발한 반항을 기른다."(휘트먼, 「한길에 서서」)고 말했는데, 예수와 마찬가지로 그리고 니체와 톨스토이처럼 비극적 운명을 살았다.

월든 호숫가의 반전주의자, 소로

헨리 데이비드 소로Henry David Thoreau, 1817~1862는 1846년에 멕시코

전쟁이 터지자, 노예 제도와 전쟁에 반대하여 인두세 납부를 거부하고 감옥에 갇혔다. 생전에 휘트먼의 생각에 공감했던 소로가 발표한 『시민의 불복종』에는 이런 생각의 갈피가 잘 정리되어 있다.

소로는 "가장 좋은 정부는 가장 적게 다스리는 정부"라고 생각했다. 그래서 "전혀 다스리지 않는 정부"를 이상으로 삼았다. 소로에게 정부란 기껏해야 편의기관에 불과했다. 따라서 법을 존중하는 것이 정의를 존중하는 것인 양 말해선 안 된다고 주장했다. 우리가 마땅히 지켜야 할 권리이자 의무는 언제든지 "내가 옳다고 생각하는 것을 행하는 일"이다.

군대와 의용군, 간수와 경찰관 등은 제 몸으로 국가를 섬기면서, 제 양심이나 도덕 원칙에 관계없이 상부의 명령에 따라 움직이는 기계 또는 흙이나 나무처럼 행동할 위험이 있다고 소로는 생각했다. 그리고 많은 입법자 · 정치가 · 변호사 · 목사 · 관리 등은 "머리로 국가를 섬기면서, 생각 없이 악마를 하느님으로 섬기는 일이 많다."고 말했다. 다만 극소수의 영웅과 애국자, 순교자, 넓은 의미의 개혁자 그리고 민중만이 양심에 따라서 국가에 봉사하는 까닭에 어쩔 수 없이 국가 권력에 거스르게 되는데, 이들은 보통 국가의 적으로 취급받는다. 소로는 "어진 사람은 다만 사람으로만 쓰일 것이요, 스스로 '흙'이 되어 바람구멍을 막는 데 쓰이지는 않을 것이다. 그런 역할은 시체에나 맡길 일이다."라고 비판했다. 그런 뜻에서 소로가 다음과 같이 말한 것은 의미심장하다.

국가라는 창녀야, 은 옷을 두른 음녀야.
옷은 걷어 올렸지만 네 혼은 진흙 속에 끌리는구나.

헨리 데이비드 소로는 "단 열 명의 정직한 사람만이라도, 그렇다, 단 한 명의 정직한 사람만이라도 노예 소유를 그만두고 실제로 조합에서 물러난다면, 그래서 그 때문에 지방 감옥에 갇히게 된다면, 미국에서 노예 제도는 철폐될 것이다."라고 주장했다. 왜냐하면 아무리 작은 행위도 한번 옳은 것은 영원히 옳은 것이기 때문이다.

불의한 정부 아래서 감옥은 격리되어 있으면서도 가장 자유롭고 영광스러운 곳이다. 그리고 노예 국가에서 자유인이 버젓이 안거할 수 있는 유일한 장소는 감옥뿐이라는 것이다. 소로는 한 표의 투표용지에 미래를 맡기지 말고 온 힘으로 저항하라고 부추긴다. "전력을 다해 대들면 당해 낼 놈이 없다. 모든 의인을 다 감옥에 잡아넣든가, 그렇지 않으면 전쟁과 노예 제도를 버려야 한다." 이렇게 얻어지는 것이 평화적인 혁명이다. 만일 시민이 국가에 충성하기를 거부하고 관리가 제 직위를 내놓는다면 혁명은 완성된다는 게 소로의 생각이다.

1845년부터 2년간 월든 호숫가에 통나무집을 짓고 살면서 체득한 단순한 생활양식은 이러한 시민 불복종 운동에 현실적 힘을 실어 주었다. 그는 스스로 밭을 일구어 콩을 양식으로 삼았다. 돈 쓸 일이 거의 없었고, 소로는 누구보다도 풍요롭게 숲 속의 생명들과 속삭이며 인생을 풍요롭게 누렸다. 윌리암 워즈워드의 말대로 "살림은 소박하게, 생각은 고상하게."라는 이상은 그에게 독립적인 충분한 자유를 주었다. 정부도 군대도 다국적 기업도 카사노바도 그에게서 자유를 박탈할 수 없었다. 부질없는 기득권을 탐닉하지 않는 한, 우리는 두려움 없이 불의에 "아니요!"라고 언제든지 말할 수 있다는 것을 보여주었다. 따라서 간디의 비폭력 저항을 표방하는 진리파지眞理把持, 사티야그라하운동에 소로가 영향을 주었던 것은 당연하다.

불한당 같은 교회, 그들의 천국

불한당이란 "떼를 지어 다니는 강도. 명화적明火賊, 화적火賊"이라고 사전에 풀이되어 있다. 곧 기존 질서를 어지럽히고, 남의 재물을 폭력으로 빼앗는 자들이 불한당이다. 그런데 불행하게도 예수 그리스도는 로마인들에게 '나자렛 도당의 괴수'로 지목받아 처형되었다. 유대 전쟁사를 기록한 요세푸스는 그 반란의 무리들을 '강도떼'라고 표현하였다. 그러면 예수를 따르는 교회란 기실 '제국에 반역하는 강도떼'의 전통을 계승하고 있어야 하지 않을까? 예수는 모든 권위적인 질서를 거부하였다. 로마제국의 철권통치는 물론 헤로데 안티파스의 매판 권력 그리고 유대교 율법 전통을 거절하였다.

어느 시대에나 기득권을 누리는 자들은 "영영세세 안녕" 또는 "지금 이대로가 좋아!"를 연발해 왔다. 그리고 이런 체제를 위협하는 사람들을 '날강도' 취급하였다. 예수도 그 한 희생양에 불과하며, 마땅히 교회도 하느님 나라의 전망 안에서 기성 질서를 비판하고 "이건 아냐!" 하고 말할 수 있어야 한다. 그리고 공평하고 자비로우신 하느님을 믿고 의연하게 예수처럼 십자가를 두려워하지 않고 뚜벅뚜벅 걸어 나가는 모습을 보여주어야 한다. 월트 휘트먼이나 헨리 데이비드 소로는 그 시대의 반역자들이었다. 인종주의와 제국주의, 침략 전쟁에 반대하였다. 모든 사람이 당연하다는 듯이 자본의 힘에 줄을 대고 있을 때, 그네들은 탈자본주의적 삶의 양식에서 자긍심을 느껴 왔다. 물질이 줄 수 있는 제한적 자유보다도, 영원한 진리가 주는 정신적 자유를 즐겼다. 산란을 위해 강 상류로 거슬러 오르는 연어 떼처럼, 상식을 뛰어넘는 '초월적 감각'

을 지닌 사람만이 진흙탕에서 연꽃이 피어나는 이치를 안다. 기득 권자들은 이들을 '불한당'이라 부르지만, 민중은 그들을 '위대한 영혼'으로 기억한다. 이들은 남의 물건을 한 번도 빼앗은 적이 없고, 오히려 자신의 재산과 몸을 만인을 위해 봉헌하였으며, 결국엔 강도나 불한당 대접을 받고 감옥에 갇히거나 모욕을 당하고 처형되었다.

그러므로 정치권력의 동반자가 되어 이득을 탐하고, 재벌처럼 '번영신학'에 빠져 있는 교회, 그래서 박해받지 않는 교회, 예언자의 목소리를 외면하고 기득권을 탐닉하느라 정신없는 교회는 '불한당 정신'을 회복해야 한다. 육시戮屍당한 시체처럼 버림받은 마르크스의 영혼이 내뱉은 예언이 아직도 구천을 떠돌고 있다. "종교는 인민의 아편이다." 하고 말이다. 마르크스를 곱게 귀천歸天시키려면, 아편의 성분을 조사하기에 앞서, 먼저 예수의 성분, 성직자들의 성분을 검토해 보는 게 좋을 것이다. 우리 교회의 혈흔血痕에서 불한당의 피를 찾아내어야 한다.

이렇게 스스로 하늘이 되었다

'김수영'이라 하면 사족을 못 쓰는 내게 무허가 이발소에 관한 김수영金洙暎의 때 묻고 해묵은 글발은 다시금 마음속 깊이 그에게 갈채를 보내게 했다. 그가 무허가 이발소를 스케치하는데 왜 나는 굳이 '교회'를 생각하고 있는 것일까? 나에게 교회란 어쩜 1970년 대의 동심을 판자 위에 얹혀 놓고 상고머리를 깎아 주던 기찻길 옆 그 이발소의 냄새 나는 의자와 같은 것인지도 모른다.

버즘 먹은 얼굴로 가는 야매 이발소

우리는 늘상 기찻길에서 놀기를 즐겼다. 대못을 철로에 얹혀 놓고 귀를 기울여 기차의 쇠바퀴 울리는 소리를 잔뜩 긴장한 채로 반쯤 기대감에 부풀어 듣곤 했다. 기차의 육중한 무게에 눌린 채 납작하고 날카롭게 벼린 못꽂을 더욱 날 서게 갈아서 나무에 던지고, 땅에도 꽂아 가며 땅 따먹기 놀이에 빠지곤 했다. 기찻길을 떠날 때면 어김없이 이발소 옆에 삐쭝하게 큰 키로 서 있던 해바라기 씨앗을 빼내 집에 가서 볶아 먹곤 했다. 아이들의 일상 한가운데 언제나 편안하고 낯익은 얼굴로 있던 그 '야매' 이발소. 우린 무허가 이발소를 그렇게 불렀다. 합법적인 권리를 얻지 못한 채 주변부 이발소로 남아 있던 야매 이발소는 그렇게 출세가도의 주변부만 맴돌던 가난한 날들의 동심을 머리카락 헤아리듯 매만져 주었다. 버짐 먹은 얼굴과 기계충으로 짓무른 땜통을 머리에 이고 살았던 어린 시절을 새삼 다정하게 불러 주는 무허가 이발소를 김수영은 이렇게 묘사하였다.

> 무허가 이발소의 딱딱한 평상에 앉아서 순차를 기다리는 시간처럼 평화로운 때는 없다. 시내의 다방이나 술집 중에서 어수룩하고 한적한 분위기를 찾아다니는 것을 단념한 지는 벌써 오래고, 변두리인 우리 동네의 이발관에까지도 요즘 와서는 급격하게 '근대화'의 병균이 오염되어서, 라디오 가요의 독재적인 연주에다가 미인계를 이용한 마사지의 착취까지 가미되어 좀처럼 신경을 풀고 앉아 있을 수가 없다.
>
> 좌석 버스나 코로나 택시에서까지도 가요 팬의 운전사를 만나게 되면, 사색은 고사하고 그날 하루의 재수가 염려될 만큼 신경 고문과 세뇌 교육이 사회화되고 있는 세상에서는 신경을 푼다는 것도 하나의 위법이요 범죄라는 감이 든다. 무허가 이발소에서야 비로소 군색한 사색을 위한 신경 휴식이 가능하게 되었으니, 사색이 범죄라고 아니 말할 수 있겠는가.
>
> 하기는 무허가 이발소에도 라디오의 소음이 없는 것은 아니다. 향군무장鄕軍武裝을 보도하는 투박한 뉴스 소리가 귀에 거슬리고, 인기 배우를 모델로 한 전축 광고 포스터 같은 것이 눈살을 찌푸리게 하지만, 그래도 수십 명의 승객들의 사전 양해도 없이 제멋대로 유행가를 마구 틀어 놓는 운전사의 무지와 무례에 비하면, 무료한

이발사의 이 정도의 위안은 오히려 소박한 편에 속한다.

이런 뒷골목 이발소의 고객들이란 주로 동네 꼬마들과 시골서 올라온 인근 공장의 직공 아이들인데, 스무 살도 채 안 되는 아이들의 머리에 기름을 바르고 정중하게 인두질을 해주고 게다가 우스갯소리까지 해주면서 기껏해야 50원을 받는 이 영리營利 행위는 너무나 바보스럽고 어처구니없이 불쌍해 보이기까지도 한다.

저 다 해진 신에, 저 더러운 옷에, 저 반짝거리는 머리가 어떻게 어울린다고 저 불필요한 치장을 하나, 하고 처음에는 화도 내 보았지만, 자세히 생각하면, 불쌍한 저 아이가 저렇게 정중한 우대를 받고 사람 대우를 받는 것은 무허가 이발소에서밖에 있으랴 하는 측은한 감이 들고, 사랑이 얼마나 귀중한 것인가를 얼마나 까마득하게 잊어버리고 있는 우리들인가 하는 원시적인 겸손한 반성까지도 든다. 참 할 일이 많다. 정말 할 일이 많다. 불필요한 어리석은 사랑의 일이!" — 김수영, 『시여 침을 뱉어라』, 민음사, 193~194쪽.

모든 것이 자본주의식으로, 모든 것이 큰 것 위주로, 모든 것이 합법적인 제도 안에서 은근짜로 도적질 해먹는 세상에서 진정한 보시布施는 비합법적인 삶의 뒷골목에서 이뤄지는 게 아닐까? 실용주의자들에게는 불필요해 보이고, 세상의 지혜롭다는 자들의 눈에는 어리석게만 보이는 행위에서야 진짜배기 사랑이 살아남을 수 있다는 것이 만고의 진리인 세상은 슬프지만 여전히 지금도 사실이다.

세상의 이치를 모르는 바가 아니건만 '그럼에도 불구하고' 어리석은 바보를 자청하는 무허가 이발소 같은 사람이 있을까? 그런 공동체가 있을까? 아마도 2천 년 전 목수의 아들이었다는 예수가 꿈꾸었던 나라가 그렇게 바보 같은 '이반'들의 나라가 아니었을까?

그는 실상 바리사이파 사람들 눈에는 '무허가 종교 인사'로 보였을 것이다. 로마인들에게는 비합법적인 체제 도전자로 비추어졌을 테고, 권세 있다는 빌라도 총독 앞에선 어리석은 자로 조롱받았을 게 뻔하다.

백 년 전 봉건적인 아시아 제국을 풍미하던 예수회 선교사들이 참으로 지혜로워서 아시아의 지식층과 지배층을 개종시키면 그에 따르는 권속과 백성들이 개종하리라고 헛되이 기대하였던 것과 마찬가지다. 예나 지금이나 세상에 속한 교회는 부질없이 중심부 인사들과 어울리느라고 '가난한 자의 복음이었던 예수'를 잃어버리고 있는 것이 사실이다. 그래서일까? 이제 교회는 한사코 제도 안에 머물기를 고집하고, 성직자는 거룩한 직무 대신에 단순히 종교 전문가로 만족하고 있는 게 아닌가 의심스럽다.

설법보다 강생을

어느 고상한 무리가 따지고 들지는 모르지만, 버즘 먹은 아이들과 가난한 직공들에게 굽실대고 갖은 향응을 베푸는 교회를 보고 싶다. 세상에서 천대받는 무리들이 사람대접을 분에 넘치게 받아 누리는 곳이 교회라면 얼마나 좋을까? 어느 현명한 분이 전자계산기를 코앞에 디밀며 수지타산을 논박하더라도 못 들은 척하고, 약간은 푼수처럼 "대안大安! 대안!" 하며 시정市井을 맴돌며 천민들에게 설법하던 대안 거사를 닮거나 원효처럼 춤추고 노래하며 극락왕생을 빌어 주는 공동체, 백성들에게 곰살맞고 세도가에게 거만한 줏대가 있고 서글픈 아름다움이 온몸 그득히 배여 있는 사람이 있는, 그런 공동체가 내가 귀의한 교회였음 얼마나 좋을까?

예수처럼 제대로 살 자신이 서지 않는다면, 상업주의 기획사의 논리대로 '사랑'을 운운하는 걸그룹 연습생처럼 찬송가를 부르지 말 일이다. 사제들은 강론대에서 쉽게 '하느님의 자비'를 입에 올리지 말고, 신학자들은 저들만 아는 하늘나라 언어로 '고상한' 말투에 담아 짐짓 복음을 선포하려 들지 말 일이다. 강생降生신학을 설법하기 전에, 자신이 입고 있는 옷이 낮은 데로 강생하였는지 돌아볼 일이다. 자신의 스킨로션 냄새가 버짐 먹은 아이들의 얼굴 속으로 강생하였는지 먼저 맡아 볼 일이다. 면병과 포도주를 축성하는 내 손이 예수처럼 목수의 손으로 강생하였는지 커닝할 일이다.

예전에 어느 선배에게 넌지시 물어 보았다.

"형, 요즘 같은 시대에 그리스도교 신자들이 해야 할 사명이 무엇이라고 생각하세요?"

젊은 날 내내 교회 안에서 일해 왔던 선배의 대답이다.

"그건 교회를 떠나는 것이지."

무 자르듯 던져진 말에 당황한 나는 다시 물었다.

"그건 왜죠?"

"지금, 교회는 권력이기 때문이지. 예수는 권력과 아무 상관없거든."

"그건 성직자들에게나 해당되는 게 아닌가요? 우리 평신도들도 그렇다는 건가요?"

"당연하지. 신자들은 단지 성직자들에게 자신의 권력을 위탁했을 뿐이야."

선배의 말은 우리 신자들이 성직자로 대표되는 교회를 통하여 사회적 권력을 나누어 갖고 있다는 것이었다. 교회 안에서 또는 교회를 통하여 저도 모르는 사이에 기득권을 보장받고, 이해관계를 관철시키는 것이란다. 마치 우리가 〈조선일보〉를 사서 보는 것이 결국은 〈조선일보〉로 상징되는 반북 보수 이데올로기에 이바

지하는 것과 마찬가지라는 논리다. 만일 교회의 성직자가 권력화 된다면, 이를 뒷받침하는 신자들이 있기 때문이라는 말씀이다.

이게 빈말이 아님을 나는 안다. 이 말은 예나 지금이나 신앙과 신학 사이에서 방황하는 내 정신을 번쩍 뜨이게 만든다. 제대로 된 신앙, 권력에 복무하지 않는 신앙이 가능할까? 그동안 나는 교회의 관행 속에서 빛과 어둠, 희망과 저주의 갈피를 헤집어 보느라고 애써 왔지만, 어쩌면 그 해답은 '내 안에 깃든 파시즘'을 얼마나 솎아내느냐에 달려 있다. 그래서 내 안에 이미 깃든 폭력성을 충분히 성찰하고, 아직도 성령이 내게 머물고 있는지 자문해 볼 필요를 느낀다.

밤낮으로 틈만 나면 주문을 외웠다

아동문학가 권정생의 『한티재 하늘』(지식산업사, 1998)에는 어느 동학 교도 여인네의 신앙에 대한 놀라운 이야기가 담겨 있다. 참봉대 며느리 은애의 자취를 더듬어 보자면 놀랍기만 하다.

> 은애네 방은 들기름을 먹인 닥종이 장판방이다. 노랗게 윤기가 나 는 방 안은 아랫목이 가뭇하게 지들어 알맞게 묵은 장판이란 걸 금방 알 수 있다. 문간방 실경이네 멍석방은 여기저기 바닥이 닳아 멍석날이 굶주린 노인네 갈비뼈처럼 비죽비죽 드러나 있었다. 멍석 자리는 그냥 수수비로 대강대강 쓸고는 앉고 누워 비비 대면 절로 때가 닦인다.
>
> 실경이는 일평생 그런데다 뒹굴다 보니 온몸이 멍석자리처럼 살가 죽이 굳어 버렸다. 자고 나면 일하고 일하고는 자고, 실경이는 그렇 게 평생 넋이 나가도록 물레 꼭지 머리에서 돌아가는 실꾸리같이

뱅뱅 돌면서 살았다.

그런 실경이네 문간방 살림에 대면 은애는 대궐 살림처럼 호사스럽다. 맨질맨질한 장판방에 폭신한 요때기를 깔고 누워 잔다. 은애는 물 한 동이 길어 보지 못했다. 바깥 대문까지 나가 보는 것도 한 해 두세 번뿐이다. 실경이네 딸 춘분이와 정지에서 밥을 짓지만 밥솥에 물을 맞추고 반찬이나 국솥에 간을 맞추는 일밖에 안한다. 허드렛일, 힘든 일은 모두 문간방 춘분이가 한다.

은애는 스물아홉 살, 춘분이는 열아홉 살이다. 그런데도 은애는 얼굴도 손도 하얗고 보드랍지만, 춘분이는 거칠고 검다. 둘이 십 년 나이 차이가 난다는 걸 아무도 못 믿을 거다.

춘분이는 정지에서만 일을 하는 게 아니라 산에도 가고 들에도 간다. 그해 가뭄에도 춘분이는 어매 실경이와 동생 춘식이 말분이와 머슴 구만이하고 논물을 푸고 조밭에서 김을 맸다.

논일을 하노라면, 실경이네는 맨발로 자갈길을 걷느라고 발바닥이 온통 구덕살이 박히고, 손은 물에 젖어 퉁퉁 불었으며, 얼굴은 뙤약볕에 그을러 벌겋게 달아오르다가 해질녘이면 시커멓게 주름이 졌다. 이런 상황에서 참봉댁 며느리 은애가 실경이네 식구들을 불쌍하게 여기기 시작한 것은 시집 올 때 친정 오라비가 챙겨 준 『용담유사』라는 동학 책을 새삼 꺼내 읽으면서부터였다. 은애는 밤낮으로 틈만 나면 주문을 외웠다. '시천주조화정영세불망만사지侍天主造化定永世不忘萬事知' 주문을 외우는 동안에 은애는 조금씩 변하기 시작했다. 춘분이 몫의 일을 줄여 주고 힘든 일 궂은일을 스스로 해 나갔다. 은애가 뒤안으로 물을 길러 가자 춘분이가 황급히 붙잡는다.

"작은 마님, 안 되디더."

"괜찮다. 춘분이는 하루종일 물을 퍼 나르잖애."

"하제만 작은 마님은 힘든 일 못하시잖니껴."

"왜 못하네. 나도 힘든 일 배워야제."

은애는 억지로 물동이를 이고 갔다. 그 뒤로 '마님'이라 부르지 말고 '형님'이라 부르라 했다. 놀라는 춘분에게 "이 세상은 상전도 머슴도 없고 모두 형제간이네." 하였다. 여덟 폭 스란치마를 다섯 폭으로 줄여 통치마를 만들어 실경이네처럼 검정물을 들여 입었다. 곳간에서 쌀을 퍼내 실경이네 잡곡과 바꿔다 보리밥 조밥을 먹었다. 은애는 망설이지 않았다. 좁은 집안 울타리 안이지만 은애는 그렇게 스스로 하늘이 되어 갔다.

시어머니도 설득시켰는데, 참봉댁은 며느리에게 이렇게 말했다. "내가 늙어서 날래 못 깨치는 게 한이다. 묵은 때가 접접으로 쌓엤는데 그걸 어째 한꺼번에 털어 낼 수 있겠노? 에미 니라도 가는 데꺼정 앞서 가야제. 나는 할 수 없이 천천히 갈꾸마." 은애는 춘분이 시집 갈 때 빨간 목단 꽃과 두루미 한 쌍을 수놓은 베개 그리고 열 석 명주에다 쪽물 들인 치마와 치자 물을 들인 저고리를 선물했다.

하늘을 매만지고 산다는 것

신앙이란 그렇게 엄숙하고 아름다운 일이다. 스스로 하늘이 되게끔 거룩하게 성변화聖變化시키고, 가난한 이웃을 행복하게 만들어 준다. 거기까지 인생을 밀어붙이는 힘이 없다면 종교는 무상하고, 신앙은 허깨비다. 예수도 말하지 않았던가. "내가 완전한 것처럼 너희도 완전하게 되어라." 예수가 하늘을 보았듯이 그렇게 하늘을 매만지며 사는 것, 그게 바로 신앙의 본질이다.

그러나 사람의 마음속이란 얼마나 우물 속같이 비좁은 것이냐. 내가 귀농해서 만 6년 동안 살았던 무주 땅 광대정, 볕이 많이 쏟아져 내리는 곳이라서 광대정光大頂이라 불렀는데, 물자가 귀한 산골 살림에 그렇게 흔하다는 감나무가 부실하게 열려 저마다 제 몫 챙기는 데 바빴다. 물론 나도 한몫 끼어든 적이 많았다. 한 이틀 그러고 나면 내 인격이 온통 벌거벗은 것 같아 이내 몸을 사리고 말았다. 아침까지 형님, 형님 하다가 타작한 곡식단 말릴 신작로 구석을 먼저 찜해 놓았다며 얼굴을 붉히는 게 농사꾼의 얕은 인심이라더니, 내가 꼭 그 짝이 되곤 했다. 하늘을 보고 푸르다고 탄성을 토할 수는 있어도 하늘의 청정무구한 마음을 일상에서 살아 내기란 쉽지 않다. 수행이 필요하다.

그러니 교회를 탓할 게 없다. 교회가 하늘이라면 나도 하늘이고, 내 한 몸 바로 세우지 못할 바에야 교회를 탓하는 것도 민망할 따름이다. 이른바 "너나 잘 해!" 한 소리 들어도 싸다. 1999년, 서울에서 시골로 귀농한다고 했을 때, 어느 수녀님은 이렇게 권면하셨다. "좀 손해 보고 사는 게 좋다고 생각해야 시골에서 잘 살 수 있다." 지당하신 말씀이다. 불쑥불쑥 이기심이 고개를 쳐들 때마다 '스스로 하늘이 되어 갔다'는 참봉댁 며느리 은애를 기억한다.

김수영에게 "너무나 바보스럽고 어처구니없이 불쌍해 보이기까지" 했다는 무허가 이발소의 이발사처럼 걸인에게도 황제의 밥상을 대접할 수 있는 환대의 기풍, 낮은 자에게서 더 높은 하늘을 발견하는 지혜가 필요하다. 새로운 교회는 그렇게 신실한 자의 마음 밭에서부터 '발생'할 것이다.

높고 외롭고 먼 당신

지금 세계 여러 지역의 민중들은 저의 보잘것없는 노력을 요구하고 있습니다. 쿠바 최고 지도자로서의 책임감 때문에 당신은 하지 못하는 일을 나는 해야 합니다. 그렇기 때문에 이제 우리가 헤어져야 할 시간이 온 것입니다. 물론 당신도 내 마음을 아시겠지요. 한 사람의 혁명 전사로서 나의 가장 순수한 희망을 여기 두고 떠납니다. 그것은 내가 사랑하는 것들 중에서 가장 소중한 것입니다. 그리고 나를 친자식처럼 받아 주었던 쿠바 민중을 두고 떠납니다. 나는 당신이 가르쳐 준 신념, 우리 민중의 혁명 정신 그리고 제국주의가 있는 곳이면 그 어디든지 가서 싸워야 한다는 가장 성스러운 임무를 완수해야 한다는 사명감, 이런 것들을 가지고서 새로운 전장戰場으로 떠납니다.

체 게바라Che Guevara가 1965년 쿠바를 떠나면서 피델 카스트로에게 보낸 편지다. 그는 바티스타 군사 정권을 무너뜨리고 1959년 쿠바 민중 혁명을 성취하였던 영웅으로서, 새로운 나라를 건설하기 위해 일했으며, 저항 운동이 극렬한 아프리카 콩고에도 가고, 볼리비아 등지의 삼림 지대에서 다시 혁명을 하다가 살해당했다.

장 폴 사르트르는 그를 "우리 세기의 가장 성숙한 인간"이라고 칭찬했다. 혁명이 갖는 파괴성을 극복하고 인간성과 공동체를 살려 내었기 때문이다. 새 정부의 장관직을 수락하고 나서도, 그는 여전히 민중의 삶을 포기하지 않았다. 그는 삶 자체가 혁명이었다. 게바라는 좋은 옷이나 구두 따위에는 관심이 없었으며, 노동자들보다 좋은 음식을 먹은 적이 없었다. 더구나 특권을 갖는 것을 무척 싫어해서 일을 나갈 때는 제일 먼저, 퇴근할 때는 제일 나중이었다. 일을 마치지 못해 집에 돌아갈 수 없는 날이면 옷도 갈아입지 않은 채 마룻바닥에 아무렇게나 웅크리고 잤다. 공장에서 물을 마실 때에도 다른 이들처럼 줄을 서서 기다리고, 담배를 피우며 담소를 나눴다. 그래서 그의 동상이 쿠바 수도 아바나의 혁명 광장에 세워졌다.

아래로부터의 민중 혁명과 위로부터의 종교 혁명

체 게바라의 30주기를 맞이한 이듬해인 1998년 교종 요한 바오로 2세가 쿠바를 방문한 적이 있다. 체 게바라와 요한 바오로 2세는 상당히 많은 점에서 비슷하면서도 달랐다. 두 사람은 모두 '인간의 해방과 구원'을 간절히 열망했다. 또한 인류에 대한 깊은 연민을 가지고 있었으며, 열정적으로 생애를 불사르며 살았다. 게바라가 콰테말라·쿠바·콩고·볼리비아 등지를 떠돌아다니며 혁명을 보급했듯이, 교종 요한 바오로 2세는 유례없이 많은 해외 순방을 통하여 가톨릭 열풍을 일으켰다. 교종은 자신의 조국 폴란드를 방문하여 연대노조를 지지하고, 결국 폴란드 공산 체제를 무너뜨리는 데 기여했다. 유럽뿐 아니라 대부분의 제3세계 나라를 순방하였는데 우리나라도 두 번씩이나 방문해서 각별한 기억을 남겼다.

체 게바라가 혁명을 통해 인간에게로 갔다면, 요한 바오로는 교회를 통해 인간에게로 가고자 했다. 게바라는 무신론적 휴머니즘을 전투적으로 살았고, 요한 바오로는 신앙과 교회 권위의 표징으로 살기를 원했다. 그러나 더 큰 차이는 그들의 일상적 처지와 방문지에서의 반응이다. 혁명가는 해방구에서나 적지에서나 한결같이 거친 음식과 낡은 옷으로 떠돌면서 항상 살해당할 수 있는 위험 속에서도 정신적 자유를 만끽하였다. 그러나 교종은 바티칸 궁전과 대사관에 머물고, 수십만 명의 군중들이 환호하는 카 퍼레이드로 영접 받고 장엄 미사를 통해 한껏 권위를 세울 수 있었으나, 정치적 처신으로 그 자신은 고독했을 것이다.

명분과 실리가 서로 달랐던 쿠바와 교종

교종이 아래로부터의 민중 혁명을 성취했던 쿠바의 호세 마르티 국제공항에 도착했을 때 피델 카스트로는 군복 대신에 푸른색 정장 차림으로 영접했다. 대사관으로 가는 20킬로미터에 걸친 도로변에는 수만 명의 군중이 환영을 나왔다. 이들은 "교종 요한 바오로 2세, 평화와 희망의 메신저"라는 내용의 플래카드를 들고 있었다. 교종에게 거는 쿠바인들의 기대가 담겨 있는 것이었다. 당시 쿠바 정부는 환영 열기를 고조시키기 위해 이날 오후 초등학교 학생들을 쉬게 하였으며, 공산당원들은 차량까지 동원해 환영 인파를 실어 날랐다. 또 정부는 방문 기간 동안 미사에 참석하는 노동자들에게 유급 휴가를 주기도 했다. 1월 25일 대규모 미사가 아바나의 성지 '혁명광장'에서 열렸다. 쿠바 혁명의 성자로 추앙받는 체 게바라의 대형 동상이 마주 보이는 공산당 본부 건물 앞에서 교종은 카스트로가 지켜보는 가운데 옥외 미사를 드렸다. 이 미사에서 교종은 종교의 자유, 인권 수호, 쿠바의 개혁을 역설했다.

그런데 정작 쿠바에 필요한 것은 지난 30여 년 동안 지속되어 온 미국의 경제 봉쇄 정책에서 풀려나 경제 위기를 극복하는 일이 었다. 미국은 쿠바 혁명으로 '카리브 해의 진주'라는 쿠바를 잃었 다. 군대를 동원하여 쿠바의 피그만을 침공하였으나, 이에 실패하 고 나서 줄곧 다른 나라들과 쿠바와의 무역을 가로막아 왔다. 카스 트로는 이 문제를 해결하기 위한 방편의 하나로 교종을 초청하고, 점차 종교의 자유를 확대해 왔던 것이다.

　　예상대로 교종은 미국의 무역 제재에 대하여 비판적 발언을 했 다. 교종은 "쿠바는 세계에, 세계는 쿠바에 문을 열고 진실과 희망 의 미래로 나아가자."고 역설하였다. "경제 봉쇄는 가장 가난한 사람들에게 고통을 주는 것이기 때문에 언제나 개탄할 만한 것"이 라는 입장도 밝혔다. 아울러 맹목적인 시장의 힘이 "가난한 나라들 에게 감당할 수 없는 무거운 짐을 지운다."고 자본주의적 신자유주 의 역시 비난했다. 한편 교종은 성 라자로 성당 미사에서 쿠바의 반체제 인사들을 옹호하며 "양심수들을 사회로 재 편입시킬 것"을 촉구하였다. 그러나 그가 던진 메시지의 중심은 당연히 종교자유 의 확대에 맞추어졌다.

　　교종은 "종교를 단지 사적 영역으로 떨어뜨리고 종교의 사회적 영향력과 중요성을 박탈한" 체제를 비판하고, "현대 국가는 무신론 이나 한 종교를 정치적 체제로 선택할 수 없다."고 말했다. 그러나 하이메 오르테가 대주교에 의해 수십 년간 이끌어져 왔던 당시 쿠바 가톨릭교회는 결코 쿠바 민중의 지지를 얻어 내지 못했다. 폴란드 교회가 폴란드 국민의 절대적 지지 속에서 민족주의를 대표 했던 것과는 양상이 달랐다. 다른 라틴아메리카 교회가 해방신학 의 분위기 속에서 민중 해방을 위해 투신하고 순교할 때에도 쿠바 교회는 여전히 백인 중심의 보수적 교회로 남아 있었다. 특히 쿠바 혁명 후 바티스타 군사 정권을 지지했던 교회의 소유 재산을 혁명 정부가 몰수하자 사이가 극도로 나빠졌다. 이 교회는 극소수의 부자들을 위한 교회였는데, 사람들은 사제들이 이렇게 말하더라고 비꼬았다. "아시겠지만, 부자가 천당에 가기는 낙타가 바늘구멍을 통과하기보다 어려운 일이니 우리가 도와 줘야 하지 않겠소?" 결국 1961년까지 과반수가 넘는 사제들이 부유한 신도들을 따라서 쿠바를 떠나 마이애미로 갔다. 그러나 본래 철저한 반공주의자였던 교종은 1995년 쿠바의 오르테가 대주교를 추기경으로 서품하였다. 요한 바오로 2세 교종은 사실상 민중과 분리된 쿠바 교회의 체질을 바꿀 의사가 없었던 셈이고, 교종의 방문이 미국과 쿠바의 관계 개선에 결국 도움이 되지 않았다.

물론 바티칸은 공산주의 국가로서는 유일하게 그동안 쿠바와의 국교를 유지해 왔다. 베네딕토 16세 교종도 2012년 쿠바를 방문해 우의를 다졌지만, 쿠바와 미국의 국교 정상화를 이끌어낸 것은 같은 라틴아메리카 출신의 프란치스코 교종이었다. 프란치스코 교종은 쿠바와 미국의 대표단을 바티칸에 초청해 현안을 논의하는 자리를 주선했다. 결국 미국의 버락 오바마 대통령과 쿠바의 라울 카스트로 의장은 프란치스코 교종의 생일인 2014년 12월 17일에 외교 관계 정상화에 합의했다. 한편 교종은 역대 교황으로서는 세 번째로 2015년 9월에 쿠바를 방문할 예정이다.

자본 없이, 권력 없이

한편 체 게바라는 아르헨티나 출신의 의사로서, 갈릴래아의 예수처럼 민중에 대한 연민 때문에 혁명가가 되었다. 그리고 예수처럼 집도 절도 없이 떠돌아다니며 저자 거리에서, 뒷골목에서, 장터에서, 성전 앞마당에서, 산 위에서 사람들을 만나고, 몸소 상처를 치유해 주며, 굶주림마저 함께 나누며 살았다. 그리고 가르쳤다. 그래서 그가 피델 카스트로와 함께 성취한 혁명은 구체적인 민중의 요구를 해결해 줄 수 있었다. 요한 바오로 2세 교종도 인정한 바 있지만, 쿠바는 제3세계 어느 나라보다 보건 복지 정책이 철저하게 이뤄진 나라이다. 의사 한 명이 275명의 환자를 돌볼 수 있으며, 문맹률은 0.5퍼센트에 지나지 않는다. 교회가 해야 할 일을 그들이 대신한 것이다. 쿠바가 사회주의를 채택하고 있다는 이유로 그동안 바티칸의 비난을 받아왔지만 '가난한 이들을 위한 복음'의 차원에서는 꾸준히 의미있는 행보를 거듭해 왔다. 1971년에 열린 세계 주교대의원회의(시노드)에서는 "사람들에게 정의에 관해 말하고자 하는 사람은 누구나 먼저 그 사람들이 보기에 정의로워야만 한다. 따라서 우리는 교회 자체 내에서 발견되는 … 행동 양식을 검토해 보아야만 한다."고 밝혔다. 그렇다면 교회 역시 쿠바 사회주의에 대한 비난에 앞서 교회 안의 민주주의와 인권 문제를 성찰해야 한다. 그리고 예수께서 선포하신 복음과 초기 그리스도인 공동체의 처신에 비추어, 세상의 모든 가난한 이들을 대하는 교회의 태도에 대해서도 다시금 반성해야만 한다.

그리스의 철학자 아리스티데스는 초대 그리스도인 공동체에 대하여 이렇게 로마 황제 하드리안에게 말했다.

그들은 서로 사랑합니다. 그들은 언제나 과부를 돕습니다. 그들은 고아를 괴롭히려는 사람에게서 고아를 구합니다. 무언가 가진 것이 있으면 아무것도 없는 사람에게 아낌없이 줍니다. 이방인을 보면 집으로 데려갑니다. 그리고 그가 마치 친형제나 되는 것처럼 기뻐합니다. 그들이 생각하는 형제란 일상적인 의미의 형제가 아니라 성령을 통해 하느님 안에 있는 형제를 뜻합니다.

2세기 로마교회가 도시의 빈민 2만여 명에게 먹을 것을 나누어 주도록 이끈 것은 복음적 사랑이었다. 이 공동체는 재물을 버리라는 예수의 가르침에 따라 자발적으로 재산을 나누어 가졌다. 이러한 원시 공산주의는 분명히 충분한 재정을 갖지 못했지만, 복음화에 더없이 기여하였다. 그저 "자본 없이, 권력 없이"가 그들의 전략이었다.

그러나 교회는 4세기에 로마인들의 법적인 위계 체제를 채택함으로써 근본적인 잘못을 범하고 말았다. 여기서 혜택을 보게 된 것은 초대 교회에서는 존재하지 않았던 성직 계급이었다. 313년 콘스탄티누스 대제가 그리스도교를 공인한 이후, 국가에서는 그리스도교 지도자들에게 돈과 권력을 제공했다. 일부 성직자들은 엄청난 부자가 되었고, 부유한 교구의 주교직을 차지하려는 선거전이 폭력으로 치닫는 경우도 흔히 있었다. 따라서 중세기 전체에 걸쳐 원시 그리스도교의 순수함으로 돌아가려는 시도가 주기적으로 일어났다. 때때로 기성 교회에 반기를 든 수도원이 출현하기도 했고, 헐벗은 농노들이 종교의 힘을 빌어 봉기를 일으키기도 했다. 그러나 그들의 노력은 복음을 교황과 군주의 권력욕을 채우는 데 이용한 교회—국가 동맹에 의해 좌절되고 말았다. 그리고 그리스도교는 이집트와 페르시아, 로마 제국의 지배자 형상에 따라 만들어진 하느님에 대한 맹목적 숭배가 대대로 이어지고, 교회는 오로지 카이사르에게만 속하는 모습을 하느님에게 갖다 붙였다.

계몽주의자 볼테르는 그리스도교가 사회의 통합을 위해서 필요하다고 보면서도 가톨릭교회의 독단을 혐오했다. 왕실과 성직자에게 짓눌려 있던 대중도 그와 똑같은 느낌을 갖고 있었다. 그들의 테이블

위에는 신학 책보다도 커피 주전자, 찻잔, 코담배 상자, 자질구레한 장식품들이 더 많았다. 프랑스 혁명이 일어났을 때 귀족은 물론이고 성직자도 단두대로 보내졌다. 오늘날 교회개혁은 프란치스코 교종의 말대로 "더 미룰 수 없는 과제"로 여전히 남아 있다.

폴란드, 민족주의, 요한 바오로 2세

「교회에 관한 교의헌장」의 회의 기록에 따르면, 훗날 교종 요한 바오로 2세가 된 카롤 보이티아(Wojtyla) 대주교는 제2차 바티칸공의회에서 교회를 '하느님의 백성'으로 정의하는 데 반대했다. 그가 마음속에 그린 것은 백성의 교회라기보다는 평신도가 사제와 주교의 지도로 신앙 안에서 삶의 진리를 찾기 위해 활동하는 위계적인 '완전한 사회'였다. 그는 진실한 가톨릭 신자들이 개인의 구원을 추구함으로써 굶주림과 폭력, 그 밖의 사회적·정치적 불의에서 '진정한 인간 해방'을 달성할 수 있다고 믿었다. 이는 폴란드의 특수한 사정을 반영하는 교회 모델이다.

그는 폴란드인들이 러시아인들을 바르샤바에서 몰아낸 해(1920년)에 태어났으나, 1939년에 히틀러는 폴란드를 침공하였다. 약 600만 명의 폴란드인이 전쟁 중에 죽음을 당했으며, 250만 명에 이르는 사람들이 독일로 끌려가 강제 노동에 시달렸다. 전쟁이 끝나자 폴란드는 파시즘 지배에서 다시 공산주의 지배를 받아야만 했다. 이 수난 속에서도 폴란드 민중은 신앙을 잃지 않았다. 전쟁으로 파괴되었던 수백 개의 성당을 다시 지었으며, 전쟁에서 목숨을 잃은 3천 명의 사제들을 대신하려고 새로운 지원자들이 나타났다. 그들 가운데 하나가 바로 보이티야였다. 폴란드에서는 오직 교회만이 이민족의 박해를 견디어 내고 민족주의를 수호할 수 있게 해 주었다. 그래서 폴란드에서 민족주의와 가톨릭은 같은 뜻으로 통한다. 보이티야는 이 힘을 위로부터의 지배가 이루어지는 절대 군주제로 교회가 운영되는 데서 찾았다. 폴란드 교계 제도는 신자들에게 충성을 요구했고 또 그러한 충성을 받았다. 이는 교회 밖의 독재에 대항하여 교회 안의 민주화를 추진한 라틴아메리카의 교회와 다른 경험이었다. 따라서 요한 바오로 2세 교종은 교권적 교회를 해체시킬 위험이 있는 제2차 바티칸공의회의 민주적 조치에 대하여 의구심을 품고 있었다.

무질서와 분열 없이는 개혁도 없다

요한 바오로 2세 교종은 해외 방문을 통해 자신의 생각을 더욱 굳혀 갔다. 요한 바오로는 엄청나게 많은 군중에게 둘러싸였고, 이를 자신의 생각이 옳음을 입증해 주는 것으로 생각했을 것이다. 교종은 기본적으로 교회가 자유, 평등 같은 현대적 가치를 받아들여 민주화되는 것을 두려워하였다. 성 아우구스티누스의 말대로 "정직한 무지가 경솔한 지식보다 낫다."는 것이다. 교회는 세속에 오염되지 않는 성별聖別된 집단으로서, 사제와 수도자는 유니폼을 착용하고, 품위 있게 행동하며, 평신도와 구별되는 거룩한 신분이라는 자의식을 가져야 한다고 여겼다. 사제 독신주의, 낙태 금지, 이혼 불가, 출판물 검열이 강화되었고, 평신도들의 강론 및 성체 분배가 금지되었으며, 여성사제 서품은 어림도 없었다. 그리고 결정적으로 지역 교회의 자치보다는 로마 중심주의가 강조되었다.

이 때문에 유럽에서 가장 자유주의적인 네덜란드 교회가 제일 먼저 로마에 의해 수치를 당했다. 네덜란드 교회는 제2차 바티칸공의회의 결의 사항을 실질적으로 실천에 옮겼다. 평신도, 특히 여성들이 성찬식 준비를 도왔고, 교리와 성경을 가르쳤다. 평신도들은 미사 때 성경을 봉독했으며 성체 분배를 도왔다. 신부와 수녀들은 주교들에게 권고를 할 수 있는 민주적 협의회를 조직했으며, 대부분의 주교들은 공동의 사목 계획을 따랐다. 네덜란드 교회는 미국 미사일의 유럽 배치와 제3세계 독재자들에 대한 반대를 주도하는 등 정의와 평화 문제에 매우 적극적으로 응답했다. 교회가 비록 산만하고 때로는 무정부적이라고 느껴지기도 했지만, 네덜란드처럼 대단히 세속화된 사회에서는 상당한 성공을 거두어서 개신교를 능가하는 최대의 교회가 되었다. 그러나 교종은 이러한 성공을 세속적 유혹으로만 여겼을 것이다.

　교종은 1980년 네덜란드 주교들의 특별 시노드를 로마에서 소집하였다. 그 장소는 전에 교황청의 목 잘린 상들을 놓아두던 '목 잘린 두상頭像들의 방'이었다. 시노드에 포진한 교황청 학자들에 대항하여 네덜란드 주교들은 용감히 싸웠지만 결국 두 주 만에 패배를 인정했다. 주교들은 시스티나 경당 제단 앞에서 46개의 조항에 서명을 강요당했다. 여태껏 추진해 왔던 모든 조치를 원점으로 되돌리고, 교황청이 성찬식과 사목 계획에 관여하고, 로마의 지도권을 인정한다는 내용이었다. 그 후 바티칸은 교황청에 순응하는 새로운 주교들을 임명하여, 네덜란드 추기경 빌러브란트와 한마디 상의도 없이 네덜란드 교회의 고위직에 앉혔다. 따라서 요한 바오로 2세 교종이 1985년 네덜란드를 방문하였을 때, 그는 격렬한 반대 시위에 부딪쳤다. 경찰은 군중을 해산하기 위해 발포해야만 했다. 일부 시위자는 충돌 과정에서 부상당했다. 적의에 가득 찬 벽보가 도처에 붙었다. "요한 바오로는 물러가라. 당신은 예수를 매질하고 있다." 교황은 이 사태를 지켜보면서 제2차 바티칸공의회가 얼마나 많은 '무질서와 분열'을 낳았는지 다시 확인했다.

교종의 평등하지 않은 '연대'

한편 요한 바오로 2세 교종은 교회의 정치적 정의구현 활동에 대하여 일관된 입장을 보이지 않았다. 폴란드에서는 교회가 정치에 깊숙이 개입하였다. 교종 자신이 발표한 회칙 「노동하는 인간」에서는 '연대'라는 말을 가장 중요하게 다루는데, 이 역시 바웬사가 이끄는 연대노조에 대한 격려와 지침을 제공하려던 것이라는 혐의를 받고 있다. 폴란드 주교와 사제들은 교종의 지지 아래 폴란드 국민의 양심으로 훨씬 광범위한 정치 무대에서 활동할 종교적 의무가 있다고 말하는 것이다. 그러나 교종은 다른 제3세계 교회의 정치적 참여에 대해서는 다른 태도를 보였다. 이를테면 필리핀의 제이미 신 추기경은 독재자 마르코스를 축출한 민중과 야당을 지지했기 때문에 교종의 눈 밖에 났다. 결국 마르코스 대통령과 친밀하게 지내던 교황대사의 의견에 따라, 교종은 1985년 열린 주교대의원회의에 신 추기경을 초청하지도 않았다. 필리핀 평화 혁명 후에 곧바로 신 추기경은 교종의 비공개 비판을 듣기 위해 로마로 소환되었다.

아래로부터의 혁명에 대한 교종의 불편한 감정은 1983년 니카라과 방문에서 극명하게 드러났다. 라틴아메리카 민중은 민중 학살을 자행하는 과테말라 군사 독재 정권과 오스카 로메로 대주교를 암살한 엘살바도르 군사 정권에 대하여 교종이 강력히 항의해 주길 바랐다. 또한 미국의 지원을 받는 콘트라 반군에 의해 희생당하고 있는 니카라과 민중의 아픔을 위로해 주기를 기대했다. 그러나 교종은 우익을 자처하던 컬럼비아의 트르히요 추기경의 영향을 받아 니카라과의 산디니스타 혁명 정부를 비난하고, 그리스도교 기초공동체를 중심으로 혁명의 견인차 역할을 맡았던 민중교회를 혹독히 규탄했다. 이들이 교회를 분열시킨다는 것이다. '민중교회'라는 이름으로 더 알려진 친(親)산디니스타 교회는 '아래로부터' 출현했으며, 따라서 일사불란하게 교계 제도를 재확립하려는 교종에게는 일종의 저주와도 같았다. 많은 니카라과인들은 미국과 콘트라 반군을 지지하던 쿠바 교회의 오반도 이 브라보 대주교를 비판해 왔다. 교종은 니카라과에서 민족주의적 열망이 산디노주의와 동일시된다는 것을 알지 못했다.

니카라과 민중의 지지를 받은 것은 에르네스토 카르데날 신부로 유명해진 민중교회였다. 그래서 네 명의 사제가 니카라과 정부 각료로 임명될 수 있었다. 그러나 교종은 이에 대하여 경악하였다. 이 사제들의 존재는 곧 사회주의와 가톨릭교회의 일치를 상징하였기 때문이다. 따라서 줄곧 사제들에게 공직 사임을 요구했다. 그러나 사제들은 로마의 요청보다도 민중의 요청에 귀를 기울였다. 이에 대한 판단이야 쉽게 내릴 수 없는 노릇이지만, 결국 교종은 민중교회와 혁명 정부를 반대한다는 뜻에서 오반도 대주교를 중앙 아메리카에서 처음으로 추기경에 임명하였다.

보이는 권력을 포기할 줄 아는 용기

대부분의 독재 정권은 정권과 체제에 대한 위협 요인을 없애려고 하며, 이러한 저항 집단에 대한 탄압 속에서 인권을 유린한다. 그렇다면 교회는 이러한 인권 문제에 대해 발언할 자격을 얼마나 갖추고 있는 것일까? 당시 현대판 종교 재판소의 재등장으로 비추어진 라칭거 추기경이 이끌던 교황청 신앙교리성을 두고, 한스 큉은 도스토예프스키의 소설 『까라마조프가의 형제들』에 나오는 대심판관처럼 요한 바오로 2세 교종이 '자유'를 두려워하고 있다고 지적했다. 신앙교리성은 교황 무류성無謬性에 이의를 제기한 독일 튀빙겐 대학의 한스 큉을 '교리에 대한 모독죄'로 유죄 판결을 하고 가톨릭 신학을 가르칠 자격을 박탈했다. 쉴레벡스는 사제가 없는 공동체에서는 남자든 여자든, 미혼이든 기혼이든지 간에 성직자로 선출될 수 있어야 한다고 주장하였다가 로마로 소환당해 심문을 받았다.

한편 해방신학에 대한 신앙교리성의 비판과 심문처럼 끈질긴 것도 없었다. 라틴아메리카의 군사 정권 아래서 가난한 이들을 편들던 사제와 수녀들이 1970년대에만 무려 850여 명이나 살해당했다. 오죽하면 1980년 요한 바오로 2세가 브라질 상파울로에 방문했을 때, 그 지역 군 사령관이 다음 목적지로 가는데 군 헬기를 이용하시라고 권하자, 아른스 추기경이 머뭇거리는 교종에게 "군대와 함께 가겠다면 혼자 가십시오." 하고 충고하였겠는가. 따라서 1979년 푸에블라에서 열린 라틴아메리카 주교회의는 해방신학을 공식적으로 인정하였다. 이 해방신학의 못자리는 기초공동체였다. 레오나르도 보프 신부는 『교회, 권력과 은총』이라는 책에서 이 기초공동체를 "교권적 교회를 대신하여 바닥으로부터 새롭게 탄생하는 교회"라고 말했다. 독점적 권력을 추구하던 바티칸의 방향에 도전했다는 이유로, 보프 역시 1984년 로마로 소환되었다.

평소에는 수단을 입지 않는 보프에게 당시 신앙교리성 장관 조셉 라칭거가 물었다.

"수단 때문에 사람들은 당신의 헌신과 인내를 알아보지요."

"물론 정신주의의 증거가 필요하지요. 그런데 잘 차려입어야 하는 것은 바로 마음입니다."

"하지만 마음은 눈에 안 보이잖아요. 어떤 것은 눈에 보여야 합니다. 안 그렇습니까?"

"그렇습니다. 하지만 수단은 권력의 상징일 수도 있습니다. 제가 이 옷을 입고 버스를 타면 사람들은 자리에서 일어나 저에게 자리를 양보해야 한다고 생각합니다. 그러나 우리는 그 사람들의 종이어야만 합니다."

결국 보프 신부는 "교회와는 무관한 혁명적 유토피아"를 퍼뜨렸다는 이유로 무기한 침묵하라는 처벌을 받았다. 그러나 보프의 책은 금서 목록에 오르자마자 서점에서 불티나게 팔렸다.

그러나 1986년 요한 바오로 2세는 브라질 주교들과의 특별 회담을 통해 라틴아메리카의 현실에 대한 깊은 의견을 나누고, 부활 주간에 보프의 '참회의 침묵'이 끝났음을 발표했다. 이어 "해방신학은 시의적절할 뿐더러 유용하고 또 필요하다. … 이 대륙의 가난한 이들은 근본적이고 완전한 해방을 알리는 이 복음이 긴급히 필요하다고 느낀 최초의 사람들이다."라는 서한을 브라질 교회에 보내왔다. 이는 현실에 대한 깊은 대화가 얼마나 중요한지 우리에게 보여 준다. 로마의 일방통행적인 권위주의는 그 동안 이런 대화를 가로막고 교회 안에서 예언적 발언을 통제해 옴으로써 선의를 가진 신학자들과 그리스도인들의 인권을 훼손시켜 왔다. 따라서 땅 끝까지 나아가 이 세상을 복음화 시키라는 그리스도의 명령을 현대 세계에 실현시키기 위해서는 교회가 먼저 복음화될 필요가 있었다. 성모 마리아에 대한 급진적 해석으로 인하여 교종으로부터 단죄받았던 스리랑카의 신학자 발라수리야 신부 역시 그런 희생자 가운데 하나였다. 교회가 자신의 비민주적 권위주의, 영신주의적 성속 이원론, 학문적 자유에 대한 침해를 그만 두고 스스로 쇄신될 때 비로소 현대 세계 역시 교회의 존재 이유를 변호해 줄 것이다. 그래야 높고, 외롭고, 멀리 있었던 교황이 갈릴래아의 서민 예수처럼 소박한 웃음으로 민중과 담소를 나눌 수 있게 될 것이다. 지금 프란치스코 교종이 그 살아있는 증인이 되고 있다.

5. 도로시 데이에게 배우자
도로시 데이와 가톨릭일꾼운동

도로시 데이,
아나키스트에서 가톨릭 신비가로 건너간 여성.
환대의 정신과 그리스도교 평화주의를 실현한 활동가.
더 선해지기 쉬운 사회를 위한 푸른혁명에 투신한
가톨릭일꾼운동 창립자.

글을 쓴다는 것은 자기 내면의 소리에 귀를 기울이는 정성스런 작업이다. 이 세상의 온갖 사건과 사고에 대하여 발언해야 하더라도, 여기에 응답하는 음성은 나의 영혼 깊은 곳에서 나온 것이어야 한다는 조금은 강박적인 생각에 사로잡히곤 한다. 그래서 책상 앞에 앉기 전에 잠시 음악을 들었다. 졸탄 슈피란델리 감독이 만든 〈신과 함께 가라 Vaya Con Dios〉라는 영화의 O.S.T인 「Brother in arms」란 곡이다. 본래 그레고리안 성가였다는 이 곡은 의식을 천상으로 이끌어 줄 것 같은 섬세한 장엄함이 깃들어있다. 테이야르 드 샤르댕 신부는 이 대지를 제단으로 삼고 자신의 영혼을 성반과 성작으로 삼아 하느님께 이 우주의 모든 것을 봉헌하였다는데, 글을 쓰는 자에게는 때때로 책상 앞에서 기운을 정리하는 것이 곧 제단을 정결히 하는 사제의 마음과 비슷할 것이라 생각한다.

글과 행동, 둘 다 실천입니다

피터 모린과 더불어 가톨릭일꾼운동을 개시하였던 도로시 데이 역시 본래 글을 쓰는 사람이었고, 글을 통하여 이 세상의 어둠과 빛을 두루 보고자 하였다. 세상의 불의를 고발할뿐더러 신비롭고 놀라운 사랑의 깊이를 돌이켜 보도록 하는 것이다. 그녀는 여섯 권의 책과 1천 5백편에 이르는 기사, 수필, 비평 등을 썼는데, 글쓰기와 행동을 구분 짓지 않았다. "글과 행동, 둘 다 실천입니다. 둘 다 세상에 대한 윤리적 반응에서 나온 인간의 응답입니다."
그런 점에서 본다면, 헨리 나웬이나 스콧 니어링 같은 이들처럼 도로시 데이 역시 자신의 발랄한 삶만큼이나 실천적으로 의미 있는 글을 써온 사람일 것이다. 그렇다면 그녀가 자신의 삶과 글쓰기를 통하여 갈망한 것은 정작 무엇이었을까? 오랫동안 그녀를 지켜

보았던 이들은 도로시 데이의 생애에 담긴 의미를 이해하려면 '성인聖人'이란 말에 주목해야 한다고 말한다.

고행과 환시와 행적 때문이 아니라
사랑과 선함에 대한 탁월한 역량 때문에 '성인'이다

『우리를 행복으로 이끄는 성인들』(로버트 엘스버그, 참사람되어, 2005)에서 엘스버그는 우리는 보통 성인들이 결점이 없는 사람들이며 오래 전에 기적을 행했고 교회 안에서 생을 보냈으며, 고통 받는 기회를 열심히 찾고 일찍 세상을 뜬 사람들이라고 생각한다고 했다. 이런 이미지를 가진 성인들을 계속 그리고 있는 한 그들의 지혜는 우리가 닿을 수 없고 당혹스럽게 보인다. 그러나 고통과 시련의 삶은 단지 성인들에게서만 발견되는 것이 아니다. 고통의 바다라는 이 세상을 사는 모든 사람들이 양상은 다를지라도 일상 속에서 늘 경험하는 일이다. 성인은 그들의 고행과 환시와 행적 때문이 아니라 사랑과 선함에 대한 탁월한 역량 때문에 성인이다. 그 모습이 다른 사람들에게 하느님의 사랑을 일깨워주었기 때문이다.

실상 성인들은 균형과 유머, 연민과 관대함, 장애물과 역경 앞에서 가진 평화와 자유의 정신 그리고 모든 것 안에서 즐거움을 발견하는 능력을 가졌다고 알려져 있다. 그리고 성인들은 과거의 인물이 아니라 오늘날 우리 가운데 어디서나 발견할 수 있다.

우리에게 하느님을 상기시켜 주는 사람들, 그들의 사랑과 용기 그리고 내적인 조화가 보통의 인간성 위에 존재하는 것이 아니라, 우리에게 사람이 취해야 할 바를 알려주는 기준으로 다가오는 사람들이다. 그런 사람들과 함께 있을 때 우리는 더 큰 기쁨을 느끼고,

살아 있는 것에 감사하며, 아마도 그들의 내적인 빛남의 비밀을 알고 싶어 할 것이다. _ 엘스버그

토머스 머튼은 이렇게 말했다. "행복이란 정확하게 '한 가지 필요한 것'이 무엇인지 알아내는 것에 있다. 우리의 삶 속에서 그것을 찾아내면 나머지 모든 것을 기꺼이 포기할 것이다. 그 때에는 거룩한 역설에 따라 한 가지 필요한 것과 함께 다른 모든 것이 주어질 것이다." 그리고 그리스도교적 의미에서 지복至福을 누린 성인들이 발견한 그 한 가지는 항상 같다. 그것은 "하느님의 뜻에 따라 우리 자신의 운명을 실현하는 것, 하느님이 원하시는 모습이 되는 것이다."

도로시 데이는 "가톨릭일꾼운동이란 무엇인가?"라고 묻고 대답하였다. "그것은 어떤 의미에서 학교이며 노동캠프이다. 그곳에는 마음이 넓고 사회의식이 있는 젊은이들이 와서 성소를 찾는다. 수개월 혹은 수년을 지낸 후 그들은 자신들이 어떠한 삶을 원하는지 확실하게 깨닫는다. 어떤 이들은 의료, 간호, 법, 교사, 농사, 저술, 출판계로 간다. 그들은 연민으로 사랑하는 것을 배울 뿐만 아니라, 폭력을 재촉하는 위험한 감정, 두려움을 극복하는 방법을 배운다."

엘스버그는 도로시 데이의 생애 마지막 5년을 가톨릭일꾼공동체에서 그와 함께 살았는데, 거기서 가톨릭 신자가 되었을 뿐 아니라 찾던 것을 모두 찾았다고 고백한다. 그가 느낀 가톨릭의 매력은 교의나 교회와 거의 상관이 없었고 성인들의 지혜와 모범 그리고 영적 고전서가 지닌 힘이라고 말한다. 그는 도로시 데이로부터 성인을 알고 사랑하는 법을 배웠다. 단지 그리스도교의 전설적인 인물이 아니라 친구와 동료로서, 가족의 일원으로서 그들을 받아

들이는 법을 배웠다. 도로시 데이는 거룩함과 기쁨이 연결되어 있음을 알게 해주었다. 기도에 깊이 잠기지만, 옆에 있는 사람에게 전적으로 현존했다. 다른 이들의 고통에 예민하게 깨어 있지만, 그와 똑같이 아름다움의 징표에 민감하며, 그가 '기쁨의 의무'라고 부르던 것에 늘 깨어 있었다.

가톨릭에 입문하는 도로시 데이, 하느님인가 사랑인가?

도로시 데이Dorothy Day, 1897~1980는 1897년 미국 브루클린에서 한 스포츠 자유기고가의 딸로 태어났다. 집에선 하느님의 이름이 거의 언급되지 않았으나 어린 나이부터 성인의 삶에 매료되었다. 병자들, 절름거리는 사람들, 나병환자들을 돌보는 성인의 이야기에 감동을 받았다고 회상한다. "그러나 또 다른 질문이 내 마음속에 있었다. '왜 악을 처음부터 피하지 않고, 그것을 치료하는 일에만 매달려 있는가?' 사회질서의 변화를 위해 일하는 성인들은 어디에 있는가? 노예들을 보살피기만 하지 말고, 노예제도를 없애기 위해 노력하는 성인들은?"

이런 질문에 대해 고심한 끝에 그는 종교에 문을 닫고, 당대의 진보적인 정치에 희망을 두게 된다. 그의 친구들은 공산주의자, 사회주의자, 무정부주의자들로 그들과 함께 다양한 좌익간행물이나 반제국주의 연맹 같은 조직에서 일하기도 한다. 이러한 '역사'에 대한 흥분된 참여에도 불구하고 초년의 삶은 외로움과 도덕적 영적 혼란으로 가득했다.

그러나 여전히 품고 있던 초월성에 대한 열망이 그를 가톨릭교회로 가게 하였다. 그가 회심한 것은 슬픔 때문이 아니라 딸의 임신과 출산이라는 자연적 행복의 경험으로 찾아왔다. 그는 즐거움과 감사의 충동을 너무나 크게 느꼈기 때문에 하느님께로 향할 수밖에 없었다고 회상한다. 그러나 그의 회심은 친구들과 남편의 이해를 넘어서는 것이었다. 불가지론자이며 아나키스트였던 남편은 가톨릭주의를 경멸했고, 그가 종교를 받아들인다면 그들의 관계가 끝날 것이라고 경고하였다. 도로시는 "하느님인가 사랑인가를 택해야 하는 질문에 봉착했다."고 썼다. 더군다나 가톨릭교회를 향한 그의 결정은 노동계층을 배신하는 것으로 비추어졌다.

가톨릭일꾼운동에서 소명을 발견하다

그런데 응답은 피터 모린이라는 강한 불어 억양으로 말하는 한 덥수룩한 사내의 모습으로 왔다. 1932년 어느 날 그를 만났을 때 그의 주머니는 팜플릿과 자료 따위로 불룩해 있었다. 때는 경제공황 시기였고, 도로시 데이는 워싱턴에서 열린 공산주의자들이 조직한 실업자행진을 취재하러 갔다가 워싱턴의 성모무염시태 성당에 가서 "내가 가진 모든 달란트를 동료 노동자들과 가난한 이들을 위하여 사용할 수 있는 어떤 길이 열리기를" 기도했던 것이다.

피터 모린은 55세의 농부 출신으로서 지난 20년 동안 노동으로 생계를 유지하며 복음을 행동으로 옮길 고유한 비전을 구상하였다. 그리고 도로시 데이가 그 비전을 현실로 만들 적임자라고 이미 결정하고 있었다. 그들은 복음서의 철저한 사회적 메시지를 수행하는 운동을 구상했다. 단순히 불의를 고발할 뿐만 아니라 새로운 사회질서, 노동의 철학과 가난한 이들 안에서 그리스도를 알아보는 것에 기초한 새 질서를 선포하는 것이라고 피터 모린은 말했다.

그들은 정부와 교회가 그러한 프로그램을 시행할 때까지 기다리지 않을 것이다. 자신들의 비전에 따라 지금—여기서부터 살기 시작할 것이며, "사람들이 더 선해지기 수월한" 사회를 창조하는 일을 하고자 했다. 1933년 5월 1일 성요셉 축일에 〈가톨릭일꾼〉 신문이 유니온 광장에서 배포된 이래, 이 신문은 미국 전역에 있는 '환대의 집'에 중심을 두고 있는 운동의 도구가 되었다. 가톨릭일꾼 공동체는 전통적인 애덕활동뿐 아니라 사회정의와 평화운동에도 결합되어 있었다. 도로시 데이는 피터 모린과 만난 뒤 50년 동안 몸담게 된 이 운동에서 자신의 성소[부르심]를 발견하였다.

성소란 우리가 하느님의 생명을 나누도록 그분으로부터 초대받는 것이다. 이는 토머스 머튼이 말하듯이 '하느님의 창조적 사랑에 응답하며 진정한 자아를 찾는' 문제이기 때문에 단순히 특정한 생활방식이나 일과 같이 미리 맞춰진 옷을 입는 것과는 다르다. 많은 성인들의 투쟁은 당대에 가능한 선택을 넘어 거룩함으로 가는 길을 만드는 것이었다.

안토니오는 사막에서, 베네딕토는 수도원에서, 프란치스코와 글라라는 철저한 가난이라는 그들만의 길을 찾았다. 그들 모두는 다른 사람들이 따르도록 길을 분명하게 보여주었다. 그러나 그들의 길은 기존의 방법들을 먼저 거부하는 것에서 싹텄다. 무엇인가가 그들로 하여금 다른 길을 찾도록 만든 것이다. 성서에서 부르심은 항상 하느님께서 이름을 부르시고, 우리가 "여기 제가 있습니다."라고 응답함으로써 이루어진다.

엘스버그는 "이는 단순히 소리치는 것이 아니라 이 순간이 말할 수 없이 중대한 순간임을 알아채는 것이다. 그것은 한 사람의 정체성 전체와 목표를 상기시키는 초월적인 질문에 대하여 응답할 준비가 되어 있는가 묻는 것"이라고 말했다. 즉 하느님의 부르심에 대한 우리의 태도에 달려있는 문제라는 뜻이다.

네 삶을 통해 그러한 성인을 실현하라

도로시 데이는 피터 모린의 첫 방문을 의미심장하게 받아들였으며, 그의 구상안에서 자신의 정체성과 성소를 알아차렸다. 그럼으로써, '사회질서를 변화시키고자 하는 성인은 어디에 있는가'라는 질문에 대한 답을 찾았다. 그 답변은 도로시 데이 '자신의 삶'을 통해 그러한 성인을 실현하라는 것이었다. 그러나 성소를 발견하는 것은 단지 시작일 뿐이다. 일생에 걸친 도전이 여전히 남아 있다. 그래서 콜카타의 마더 데레사는 '부르심 안의 부르심'에 관하여 이야기한다. 끝까지 충실하기 위한 지속적인 식별이 요청되는 것이다.

한편 일단 회심이 일어나면, 수많은 무질서로부터 즐거움이 가득 찬 해결책이 그에게 주어진다. 삶이 평범한 짐으로 무거웠지만, 이제는 그것마저 타오르는 불길로 밝게 빛난다. 생기와 에너지를 갖게 되어 '천국으로 가는 나의 길'이 열린다. 마더 데레사가 죽어가는 사람을 보살피는 것을 보고 어느 언론인이 물었다. "나라면 백만 달러를 준다고 해도 이런 일은 할 수 없을 것입니다." 마더 데레사가 말했다. "저도 그래요." 같은 일이더라도 부르심에 대한 깨달음 뒤에는 전혀 다른 현실이 된다.

푸른 혁명

도로시 데이에게 영감을 주었던, 피터 모린은 1877년 프랑스 남부 랑그도크의 한 소작농의 가정에서 태어났다. '그리스도형제회'에서 교육을 받고 당시에 혼란에 빠져 있던 프랑스에서 가톨릭 인민주의를 주장했다. 1909년 아메리카로 건너와 캐나다에서 농장경영에 실패한 뒤에 불법으로 국경을 넘어 미국 뉴욕 주로 왔다. 그 후 20년 동안 미국 동부와 중서부를 가로지르는 유랑생활을 하며 닥치는 대로 막노동을 하며 살았다. 피터 모린은 그러한 힘겨운 노동을 하느님의 선물이라 믿고 그러한 자신의 삶에 만족했다. 성 프란치스코처럼 '거룩한 가난'을 신부로 받아들여 평생을 독신으로 살며 빈민가 싸구려 식당에서 밥을 사먹고 어디서든 잠을 잤다. 그렇게 하여 번 돈으로 책을 사 보거나 자기보다 더 필요한 사람들에게 나누어주기도 했다.

가톨릭 급진주의자였던 피터 모린은 성경과 성인들의 삶 그리고 교황회칙 등에 근거하여 새로운 사회질서를 세우기 위한 종합적인 프로그램을 기획하고 있었다. 피터가 제안하고 도로시 데이가 시작한 가톨릭일꾼운동의 프로그램은 애덕행동과 개인적인 희생으로 굶주리고 가난한 이들을 먹이며 입히고 있을 곳을 마련해 주는 환대의 집들과 농촌경작공동체 그 이상을 지향했다. 불의한 사회질서의 희생자들을 위로하는 것만으로 충분치 않으며 불의한 질서를 변화시켜야 한다는 것이다. 이 혼란스럽게 갈라진 세계에 평화, 질서 그리고 정의를 가져오기 위하여 도로시와 피터는 기도, 손노동, 공동체의 단순한 생활방식, 환대, 공부와 전례를 제안하였다. 이 두 사람은 아일랜드의 수도승들과 초기 베네딕도회 수도승들이 비폭력적인 혁명으로 중세기 암흑시대를 구했던 것처럼 현시대의 어둠에 빛을 가져오기 위하여 똑같은 혁명적인 방법으로 새로운 사회를 창조해야 한다고 생각했다.

피터 모린은 자본주의를 경멸하면서도 역사법칙으로 제시된 프롤레타리아 지배라는 마르크스주의자들의 신념, 이른바 산업주의와 진보에 대한 견해를 불신했다. 오히려 계급으로서의 프롤레타리아는 폐지되어야 하며, 노동자들이 기계부속처럼 일하고 모두

공장 굴뚝만 바라보는 산업사회 역시 해체되어야 한다고 여겼다. 대신에 그 자리에 도시와 농촌, 정신노동과 육체노동 사이의 올바른 균형을 꾀한다는 측면에서 분산화된 경제체제가 들어서기를 희망했다. 그래서 피터는 강제가 없는 협동하는 사회, 공예가와 장인들이 스스로 조그만 공장의 주인이 되는 사회를 꿈꾸었다. 그리고 농경공동체에서 학자와 노동자가 함께 땀을 흘리고 함께 생각하는 '노동자—학자의 융합'을 발전시켜야 한다고 믿었다.

한편 피터 모린은 경신敬神. Cult, 경문敬文. Culture, 경작耕作. Cultivation의 종합을 이상으로 삼아, 인간이 더 선해지기 쉬운 사회를 '낡은 사회의 껍질 안쪽'에 만들 수 있는 '푸른 혁명Green Revolution'을 갈망했다. 이러한 혁명은 '객관적 상황'이 올 때까지 기다릴 필요가 없으며, 그리스도의 계명이 우리 앞에 있으므로 우리는 이 말씀에 살을 붙이고 복음을 실천에 옮김으로써 성취할 수 있다고 생각했다.

이 과정에서 피터 모린이 제안한 3단계 프로그램은 ① 사고의 정화를 위한 원탁 토론 ② 애덕 실천을 위한 환대의 집 운영 ③ 노동자가 학자도 될 수 있고 학자가 노동자도 될 수 있는 농경공동체의 건립이다. 그리고 세상 속에서 복음적 견해를 나누고 비전을 제시하는 급진적인 가톨릭 신문을 발행하는 것이다.

목소리 없는 자의 목소리, 〈가톨릭일꾼〉 신문

피터가 처음에 제안한 신문의 이름은 〈가톨릭 급진주의자〉였다. 겉치레 해결책에 만족하지 않고 개인적, 사회문제를 뿌리까지 찾아보겠다는 것이다. 피터 모린과 도로시의 급진주의는 그 주변을 둘러싼 무정부주의적 성향과 무관하지 않은 듯하다. 실상 토머스 머튼은 동방사막의 첫 번째 수도승들을 콘스탄티누스 전환 이후에 제도화된 교회를 떠나 사막으로 들어간 '아나키스트'라고 추정했다.

토머스 머튼은 이렇게 말한다. "아나키스트, 이 이름은 도로시와 다른 많은 가톨릭일꾼들이 끌어안은 이름으로서, 부패하고 퇴폐적인 정부에 의해 소극적으로 혹은 수동적으로 인도되거나 지배받는 것을 원치 않는 사람들이며, 다른 방식의 삶이 있다고 믿는 사람들이다."

그러나 도로시 데이는 새로 발간할 신문의 이름이 편집자가 누구인지 밝히는 것보다 독자가 누구인지 드러내야 한다고 생각하고 〈가톨릭일꾼Catholic Worker〉이라는 이름을 택했다. 두 사람은 모두 신앙을 당시의 사회문제와 결부시킬 방법을 찾고 있었지만 기질과 배경은 서로 달랐다. 피터의 뿌리는 땅에 있었고, 그의 사상은 개인적이고 지역적이라는 한계를 안고 있었다. 피터는 중세 아일랜드 수도사들에게서 모델을 찾았다. 그러나 그보다 스무 살이나 어렸던 도로시는 도시 출신으로 노동조합, 대단위 정치운동, 계급투쟁의 세례를 받은 세대였다. 그러한 두 사람을 동역자로 삼으신 하느님의 섭리가 오묘하다.

〈가톨릭일꾼〉 신문은 도로시의 부엌을 편집실 삼아 시작하였다. 자금을 어디서 구해야 할지 걱정할 때, 피터 모린은 이렇게 말했다. "성인의 역사를 보면 자본은 기도를 통해서 얻어집니다. 하느님께서 필요할 때 필요한 만큼 보내 주십니다. 인쇄비를 댈 수 있을 거예요. 성인들의 일생을 읽으면 알게 됩니다." 이 말은 신문뿐 아니라 가톨릭일꾼운동의 역사에서 아주 중요한 역할을 한다. 가톨릭일꾼운동은 규정도 없고 재단도 이사회도 없다. 불안전함 가운데, 취약함 가운데 자신을 놓음으로써 하느님께 대한 전적인 의탁을 가능케 한다.

〈가톨릭일꾼〉 신문은 누구나 사 볼 수 있도록 푼돈으로 배포했다. 2009년 현재 〈가톨릭일꾼〉은 1년에 7회 발행되었는데, 1년 구독료는 창간할 때와 똑같이 25센트(약 250원)에 지나지 않는다. 1933년 5월 1일에 창간호 2천 5백부가 뉴욕 유니언 광장에서 공산주의 집회 때에 뿌려졌다. 그런데 2년도 안 되어 발행부수가 15만 부로 껑충 뛰었다. 가톨릭신앙의 눈으로 사회문제를 다루는 신문에 호응하는 사람들의 수가 급속히 불어났다. 그 지역의 신학교와 교회에서도 수십 부를 주문했다. 열성 청년들이 길거리로 나가 신문을 팔았다. 독자들은 다른 종교, 정치 계통의 신문에서 볼 수 없는, 특별히 가깝고 가정적인 느낌의 〈가톨릭일꾼〉 신문만이 갖고 있는 목소리를 발견하였다. 원칙이 있고 뉴스도 있었지만, 대부분은 친구끼리 편지라도 교환하듯이 쓴 글이었다. 전국적인 규모의 신문들이 소홀히 하기 쉬운 특정한 동네 그리고 지역의 냄새와 소리와 작은 사건들에 깊은 뿌리를 두고 있었기 때문이다.

도로시 데이는 1952년 4월 〈가톨릭일꾼〉 신문에 "도움이 필요한 이들의 비참함과 가난한 이들의 신음은 그리스도의 고통을 만드는 세계 고통의 한 부분"이라고 하면서 무엇인가 해야 한다고 촉구한다. 그는 특별히 리지외의 소화 데레사 성인의 '작은 길의 영성'을 소중하게 여겼는데, 데레사의 가르침이 갖는 사회적 의미를 발견해야 한다고 말한다.

> 우리의 작은 행동이 지닌 의미! 우리가 실행하지 못한 작은 것들의 의미! 우리가 하지 못한 항의들, 우리가 선택하지 못한 기준들! 세상 속에 살고 있는 우리들의 작은 행동의 의미에 대하여 숙고가 필요하다. 우리는 생명을 선호한다. 우리는 지금 여기에서 인간의 형제애를 위하여 일하고자 한다. 소수인들, 소수의 사람들만이라

도 불의에 저항하여 외칠 수 있고, 이 세상에서 인간이 만든 고통에 대항하여 굶주리고 집 없는 이들, 일이 없는 이들, 죽어가는 이들을 대신하여 외칠 수 있다고 믿는 '고집 센' 소수의 사람들과 함께 행동하려고 노력한다.

도로시 데이는 소리 내어 울지 못하는 가난한 이들을 대신하여 "말해야 하고 써야 한다."고 전했다.

자비의 실천, 환대의 집

가톨릭일꾼운동의 공동창립자 피터 모린은 5세기의 교회 공의 회가 주교들로 하여금 교구마다 '환대의 집'을 만들게 했다는 기록 을 발견하고 기뻐했다. '환대의 집'은 가난한 이, 병든 이, 고아, 노인, 여행자, 순례자 등 곤궁한 사람들에게 열려 있었다. 이 집은 "내가 낯선 사람이었을 때 네가 받아들였다."는 복음서의 말씀을 실천하는 것이다.

물질적인 자선행위는 굶주린 사람에게 먹을 것을 주고, 목마른 사 람에게 마실 것을 주고, 헐벗은 사람에게 입을 것을 주고, 갇힌 사람을 풀어주고, 집 없는 사람에게 안식처를 마련해 주고, 병든 사람을 방문하고, 죽은 사람을 묻어 주는 것입니다. 피터 모린이 자선행위의 필요성에 대하여 말할 때, 피터는 이 모든 것을 염두에 두고 있었습니다. ... 그는 우리가 주택공제, 사회규범, 사회보장에 책임감을 갖되, 개인적인 책임감을 실행하는데서 한 걸음 나아가 인류 최초의 살인자가 던진 말, "제가 아우를 지키는 사람입니까?" 라는 말을 수없이 되뇌야 한다고 지적했습니다. ... 우리는 자선행위에 따라 심판받을 것입니다.

_ 『도로시 데이와 함께 하는 기도』, 제임스 알레어·로즈메리 브로턴, 성바오로, 1998.

피터가 보기에 '환대의 집'은 따뜻한 안식처 노릇을 할 수 있으며, 독서실과 직업훈련을 제공할 수 있고 기도와 토론과 공부의 중심지가 될 수 있었다. 교구에서 그런 집을 후원해야 하고 사목의 필수적인 요소로 삼아야 한다고 여겼다. 그리스도인들이 자신들의 친구만을 환영하고, 낯선 이를 돌보는 일은 전문가에게 맡겨도 된다고 생각하는데 반대하였다. 사랑과 자비의 일은 모든 그리스도인들이 해야 할 일이며 생활의 한 부분으로 여겨야 한다. 어느 집이나 하느님의 대사를 받아들일 '그리스도의 방'을 갖추고 있어야 한다는 것이다. 우리는 낯선 얼굴에서 그리스도를 알아볼 수 있어야 한다. "가장 보잘것없는 사람에게 한 것이 바로 나에게 해준 것이다."라고 그리스도가 말씀하셨다.

'환대의 집'을 요청하는 기사가 신문에 실리자 집 없는 사람들이 하나둘씩 찾아와 환대의 집을 찾으려면 어디로 가야 하는지 물었다. 도로시 데이는 즉시 아파트를 빌렸고 얼마 안 가 아파트가 더 필요하게 되자 뉴욕의 찰스 가에 건물을 얻게 되었다. 급식행렬도 마찬가지여서 예상치 못한 상황이 시작되었다. 환대의 집에는 항상 따뜻한 커피와 수프와 빵이 준비되어 있어 누구든지 들어와 함께 식사를 할 수 있었다. 이 소문이 퍼져, 1936년엔 수백 명의 사람이 도로시의 집 앞에 줄을 섰다.

가톨릭교회에서 세운 다른 많은 단체들과 달리 '가톨릭일꾼 환대의 집'에선 아무도 설교를 하지 않아서 사람들은 의아해 하였다. 다만 벽에 걸린 십자고상만이 유일하게 이들이 그리스도인임을 알려 주었다. 자원 봉사자들은 숙식과 가끔 용돈 정도만 제공받고 월급 없이 일하는 사람들이다. 점차 다른 지역에도 이런 집들이 생겨나기 시작하여 10년 만에 30채 이상으로 불어났다. 각각의 집들은 뉴욕 본부와 관계를 맺고, 신문을 통해 함께 준수해야 할 원칙을 천명하면서, 환경과 필요에 따라서 나름의 조직 방식을 채택하여 독립적으로 운영되었다.

이 집에 자주 오는 사람들은 이름이 알려지기 시작했는데, 담배 피는 조, 이탈리아 사람 마이크, 미친 폴 등이다. 그 사람들은 일꾼의 집을 제 집으로 생각하여 잡일을 돕기도 하고 항상 똑같은 의자나 구석에 앉기도 하고 같은 침대에서 자기도 했다. 환대의 집은 무정부적 경향이 있어서 단속과 제한, 규칙을 철저히 거부했으며, 온갖 배경을 갖고 있는 개인들에 대하여 너그러웠다. 이 공동체에선 구성원의 개인적, 이념적 대립을 세심하게 감싸 안으며 그들에게 오는 사람이면 누구든지 한 식구로 맞아들였다. 언젠가 사회사업가 한 사람이 도로시 데이에게 밑바닥 사람들이 얼마나 오래 이 집에 머물 수 있는지 물었다. "영원히요. 우리와 살고 우리와 죽고, 우리는 가톨릭식 장례를 지내줍니다. 죽은 후에 필요한 비용도 대줍니다. 일단 들어오면 가족의 일원이 되지요. 아니면 과거에 가족의 일원이었던 사람이 되고요. 그 사람들은 그리스도 안에서 우리의 형제자매입니다."

공부와 노동의 통합, 농경공동체

피터 모린이 제안했던 다른 중요한 프로그램은 시골에 농경공동체–농경대학을 마련하는 것이었다. 도로시 데이는 훨씬 도시적이었으나 농촌에 자리를 잡아야 한다는 피터의 생각에 동의하였다. 뉴욕 가톨릭일꾼운동은 1936년 펜실바니아 주의 이스톤에 22에이 커의 땅을 샀다. 이 농장에 사는 사람들은 학자, 노동자, 집 없는 사람, 대학생, 엄마와 아이들이었다. 그들은 작물을 키우고, 주말엔 원탁토론을 하였으며, 여러 가지 주제를 공부하기 위해 여름학교를 열기도 하였다. 공부하러 오는 사람들 역시 머무는 동안 농장일을 도울 것이다. 이때는 공황기였다. 그리고 많은 사람들은 산업화와 도시화가 가져오는 심각한 문제들에 대한 해답을 찾으려고 애쓰고 있었다. 피터 모린은 농촌에서 태어나 자라난 사람이었으며 땅으로 되돌아가는 것을 그 해답으로 보았다.

피터 모린은 농경공동체가 공황기에 머물 곳과 음식을 마련해 주어 사람들의 즉각적인 필요에 응답할 수 있으며, 산업경제 자체에 내재되었다고 생각한 순환적인 실업의 문제를 약화시키고, 나아가 보다 안정되고 정의로운 사회질서를 확립하는데 기여하리라고 생각했다. 농경공동체는 농작법과 수공제조법을 도시거주자들에게 훈련시킬 것이며, 이러한 훈련과 양성은 또한 점차적으로 땅과 마을공동체 중심의 생활방식으로 되돌아갈 길을 마련할 것이었다. 뿐만 아니라, 기본적인 농작과 손노동으로 이윤보다는 실용적 필요에 따라 생산하도록 이끌고, 나아가 협동의 가치관과 영적 차원을 다시 발견하는 바탕을 마련하는 것이었다.

피터 모린에게 농촌생활은 도시생활과 다른 중요한 의미가 있었다. 땅에서 사는 것은 협력과 필요한 만큼의 경제를 장려한다. 도시의 인위적인 세계보다 땅에서 살 적에 인생철학은 기계적이기보다 유기적이 되며, 개인적이기보다 가족 중심적이 된다. 아이들이 환영받으며 노인네들은 존경을 받는다. 이렇게 농작과 수공업 문명 속에서 책임감이 회복되고 노동의 전체성[통합성]이 살아나면 자기존중감과 존엄성이 살아날 뿐만 아니라 노동자가 '배움'을 사랑하기 시작한다. 이러한 변화는 공동체 구성원들 사이에 인격적 상호의

존성을 높이고, 각자가 공동체에서 중요한 봉사를 하겠다는 책임
감을 지니게 만든다.

가톨릭일꾼운동 초기에, 이 농경공동체들은 미국 전역에서 싹을
틔웠다. 공동체들은 다양한 크기였으며 어떤 식으로든지 가까운
도시의 가톨릭일꾼 환대의 집과 연결을 가지려고 노력하였다. 이
스톤에 있는 농장에는 1938년에 50명이 살고 있었다. 그들은 오트
밀, 옥수수, 감자, 복숭아와 사과나무 그리고 각종 과일나무들을
키웠다. 그들은 마당에 빵 굽는 오븐을 걸어두려고 했고 신발을
수선하고 옷을 깁고 매일 미사를 봉헌할 수 있는 경당도 세웠다.

공동체 운영 과정에서 가장 특별한 것은 이른바 전문가라고 할
수 있는 농부와 목수, 전기 기술자, 하수도 기술자들의 협력이다.
이 전문가들은 공동체 구성원이기도 하고, 때로는 이웃사람들 혹
은 도시의 가톨릭일꾼 공동체의 친구들이기도 하였다. 함께 일을
하면서 그들은 친구가 되었고, 서로에게서 배우며 그리스도교의
사랑과 생활방식을 자신들의 삶에서 직접 경험할 수 있는 기회를
얻었다.

그러나 문제가 생기기도 했다. 공동체에서 농사를 지으려는 사
람보다 먹으려는 사람이 많았고, 들일을 하려는 사람보다 신학이
나 정치토론을 즐기는 사람이 많았다. 그리고 계란 하나를 두고도
몸싸움이 벌어지곤 해서, 피터 모린은 여름내 계란과 우유를 먹지
않겠다고 선언하는 일도 발생했다. 이를 보고 도로시는 "정의가
먼저라고 여기는 사람들은 자기 것을 챙기는 데 열심이었고, 극기
를 실천하는 데는 꼴찌였다."고 한탄했다.

1949년 피터가 세상을 떠날 무렵부터 농경공동체의 성격이 바뀌
기 시작했다. 도로시 데이는 이 농경공동체를 '땅에 있는 환대의
집'이라고 부르기 시작했다. 도로시는 가톨릭일꾼운동의 목표가

교회를 가운데 두고 여러 가족들이 평화롭게 모이는 모범적인 공동체를 만드는 것이 아니고 가난한 사람들이나 이런저런 장애로 고생하는 이들에게 특별한 봉사를 하는 것이라고 여겼다. 도로시는 배가 고파서 줄을 섰다가 가톨릭일꾼운동을 알게 되어 거처를 시골로 옮겨 오게 된 사람들을 위한 '환대의 집'으로 농장을 생각하기 시작했다. 피터의 구상이 너무 높은 목표를 가졌던 것으로 확인된 것이다. 동시에 농장은 집단이나 개인이 피정의 장소로 사용할 수 있었다.

그리스도인은 평화의 일꾼,
"마음의 무장해제가 일어나야 한다."

도로시 데이는 여러 지역을 두루 돌아다니며 가톨릭일꾼의 집을 방문하고, 대공황으로 일어난 노동자들의 대규모 시위를 기록하고, 집회에서 강연을 하는 데 많은 시간을 보냈다. 디트로이트 자동차 공장 노동자들이 일으킨 연좌농성에서 캘리포니아의 떠돌이 노동자에 이르기까지, 도로시는 노동문제가 발생하거나 부당한 조건에 항거하는 곳이면 어디든 달려가 그들을 도울 방도를 찾았다. 이러한 가톨릭일꾼운동의 활동은 가톨릭교회 안에서 전통적인 본당 차원의 이해관계를 뛰어넘는 것이었다. 이제 세상만사가 가톨릭교회가 관심을 가져야 할 문제가 되었다. 그리스도인의 양심은 인간체험의 중심에 있는 정의와 자유 그리고 전쟁과 평화의 문제에 대하여 자신의 입장을 밝혀야 했다.

가톨릭일꾼의 역사에서 가장 의미있는 활동 중에 하나는 '평화주의'에 대한 것이었다. 예수가 제일 먼저 행한 기적은 가나의 혼인잔치에서 행한 기적이었으며, 배고픈 군중들에게 빵을 먹이신 기적이었다. 그리고 예수가 마지막으로 행한 기적은, 예수를 체포하려는 사람들에게 맞서서 베드로가 그들 가운데 한 사람에게 입힌 상처를 치유하신 것이다. 예수는 날카롭게 명령하셨다. "칼을 치워라. 칼을 쓰는 사람은 칼로 망하는 법이다." 가톨릭일꾼운동은 그 말씀이 베드로에게만 하신 것이 아니라 예수를 따르는 모든 이에게 하신 말씀으로 알아듣는다.

초대 그리스도인들은 "나는 이 세상의 군인이 되지 않겠소. 나는 그리스도의 군인이기 때문이오."라고 말하며 순교하였다. 그러나 교회가 콘스탄티누스 때부터 제국과 합세하면서 사정이 달라졌다. 교황은 군대를 지휘하며 성전聖戰을 선포하곤 했다. 그러나 복음 앞에서 '거룩한' 전쟁이란 없다. 그리고 전쟁은 애국심과 교묘하게 결합되어 신앙을 위한 것으로 선전되고 왜곡되었다.

1936년 스페인 내란이 일어나자 도로시 데이의 평화주의는 시험을 받았다. 거의 모든 미국 주교들과 가톨릭계 언론이 반공산주의를 표방하고 '친가톨릭'이라는 이유로 프랑코 장군을 지지했다. 도로시 데이는 신문에서 사설을 통해 말했다. "우리 모두는 스페인에서 무서운 종교탄압이 일어나고 있다는 것을 알고 있다. ... (그래도) 우리는 개인적 국가적 국제적 갈등을 폭력으로 해결하는 방법에는 반대한다."

도로시 데이는 "교회의 순교자가 된 신부, 수녀가 많이 있는 것은 사실이었으나, 그렇다고 해서 그 사람들이 쓰기를 거부했던 무기를 그 사람들의 이름으로 잡음으로써 그 사람들을 명예롭게 할 것인가?" 물었다. 그것은 순교를 허사로 돌리는 행위라고 비판했다. 이어 그리스도의 길을 따르고 십자가를 자신의 것으로 만들 용기가 우리에게 있는지 물었다. "오늘날 전 세계는 혁명이 일어나고 있는 와중이다. 우리 모두는 그 상황에 살고 있다. 솔직하게

우리는 성인을 찾고 있다." 도로시는 우리 하나하나도 스페인의
신부, 수녀처럼 무장을 하지 않고 우리의 신앙을 위해서 죽을 준비
를 해야 한다고 말했다. "마음의 무장해제가 일어나야 한다."는
것인데, 그래야 우리의 사랑과 기도가 악을 이겨낼 힘이 생긴다고
전했다.

도로시 데이의 철저한 평화주의 때문에, 〈가톨릭일꾼〉 신문은
많은 독자를 잃었다. 몇몇 교구에선 주교들이 교구 안에 있는 모든
교회와 교구학교에서 신문구독을 금지시켰다. 결국 스페인 내란은
1939년 파시스트의 승리로 끝났고, 9월에는 독일이 폴란드를 침공
하면서 세계대전이 일어났다. 미국은 2년 후 참전하였다.

전쟁 중이라도 이웃을 사랑하라는 의무를 버릴 수 없다

가톨릭일꾼운동의 평화주의는 중립노선을 달리지 않았다. 유대
인을 탄압하는 히틀러에 반대하여 뉴욕의 가톨릭일꾼들은 1935년
부둣가로 달려가 독일의 정기여객선인 브레멘 호 앞에 모인 시위대
에 합류하였다. 시위자 한 명이 돛대를 타고 올라가 나치의 깃발을
떼어내려다가 배 위에 있던 경찰의 총탄에 다리를 맞는 사건이
일어났다. 독일 대사관 앞에서 시위하고, 호소문을 통하여 "미국의
환대를 원하는 유대인들에게는 자유롭게 들어올 수 있도록" 나라
의 문을 열어야 한다고 주장했다. 그러나 이러한 호소는 정책에
반영되지 않았고, 특별히 운이 좋은 사람만 입국허가를 받을 수
있었다. 대부분은 유대인 수용소에서 죽임을 당했다.

인종차별과 나치운동의 사악함을 알고 있었으나 도로시 데이는
전쟁을 수단으로 하여 악과 싸운다는 생각에는 동의할 수 없었다.
"전쟁은 계속되는 수난이다. 그리스도께서는 당신을 변호하러 십

자가에서 내려오지 않으셨다."는 것이다. 일본이 진주만을 공격하고 전쟁을 선포했을 때, 〈가톨릭일꾼〉 신문은 헤드라인으로 「우리는 그리스도교적 평화주의를 고수한다」는 사설을 실었다.

> 우리는 세상이 끝날 때까지라도 그리스도의 말씀을 찍어낼 것이다. "여러분은 원수를 사랑하시오. 여러분을 미워하는 사람들에게 잘해주고 여러분을 저주하는 사람들을 축복해 주며…" 우리는 아직도 평화주의자다. 우리의 선언서는 산상설교인데, 그 뜻은 우리가 평화를 만드는 사람이 되려고 노력한다는 것이다. 양심적인 반대자를 대신하여 말하거니와, 우리는 전투에 참가하지 않을 것이고 화약을 만드는 데 참가하지도 않을 것이며, 전쟁 수행을 위한 정부의 공채도 사지 않을 것이고 다른 사람들에게 그러한 일을 하라고 권유하지도 않을 것이다."

세계대전에 미국이 참전하고 나서도 가톨릭일꾼운동은 전쟁을 줄기차게 반대하였고, 그 영향을 받은 젊은이들은 교도소나 시골의 노동단지에서 일을 했다. 어떤 사람은 무장을 하지 않는 위생병으로 군복무를 하기도 했다. 그리고 〈가톨릭일꾼〉 신문은 성 프란치스코가 길을 들인 늑대 옆에 서 있는 그림과 함께 '승리 없는 평화'라는 말을 곁들여 실었다. 〈가톨릭 양심적 반대자〉란 신문도 발간하였다. 이러한 입장은 애국적인 사람들에게는 배신자처럼 느껴졌고, 많은 주교들에게는 곤란한 일이었다. 도로시는 전쟁중이라고 해서 우리의 적을 사랑하고 우리를 저주하는 사람들에게 선행을 하라는 의무에서 벗어날 수 있는 것은 아니라고 주장했다. 도로시는 거듭 말했다. "우리의 생활의 법칙은 자비의 일을 하는 것이다."

마침내 종전이 되었으나 도로시는 기뻐하지 않았다. 히틀러는 죽었지만 군국주의는 살아 있었고, 파시즘도 숨어서 존재할 것이다. 전쟁 때문에 원자탄을 비롯한 대량살상무기가 생겨났다. 그리고 섬광과 함께 히로시마와 나가사키는 파괴되었다. 도로시는 이번 전쟁에서 연합군이 이긴 것이 아니라 진정한 승자는 전쟁과 죽음이며, 이제 죽음은 인류를 말살시킬 수 있는 무기로 무장을 하게 되었다고 말했다.

베트남전쟁 때에도 가톨릭일꾼운동은 더욱 완강히 평화주의를 주장했다. 1965년 미국이 북베트남을 폭격하고 전쟁이 확대되면서 3년 안에 미군의 숫자가 51만 명으로 늘어났다. 이 전쟁은 다윗과 골리앗의 싸움으로 보였다. 방어능력이 없는 외딴 마을들이 전투기와 헬리콥터로 파괴되었다. 예수회 신부인 다니엘 베리간은 신문에 베트남을 '불타는 아이들의 땅'이라고 썼다. 유니온 광장에선 가톨릭일꾼 봉사자들이 시민불복종 행위로 징집 등록증을 불태웠고, 이 자리에서 도로시 데이는 전쟁의 부도덕성을 알리고 항거의 몸짓을 지지하는 연설을 했다.

전쟁을 지지하는 자들은 이들을 '모스크바 메리!'라고 야유하며 "징집 등록증을 태우지 말고 너희들이나 분신하라!"고 외쳤는데, 몇 주 뒤에 이 자리에 참여했으며 가톨릭일꾼 봉사자였던 로저 르포트가 미국 공관 앞에서 정말 분신하였다. 로저는 자신의 몸을 벽 삼아 미국 전체에 들릴 수 있게 '아니오'라는 메시지를 새겼다. 그러나 미국 주교들은 초기엔 수동적인 태도를 보였다. 아예 뉴욕 대교구의 스펠만 추기경은 베트남전쟁을 '문명을 위한 투쟁'으로 규정하고 바오로 6세 교종의 평화협상 호소에도 불구하고 베트콩에 대한 미군의 전면승리를 요청했다.

가톨릭일꾼운동의 애덕활동은 평화운동과 따로 떼어놓을 수 없다는 것이 도로시 데이의 생각이었다. 주변에서 '가난한 이들을 위한 놀라운 애덕활동을 평화주의로 더럽히지 말라.'고 비난했다. 그러자 도로시는 이렇게 답했다. "우리가 굶주리는 이들에게 먹을 것을 주는 데 반해 전쟁은 기아를 가져다주었고, 우리가 괴로워 우는 이들에게 위로를 가졌다는데 반해 전쟁은 비참과 폐허를 가져 왔다. '지극히 작은 내 형제'들에게 해준 것은 무엇이든, 친절이든 폭력이든 그분께 직접 해드린 것과 마찬가지다."

교회는 나의 스캔들… "순종해야 할 분은 하느님뿐"

세계대전이 끝나고 냉전 시대에 돌입하면서 미국에서는 노동조합과 사회정의를 부르짖는 사람을 무조건 공산주의자로 몰아붙이는 분위기가 조성되었다. 이 속에서, 1949년 뉴욕대교구의 임금동결에 반대하여 무덤 파는 인부들이 파업을 하자 스펠만 추기경은 인부들이 공산주의자들의 선동을 받았다고 언론에 발표했다. 추기경은 인부들과 만나는 것을 거부하고 신학생들을 시켜 파업이 사그라질 때까지 무덤을 파게 했다. 도로시 데이는 항상 주교들에 대한 존경을 강조했으나, 추기경이 파업을 무산시키려고 시도하자 유감을 표명했다.

도로시는 메디슨가의 세인트 패트릭 성당 뒤에 있는 추기경의 호화로운 사무실 앞에서 몇 명 안 되는 인부들의 시위대에 참가했다. 그리고 「성직자와 평신도간의 전쟁이라는 끔찍한 전쟁의 희생자들」이라는 칼럼을 〈가톨릭일꾼〉 신문에 게재하였다. 결국 파업은 한 달 만에 실패하고, 도로시는 1951년 추기경의 호출을 받았다. 도로시가 공공연히 추기경을 비난하고, 역사상 처음으로 가톨릭 평신도들이 주교관 앞에서 벌인 시위에 참여하고, 또 공산주자들을 비난하기를 거부했기 때문이다. 추기경은 도로시에게 〈가톨릭일꾼〉 신문의 발간을 중지하든지 제호를 바꾸라고 명령했다.

도로시 데이는 가톨릭일꾼운동은 '가톨릭'이라는 이름이 가져다 주는 공식적인 보호에 의존할 생각이 없기 때문에 순명 차원에서 폐간 대신에 이름을 바꾸려고 생각했다. 그러나 신문의 다른 편집 인들은 한사코 이를 거부했다. 이 때문에 도로시는 독립적인 평신 도 단체인 '가톨릭참전용사'라는 단체가 이름을 바꾸라는 압력을 받은 적이 없음을 상기시키면서, 〈가톨릭일꾼〉 역시 교구의 공식 적 견해가 아닌 의견을 자유롭게 밝힐 수 있는 게 아니냐고 추기경 에게 반문하는 편지를 보냈다.

한편 공산주의자로 몰린 로젠버그 부부의 처형을 반대해 달라고 추기경에게 청원했던 도로시는, 결국 이들이 죽음을 당하는 것을 보고 이렇게 말했다.

> 고위성직자들은 인간을 말살하는 폭탄을 만드는데 사용될 쇳조각 에 성수를 뿌리고, 폭격기에 '죄 없는 성인'이나 '자비의 성모' 등으 로 이름을 붙이고, 1만 5천 명을 죽이는 단추를 누르는 사람을 축복 한다.

도로시는 환대의 집을 통해 자선을 베풀 뿐 아니라, 가난과 전쟁 을 불러오는 제도 권력에 도전하고 저항하는 신앙의 의무 역시 수행했다. 피켓을 들고 시위를 하든 감옥에 가든 도로시는 매일 미사와 로사리오 기도, 최소한 하루 2시간의 성경 묵상을 거르지 않았다. 한번은 이런 글을 썼다. "우리가 충분히 사랑한다면 끈질 기게 나아 갈 수 있다. 우리는 묵주신공에서 성모송을 되풀이 할 때마다 사랑을 되풀이 하게 된다." 그는 기도해야 할 사람들의 목록을 적어 두고 매일 그 사람들을 위하여 기도했다.

그는 자신을 '충성스럽고 순종적인 교회의 딸'이라고 부르며, 지금이라도 추기경이 활동금지 명령을 내리면 즉시 따르겠노라고 했다. 기본적으로 도로시 데이는 가톨릭 교리와 교회구조를 성심껏 받아들였다. 그는 가톨릭교회가 가르치는 것을 비판하지 않았고, 다만 그 가르침을 교회가 살지 못한 것에 대해 질책했다. 그는 자주 '순명'을 강조했는데, 만일 추기경이 평화주의를 포기하라고 명령하면 도로시는 이렇게 말하며 순명했다.

아니요, 평화주의를 포기하지 말아야 합니다. 그러나 추기경이 포기하라고 명령한다면, 우리는 우리 말은 빼고 평화에 대한 성경의 말씀, 성인들의 말씀, 교황회칙에 나온 말들만 인용할 것입니다.

그렇지만 도로시 데이는 누구도 교회의 권위를 경멸하지 않기를 바랐다. 많은 이들은 도로시가 가톨릭 신자라는 사실을 '신비'라고 여겼다. 확실히 도로시 데이는 더 작은 교회 안에서만 편안했다. 도로시는 가난과 전쟁에 대한 교회의 태도에 불만을 갖고 있었다. 그는 자서전 〈긴 외로움〉에서 이렇게 말한다. "나는 볼 수 있는 그리스도이신 교회를 사랑합니다. 교회 그 자체를 사랑하는 것은 아닙니다. 오히려 너무나 자주 교회는 나에게 스캔들이었습니다... 그러나 교회가 십자가이기 때문에, 그 위에서 그리스도가 못 박혔던 십자가이기 때문에 사랑하는 것입니다. 우리는 그리스도를 십자가에서 떼어놓아서는 안 됩니다."

도로시 데이는 성 아우구스티누스의 "하느님을 사랑하고 네 뜻대로 행하라."는 말을 자신의 표어로 삼았다. 이 말씀에는 자유가 숨 쉬고 있었고, 이 자유는 세속적 불의의 와중에서도 변함없이 추구한 인류의 이상이었다. "성경과 성인들의 작품을 탐구하면서 부터 나는 더 이상 다른 위대한 지성들의 뒷받침을 받을 필요가 없음을 느꼈다."고 도로시 데이는 전했다.

> 신앙이란 우리가 순종에 대해 이러쿵 저러쿵 입방아를 찧고 있을 그때에 요구되는 것이다. 곧 우리를 창조하신 한 분 하느님, 성부 성자 성령이신 한 분 하느님께 대한 신앙을 말한다. 우리가 순종의 자유와 불순종의 자유를 부여받았다면 우리가 순종을 드려야 할 대상은 오로지 한 분 하느님뿐이라는 바로 그 신앙이다. _『오늘, 유성처럼 살아도』, 도로시 데이, 바오로딸, 1995.

도로시 데이는 교회 안에서도 '반대 받는 표적'이 되었으나 가능하다면 교도권과 일치해 자신들의 일을 계속해 가려고 노력했다. 또한 자신을 반대하는 이들과도 공동선 안에서 일치하려고 애썼다. 당시 도로시 데이와 가톨릭일꾼운동은 오해를 무릅쓰고 사제와 고위성직자들이 할 수 없었던, 또 하지도 않으려 했던 정치적이고 경제적인 분야에 과감히 뛰어들었다. 이 모든 노력은 낡은 옛 껍질 속에서 새로운 사회를 건설하려는 것이었다.

〈참사람되어〉와 도로시 데이

가톨릭일꾼운동은 1933년 미국에서 도로시 데이와 피터 모린이 시작하여 벌써 80년 가까운 이력을 지니고 있는 '가톨릭 급진주의 자'들에 의한 대중적 영성운동이다. 이들은 〈가톨릭일꾼〉이란 신문을 발행하며 도시와 시골에 환대의 집을 건립하여 하느님의 자비를 실천하고, 전쟁과 인종차별, 여성문제와 노동문제 등 다양한

사회적 이슈에 관하여 원탁토론을 통하여 식별하고 복음적 실천을
해 왔다.

가톨릭일꾼운동은 평신도들이 시작하고 평신도들이 중심이 되
어 세상에 봉사하는 운동이지만, 제도교회와 영향력을 다투지 않
는다. 수많은 사제 및 수도자들이 이 운동에 정신적 영적 후원자로
지원을 보내고 있다. 이들은 자본주의라는 바다 속에서 '복음'이라
는 영적 다이너마이트를 터뜨려 '더 선해지기 쉬운 사회'를 건설하
기 위해 사람들을 모으고 있다.

가톨릭일꾼운동Catholic Worker Movement은 '가톨릭노동자운동'이라고
번역할 수 있지만, 여기서는 한국에 이 운동을 주로 소개하고 있는
〈참사람되어〉에서 번역하고 있는 대로 '가톨릭일꾼운동'으로 부른
다. 도로시 데이와 피터 모린이 창립한 가톨릭일꾼운동은 노동과
실업문제를 다루었을 뿐 아니라, 가톨릭 교부들과 복음서의 정신
에 따라서 환대의 집 운동과 그리스도교 평화주의 운동을 벌여
온 봉사자(일꾼)들의 모임이기 때문이다.

도로시 데이와 가톨릭일꾼운동은 1980년대 인성회(현 한국가톨릭사회
복지전국협의회)에서 발간했던 〈하나되어〉라는 비공식간행물을 통해 한
국에 소개됐다. 당시 〈하나되어〉를 편집했던 한현 선생은 인성회
가 없어지면서 1990년대부터 개인적으로 〈참사람되어〉를 창간해
지금까지 출판해 오고 있다.

〈하나되어〉는 '천주교민족자주생활공동체운동'을 활성화시키
기 위해서 발간한다고 밝히고 있는데, 당시 활성화되어 있는 천주
교 기층운동(도시빈민운동, 노동운동, 농민운동, 생활공동체운동 등)을 신학적, 사목적,
영적으로 뒷받침하려는 성격이 강했다. 한편 〈참사람되어〉는 좀
더 영성적 측면으로 초점을 옮겼다.

〈참사람되어〉가 잡지에서 단행본 형식으로 바뀌면서 지금은 가

톨릭일꾼운동과 관련이 깊은 필자들의 저서들을 완역 또는 편역해 마스터본으로 출판해 오고 있다. 이 책들은 헨리 나웬, 장 바니에, 토머스 머튼, 프란치스 카바나, 비르거 셀린, 제임스 맥기니스, 머레이 보도, 로버트 에이 죠나스, 케리 월터스, 로버트 엘스버그, 도로시 데이를 비롯해서 주로 영성-신비가들의 저서가 주종을 이루며, 〈가톨릭일꾼〉 신문에 게재되었던 가톨릭일꾼운동의 활동과 경험을 소개한다.

그러나 이러한 저서들은 널리 알려진 일부 영성가의 서적을 **빼고**는 대부분 비공식간행물이라는 성격상 교회 안에서 광범위하게 대중적으로 읽히지는 못하였다. 그만큼 한국교회의 관심을 끌지 못했던 간행물이다. 따라서 최근 교계 안에서 도로시 데이에 대한 관심이 늘어난 것은 예외적 현상이라 할 수 있다.

도로시 데이는 1991년에 분도출판사에서 『잣대는 사랑』(짐 포리스트)이라는 평전을 발간하면서 일반 신자들에게 알려졌다. 그 후 1995년에 도로시 데이의 에세이를 모은 『오늘, 유성처럼 살아도』(바오로딸)가 발간되었지만 대중적인 인기를 누리지는 못했다. 그 후 일반 출판계에서도 도로시 데이에 관한 책들이 일부 출간되었다. 도로시 데이의 자서전이 『고백-가난한 자들의 친구, 도로시 데이의 영적 순례기』(2010)라는 제목으로, 로버트 콜스의 『환대하는 삶-도로시 데이, 평화와 애덕의 83년』(2011) 그리고 윤해윤이 지은 『도로시 데이』(2013)가 출간되었다. 그리고 〈참사람되어〉는 〈가톨릭일꾼〉 신문에 실린 도로시 데이의 글을 계속 편집 출간하고 있다.

한국에 소개된 가톨릭일꾼운동

이처럼 그동안 도로시 데이의 영성과 가톨릭일꾼운동에 대한 소개가 지속적으로 이루어졌지만, 한국에서 가톨릭일꾼운동이나 그와 유사한 운동이 실천된 적은 아직 없다. 현재 〈참사람되어〉를 통하여 일꾼운동을 알게 된 이들은 자기 삶의 현장에서 그러한 영성으로 살려고 개별적인 노력을 하거나 한시적인 소모임 형태를 유지하다가 흩어지는 경우는 적지 않게 발견된다. 하지만 전국적 단위에서 이들이 한꺼번에 모인 적도 없거니와, 어느 누가 비슷한 생각을 하고 움직이는지 파악하기조차 쉽지 않다.

한때 한현 선생이 잡지 형식의 〈참사람되어〉를 그만 두면서, 구독자들을 중심으로 지역별 모임을 갖게 하고, 그 모임에서 소식 지 형태의 간행물을 내도록 독려한 적이 있으나 제대로 실현되지 못했다. 그러나 현재 수많은 사제와 수도자, 신학생, 평신도들이 이런 영적 자산에 감화되어 있음을 부인할 수 없다.

그나마 한국에서 도로시 데이의 '환대의 정신'을 표방한 곳은 서영남 대표가 이끄는 민들레국수집이다. 그러나 도로시 데이는 작은 규모의 '환대의 집'을 구상했으며, 규모가 커지면 독립적인 집으로 분가시켜왔다. 그리고 정부나 교회기관의 지원 없이 소액 후원자에 의존해서 운영하라고 가르쳐 왔다. 그러나 민들레국수 집은 소액후원자는 물론 교회와 공공기관의 지원을 받아 민들레 희망지원센터, 어린이밥집, 공부방으로 확장되어 왔다는 점에서 현재 '복지단체'의 성격을 띠고 있다. 가톨릭일꾼운동은 단순한 '자선'의 차원이 아니라, 새로운 사회를 건설하기 위한 디딤돌을 놓는 '사회운동'의 성격을 띠고 있다. 가난한 이들의 당장의 필요 에 응답하는 자선(환대의 집)과 자본주의 구조를 협동적인 사회로 개 혁하려는 사회운동, 그리스도교 신앙에 입각한 영성운동이 통합 된 것이다.

한국 가톨릭운동에 대한 반성

1970~80년대의 군사독재정권에 항거하는 과정에서 출현한 천주교사회운동은 시대의 당면한 과제를 해결하기 위해 모인 '과제 중심의 당파적 이익집단'이라고 부를 수 있다. 민주화를 위한 대열에서 참여자의 신앙적 진정성을 물을 필요가 없었다. 그 결과 운동 초기에는 "외피론이냐 세력화론이냐."라는 해묵은 논쟁과정을 겪어야 했고, 가톨릭운동에 참여하는 이가 명시적으로 세례를 받았는지 여부는 중요하지 않았다. 실상 가톨릭신자라 해도 모두가 운명을 더불어 나누어 가질만한 교형자매가 아니었듯이, 신자가 아니라 해도 얼마든지 실천적으로 복음적 신실함을 증거할 수 있었다. 민주화와 인권신장이라는 대의에 동의할 수 있는 모든 사람들이 민중의 당파적 이익을 대변하기 위하여 교회 밖에서 교회 안에서 결집되었다.

그러나 이러한 과제 중심의 당파적 이익집단은 당면한 과제가 해소되는 순간, 동시에 조직의 위기를 맞이한다. 왜냐하면 집단 구성원을 결속시킬만한 공동의 과제가 사라졌기 때문이다. 따라서 이러한 집단은 일시성 또는 한시성을 특징으로 하는데, 이를 두고 편의상 '단체'란 개념을 사용할 수 있겠다. 이러한 단체는 특수한 상황에서 특수한 과제를 실현하기 위하여 강령과 규약에 의존한다. 조직의 힘을 믿는 것이다. 조직의 힘은 숫자에 의존하고, 숫자는 곧 권력이다. 천주교사회운동은 다른 부문 사회단체보다 대체로 생명력이 긴 편이나, 마찬가지로 과제 중심이어서 과제의 재편을 통하여 생명을 연장하는데, 이에 실패하면 그 단체는 와해되는 것이다. 그럼에도 불구하고 우리사회는 계속 새로운 과제를 내놓고 있기 때문에 이에 조응하여 새로운 단체가 생기거나 기존 단체가 성격변화나 과제재편을 통하여 새로운 과제를 중심으로 모이게 된다. 이는 사회발전을 위해 필요한 일이기는 하나 충분하지는 않다.

현재 천주교사회운동의 연합적 조직인 천주교정의구현전국연합이 겪고 있는 조직적 위기는 각 소속단체들이 더불어 숙의하고 협력해야 할 공동의 과제를 찾기 힘들다는 데서 온다. 이 단체들이 참으로 공동의 지향과 영성을 소유하고 있는지 확인되지 않았으며, '정의구현'이라는 총체적 수립과제가 너무 협소하고 무거워서 가톨릭교회의 관심과 대중의 지지를 이끌어 내지 못하고 있다. 실상 천주교사회운동은 소수의 의식있는 활동가들과 소수의 협력자들이 중심이 되어 활동하는 '폐쇄적 집단'의 성격을 갖고 있다. 그 운동에 선의를 가진 신자대중들이 선뜻 참여할 수 있는 여지가 별로 없으며, 결과적으로 활동가들의 양성에도 어려움이 생기기 마련이다. 그렇다면 과연 시대적 과제를 수행하면서 복음적 견지에서 광범한 신자대중과 만날 수 있는 운동의 형식과 내용은 없을까? 도로시 데이의 영성과 가톨릭일꾼운동은 이점에서 몇 가지 우리가 배울만한 요소를 담고 있다.

가톨릭일꾼운동에서 배우자

> 우리는 유토피아가 없을 것이라는 사실을 알고 있다. 가난한 이들은 늘 우리 곁에 있을 것이다. 공산주의 경제가 성공한다 해도 가난한 이들은 여전히 있을 것이다. 무정부주의적 방식의 정책이 설사 성공한다 해도 가난한 이들은 우리와 함께 있을 것이다. 우리의 구원 역사와 함께 추락의 역사는 늘상 일어날 것이다.
>
> _ 『세상 속에서 살아가는 그리스도인』, 〈가톨릭일꾼〉, 1952년 4월, 5쪽.

도로시 데이의 말이다. 여기서 가난함이란 취약함이다. 물질적 영적으로 누군가에 의존할 수밖에 없는 불안전의 상태이다. 그러므로 취약함 안에 머무는 이들은, 그 벗지 못할 십자가 안에서 하느님께 온전하게 열려 있는 존재가 될 수밖에 없다. 그러므로 그들은 취약함 안에서 하느님의 무상적 은총과 절대적 사랑을 상기하고, 그 안에 머문다. 토머스 머튼은 1968년 사망하기 전 캘커타에서 이렇게 말했다. "수도승들에 대하여 말할 때 나는 매우 이상한 사람들에 대하여 말하게 된다. 수도승이란 주변머리의 사람들인데, 왜냐하면 현대세계에서 수도승은 더 이상 사회 속의 안정된 자리를 갖고 있는 사람들이 아니기 때문이다. 수도승은 근본적인 인간체험을 더 심화시키기 위하여 사회의 주변머리로 의식적으로 물러나는 주변의 사람이다." 수도승들은 권력과 사회의 주변에 머물며 삶의 더 본질적인 부분에 주목하며 근본혁명을 기대하는 사람들이라고 말할 수 있다. 가톨릭일꾼운동 역시 세상 가운데서 수도승과 비슷한 지향을 지니고 살고 있다고 말할 수 있겠다.

도로시 데이와 머튼에게, 하느님은 육화를 통하여 취약한 인간 조건 안으로 오신 분이고, 우리는 취약함 안에서 그분과 일치한다. 그분과 일치한다는 것은 그분처럼 사는 것이다. 그분처럼 산다는 것은 아래로 내려가는 삶이고, 두려움 없이 모든 이를 사랑하는 것이고, 그분처럼 사랑 때문에 사랑 안에서 죽는 것이다. 그 사람이 곧 성인聖人이다(『아픔, 상처를 대면하다─불안한 시대에 하느님을 찾아서』, 케리 월터스, 참사람되어, 2003 참조).

가톨릭일꾼운동은 우리 모두가 성인이 되라는 부르심을 받았다고 믿는다. 그래서 역사 속에 등장한 성인들과 일치하여 살고자 열망한다. 예전엔 사막에서 하느님을 만났고, 수도원에서 수행을 하였지만, 실상 수도원은 어디에나 있다. 오죽하면 도로시 데이가 젊은이들에게 감옥에 갈만한 일을 하라고 당부하였겠는가? 그만한 피정 장소가 따로 없다는 것이다. 그리고 도로시 데이는 리지외의 소화 데레사 성인의 '작은 길'을 따라 가도록 권한다. 우리 일상의 자잘한 사건 속에서 우리는 하느님을 경험하고, 모든 현장에서 만나는 사람들 사이에서 그리스도를 발견하고 몸소 수행하는 것이다. 우리 자신의 취약함과 소심함을 경험하고 사랑하는 법을 배우는 것이다.

　가톨릭일꾼운동에서 마련한 프로그램은 우리들로 하여금 성인으로 가는 길을 준비시키고 경험하고 배우게 한다. 원탁토론을 통하여 경청하는 법을 배우고, 우리의 지성을 단련하며, 하느님의 뜻을 공동으로 식별할 수 있다. 환대의 집을 통하여 하느님의 자비를 몸으로 실행하고 낯선 이들을 가족으로 맞이하는 법을 배운다. 여기서 나의 취약함을 발견하고, 내 취약함 안에 더불어 계시는 그리스도를 경험한다. 농경공동체를 통하여 건강하고 창조적인 노동의 가치를 깨닫고 자연친화적이고 우주적인 아름다움을 경험하고 하느님과 모든 생명에게 감사하는 법을 배운다. 이처럼 공부하고, 베풀고, 찬양하는 것이다. 그리고 이 모든 것이 어우러져 정립된 이야기를 표현하고, 세상에 나아가 그러한 영성에 바탕을 둔 사회적 책무를 다하는 것이다. 하느님의 뜻에 반하는 모든 불의와 부당함에 대하여 저항하고, 낡은 껍질 속에서 새로운 공동체를 건설하고 살아가는 것이다.

　가톨릭일꾼운동의 과제는 좀 더 궁극적인 것이다. 그리고 철저하게 개인에게 주목하는 것이다. 그 개인의 영적 성장에 최종적 관심이 있으며, 결과에 사로잡히지 않고 과정에 주목하는 것이다. 그리고 이 영적 여정에는 누구나 참여할 수 있다. 누구든지 원탁에서 이야기에 참여할 수 있으며, 환대의 집에서 누구나 언제든지 시간이 허락하는 한도 내에서 제 가진 사랑을 나누어 줄 수 있으며, 이들의 생각이 담긴 신문을 친구나 이웃에게라도 전달해 줄 수 있고, 농장에서 원하는 만큼 일을 하며 쉴 수 있다. 가톨릭일꾼운동은 세세한 규칙이나 정해진 계획 속에서 움직이지 않는다. 다만 자신의 갈망과 영성을 서로 나누고 격려하고 공유할 뿐이다. 이들이 나누는 대화는 일상과 교회와 사회와 우주에 걸쳐 얼마든지 주제를 확장해 간다. 하느님은 이 모든 것 안에서 우리와 함께 호흡하신다고 믿기 때문이다.

행동하는 사랑 가난한 이들을 선택하는 가난한 교회가 되기 위하여

초판 1쇄 발행일 • 2015년 9월 25일

지은이 • 한상봉
펴낸이 • 이재호
펴낸곳 • 리북
등 록 • 1995년 12월 21일 제406-1995-000144호
주 소 • 경기도 파주시 광인사길 68, 2층(문발동)
전 화 • 031-955-6435
팩 스 • 031-955-6437
홈페이지 • www.leebook.com

정 가 • 14,000원

ISBN 978-89-97496-32-7